上出精彩的小学语文公开课

屈太侠 著

江西教育出版社
JIANGXI EDUCATION PUBLISHING HOUSE

图书在版编目（CIP）数据

上出精彩的小学语文公开课 / 屈太侠著. — 南昌:
江西教育出版社, 2019.10

ISBN 978-7-5705-1283-6

Ⅰ. ①上… Ⅱ. ①屈… Ⅲ. ①小学语文课－课堂教学
－教学研究 Ⅳ. ①G623.202

中国版本图书馆 CIP 数据核字(2019)第 143047 号

上出精彩的小学语文公开课
SHANG CHU JINGCAI DE XIAOXUE YUWEN GONGKAIKE
屈太侠 著

江西教育出版社出版
(南昌市抚河北路 291 号　　邮编：330008)
各地新华书店经销
安徽联众印刷有限公司印刷
720 毫米×1000 毫米　　16 开本　　17 印张　　字数 287 千字
2019 年 10 月第 1 版　　2019 年 10 月第 1 次印刷
ISBN 978-7-5705-1283-6
定价：48.00 元

赣教版图书如有印装质量问题，请向我社调换　电话：0791-86710427
投稿邮箱：JXJYCBS@163.com　　　电话：0791-86705643
网址：http://www.jxeph.com

赣版权登字-02-2019-538

序

2015—2017年，我和我的“学习与教学科学研究”团队正、副教授七人，协助广州市花都区教育局，开展“科学课堂”研究工作整三年。所谓“科学课堂”研究，就是将学校课堂教学建立在当代认知科学和系统化教学设计原理的基础之上。研究是分学科进行的。我负责小学语文教师的理论培训和教学案例评析，最后挑选优秀案例汇编成书。屈太侠老师不仅参与了这项研究，而且在出版的研究成果中，贡献了最多的教学案例。这样，我就有机会比较深入地了解屈老师的语文教学思想和专业技能水平。

也许由于我们有研究语文教学科学化的共同经历，或者也许由于我们对语文教学科学化有共同的追求，他将刚完稿的《上出精彩的小学语文公开课》电子版发送给我，让我为之作序。我觉得这是一次学习的好机会，乐意为之。

优秀的小学课堂教学必须兼有科学性和艺术性，语文课堂教学更应如此。看完屈老师的书稿，我觉得他设计与实施的全部教学案例在这两方面都有很好的表现。由于我的学术背景的限制，我欣赏但不研究课堂教学的艺术性方面。下面仅以“科学课堂”的眼光，就书稿值得读者借鉴的地方，谈一点个人看法，供读者参考。

语文教材是由单篇课文集合而成的，这就决定了单篇课文教学是语文课堂教学的主要形式。一节课的科学性和它的效果，取决于教师用一篇课文教什么（教学内容）、教到什么程度（认知过程水平）和怎么教（师生如何互动）。前两个问题的答案是教学目标。目标与方法必须具有一致性。用这样的标准来看《上出精彩的小学语文公开课》中的教学案例，便会发现，屈老师设计与执教的许多教学案例，都值得教师学习和借鉴。

例如《灰雀》（统编版，三年级上册，一课时），教学过程分四阶段。我们来看每一阶段教什么、怎么教以及教到什么程度(即学习结果)。

阶段	教学内容	教学方法	学习结果
检查预习	字:雀。 词:养病、婉转。 看拼音写词语(4个,略)	(教师一般都会教。略)	学生能在阅读中正确使用有关知识技能。
读懂内容	无具体教学内容;学生运用已有的阅读知识和技能获取课文内容知识,培养阅读综合能力。	通过提问指导学生阅读: 问题1:课文先写什么?接着写什么?最后写什么? 问题2:灰雀到底是自己飞走的,还是被小男孩捉走的呢? (学生通过阅读回答问题;教师进行反馈)	在教师指导下,学生读懂了课文结构与内容大意。 15个学生根据教师要求回答,说得合情合理。
读懂内心	读懂人物的内心想法,最终读出恰当的语气和情感。	教师举例说明:"人在说话的时候,往往都会伴随内心的想法。" 例1:(出示)男孩说:"没……我没看见。" 师:当时列宁问小男孩的时候,男孩结结巴巴、吞吞吐吐地说了这样一句话。当时,他的心里在想什么呢? 例2:(出示)列宁说:"一定是飞走了或者是冻死了。天气严寒,它怕冷。"…… 师:列宁在说这些话的时候…… (出示)当时,列宁知道灰雀被小男孩捉走了,小男孩有些紧张害怕。他想:______________________________。 (练笔后交流) 师:请学生朗读第三至十自然段,结合两人的特点,以及他们内心的想法,想一想:怎样才能读出恰当的语气?	4个学生谈了他们的学习体会,表明学生能体会列宁和小男孩的情感和态度。 4名学生谈了他们的学习体会。 学生能按教师要求朗读第三至十自然段,读出恰当的语气。
读出智慧	辨别两种不同的教育方式的优劣。	(师生合作表演)严厉批评的教育方式与列宁和蔼可亲的教育方式形成鲜明对比。	学生从小事中感受到列宁的教育艺术。

由于篇幅限制,这里只能提供《灰雀》教学的要点。详细的教学过程,可以看本书正文。这个教学案例,有什么地方值得大家学习和借鉴呢？回答这个问题,需要运用认知心理学观点,明确语文阅读与写作能力的性质与知识来源。当代认知心理学研究表明,阅读和写作能力属于综合能力,是由课文内容知识、语文基本技能和高级技能构成的。也就是说,可将语文综合能力分解为语文基本技能、高级技能和文章内容知识(含文章作者在文章中表达的情感和价值观)。语文综合能力一般不能直接教,只能在教师指导下通过练习的方式进行学习。在现行教学体制下,单篇课文承担两项任务:综合能力教学和单项知识技能教学。而单项知识技能的教学的有效方法主要是两种:"例—规"法和"规—例"法,或者是这两种方法的结合。

《灰雀》一课主要承担综合能力教学任务。常见的一问一答的教学方式并不适当。教师必须设计适切的问题,引导学生读懂课文内容与结构。屈老师在课后的感悟反思中说:

学习《灰雀》这篇文章,我留出了一个大大的空间:灰雀到底是自己飞走的,还是被小男孩捉走的呢？请在课文中找出相关的句子,并说说自己的理由。学生在长达十几分钟的时间里,都在自己学习:勾画、批注、交流。而我呢,就可以细细地看,静静地听,在必要的时候点拨一下,提升一下。教师放松的时候,也许就是学生最忙碌的时候。

学生通过阅读与思考,正确回答了教师提出的问题,说明他们读懂了课文内容,也说明教学目标与方法保持了高度的一致性。

读懂课文内容还要包括文章作者表达的情感和价值观。在《灰雀》一课,作者赞扬了"列宁不仅是一位伟大的革命领袖,还是一位和蔼可亲的老师"和"小男孩有错就改的诚实态度"。读了课文,学生怎么会有这样的认识呢？这就要求学生"读懂人物的内心"。从人物的语言体会人物的内心世界,对于刚进入小学三年级的学生,这可能是一个新的学习课题。教师运用了课文中三句话(小男孩一句,列宁两句)做例子,说明"人在说话的时候,往往都会伴随内心的想法"。其教学方法属于"例—规"法,用三个例子说明课文中的人物语言怎么伴随他们内心的想法。三年级学生对于父母、教师和其他成人的言语伴随的情感态度是很熟悉的。教师引导他们谈体会,学生能合理想象,说得有理有据。他们不知道的是,这里暗藏一条写作规律:通过人物的行为和语言描写反映人的思想、品格。屈老师教"人在说话的时候,往往都会伴随内心的想法"这一规律性知识,可以为以后进一步教授上述写作规律做准备，所以，“读懂内心”的教学可以作为单项知识技能教学的实例。

通过上述分析可见，用《灰雀》这篇课文实现了两项任务：

第一，进行阅读综合能力训练。综合能力不能直接教，必须通过学生自主练习才能掌握。教师的作用是提问，检测学生是否读懂了文本的内容与结构，并予以适当反馈。《灰雀》第二阶段的教学正是这样做的。

第二，专项知识技能教学。对于一般读者（包括成人），读懂了文本的内容与结构，阅读任务就算完成。但是对于上语文课的学生，事情还没完，因为他们要学会阅读鉴赏（及评价）和写作，学会通过人物语言描写表现人物的精神世界，于是就有了第三阶段的专项知识技能教学。

随着年级升高，课文加长，内容与写作方法多样化，单篇课文教学一般可以分两课时完成。第一课时除完成生字新词教学之外，主要承担综合阅读能力训练任务；第二课时转入单项知识技能教学。这样就能避免面对教材，语文教师普遍感到不知教什么的困惑。

我研究过于永正、丁有宽、袁瑢、钱梦龙、洪镇涛等著名特级教师的课堂教学实录。这些特级教师的课之所以普遍受欢迎，是因为他们的实践中暗含许多符合语文阅读与写作能力形成规律的思想和操作方法。读了屈老师的书稿，我认为他的教学实践与经验总结和于永正的颇为相似。我似乎看到，在丁有宽之后，广东省又一颗语文教学明星正在冉冉升起。在评价丁有宽的教学经验时，著名语文教育心理学家朱作仁教授说，丁有宽“所从事的教学及其科学实验研究是个‘富矿’，均值得教育界同仁‘挖掘’、好好学习和进一步探索”。丁有宽的语文“读写结合教例与经验”产生于改革开放初期，那时西方认知科学与系统化教学设计原理尚未传入我国。而屈老师总结自己的语文教学与研究的成果《上出精彩的小学语文公开课》诞生于国家改革开放四十年后，认知科学与系统化教学设计原理在我国教育界传播与运用已达二十余年。我希望关心语文教学改革的语文教师、教研员和学科研究人员，运用认知科学与系统化教学设计原理这两个武器，将《上出精彩的小学语文公开课》中的“宝藏”挖掘出来。这样才能使语文公开课的精彩惠及全体语文教师，改变我国语文教学“高耗低效”的局面。

皮连生

2018 年 12 月

公开课里悟成长

（自序）

和许多青年教师一样，从踏上讲台的那一天起，我就有一个梦想，希望自己能站在万众瞩目的舞台上，给大家上公开课。然而，在追逐公开课的路上，我走得并不顺利。

师范毕业，我在大山里一待就是七年，连一节区级的公开课都没有见过；后来去了私立学校，整整八年和教学比赛无缘。三十四岁的时候，我进入了广州的公办学校，第一次获得了参加教学比赛的机会，获得了广东省特等奖。从那以后，我上公开课的机会就多起来了。公开课上得多了，自然会悟出一些门道来，这就是所谓的“熟能生巧”吧？

我设计公开课，尽量做到清晰简洁，易于操作。我特别在意文本的结构脉络，做到顺势而导；特别重视学生的年龄心理特点，做到深入浅出。许多教师听过我的公开课后，直接移植到自己的课堂上，发现效果非常好。于是，有人建议：“把你上过的公开课整理出来，编一本书，或许对青年教师有很大帮助。”怎么编排呢？我考虑过许多方案：按照年级的高低来排，或者按照不同文体来编排，这些设想都被我一一否定了。我想：还是按照上课的先后顺序，依次进行排列吧！因为，随着我的年龄增长和教学经验的不断丰富，我的教学理念和教学水平在逐渐发生变化。这些课例，见证了一名青年教师的成长过程；课例后的感悟反思，则记录了我艰难而复杂的心路历程。这些课例，青年教师可以一个一个阅读，一个一个临摹，再加上我的感悟反思，一定可以让你产生精神共鸣，进而加速你的专业成长。

回顾自己上过的几十节公开课，感慨颇多。应该说，每一节课，都是我冥思苦想和呕心沥血的结果，都多多少少带给我成长和进步。但是在这么多公开课里，有三节留给我的印象最深。它们在我的专业发展中，具有里程碑式的意义。

一 关注自我——《钓鱼的启示》

2012年，我代表广州市参加广东省第九届青年教师阅读教学大赛。工作十六年的我，第一次获得参赛机会，比买彩票中了大奖还开心。更加令人振奋的是，我一鼓作气冲到了省里。当年的我，年轻气盛，踌躇满志，幻想着通过努力，站到全国教学比赛的舞台上去。七年边远山区学校，八年私立学校，丰富的教学经历，让我变得足够坚韧和顽强。我坚信，付出比别人多十倍、百倍的努力，一定可以如愿以偿。

在选择教学篇目的时候，我毫不犹豫地选择了《钓鱼的启示》。理由是，这篇文章篇幅较长，描写生动，事理结合，具有丰富的人文情感和教学价值。说得直白点，那些过于短小、浅显的文章，入不了我的"法眼"。越是深奥艰涩的文章，越能激发我的昂扬斗志，彰显我的个人才华。现在回头来看，年轻时的轻率和傲慢，不过是浅薄和无知的表现而已。文章篇幅长，含义深，发挥空间就大，本身就是一个悖论。更大的问题是，我犯了方向上的错误，一开始，我就把课堂教学的重点，定位在如何展示教师的个人魅力上。

《南辕北辙》的故事告诉我们——此数者愈善，而离楚愈远耳！方向错了，努力越大，离目标就越远。将近半年的时间里，我不断地备课、上课、修改……一份教学设计，我来来回回改了十八遍。教学内容越来越清晰，教学流程越来越熟练，教学效果却没有质的飞越。如坐针毡的痛苦煎熬，一直延续到比赛结束。

简要回顾当年的教学流程：

第一，初读课文，学习字词。将课文的生字，串联成一首打油诗，用以检测学生对字词的掌握情况。

第二，概括大意，把握结构。根据学生的回答，提炼出"钓鱼"和"启示"两个关键词，总结出"一事一议"的写作方法。

第三，精读课文，深入理解。抓住父子俩激烈的争吵，然后寻找"放"和"留"的理由，在此基础上，学习将心理活动描写穿插于叙事之中的写作方法。

第四，理解"告诫"，总结升华。分三个层次理解重点句的含义，以一首小诗收尾，升华主题。

应该说，教学设计本身没有多大问题。这份设计具有一定的价值，即便放到今天，似乎也并不过时。问题出在哪儿？应该是过于关注教师自身的表现了。

我一直都在努力讨好评委，向听课者传达这样的印象：我的教学设计，多么精致灵巧；我的书写朗读，多么扎实过硬；我的课堂理答，多么巧妙睿智……我沉醉于精雕细刻的教学设计，烂熟于心的教学流程，胸有成竹的教学调控。课堂，成了展示自我才华的舞台。预设过度，生成不足，过程流畅，波澜不惊，这是听课者对我的评价。最终，我获得了全省第二名，与全国赛失之交臂。

很长一段时候，我都走不出失败的阴影。自己付出了多少，只有自己心里最清楚：为了改变音色，我天天跑长跑；为了书写漂亮，我天天练习粉笔字；为了优化教学设计，我度过了多少个不眠之夜……最终，一步之遥，功亏一篑！

现在看来，当年的课堂，确实有许多不成熟的地方。最大的问题是，心中没有学生，没有一个个活生生的人，教师居高临下，按照既定的程序，强硬地执行教案。后来，我渐渐明白，教材是死的，课堂是活的，学生是有生命的。每一堂课，都是学生和教师一起度过的生命中一段难忘的生命历程。学生在课堂上的成长和进步，才是教学的最大价值所在。教师如若心中没有学生，再好的教学基本功都成了摆设。

二 关注表达——《蟋蟀的住宅》

2015年，我代表广州市参加广东省第五届教师素养大赛。按照比赛规则，教学环节需要随机抽签，只有半天的备课时间。当时的我，经历了多次公开课的洗礼，成熟老练了许多。

但是，抽到《蟋蟀的住宅》一课时，我还是有些惶恐不安。这是一篇说明文，节选自法布尔的《昆虫记》。印象中，好像没有名师上过这一课，找不到可供参考的教学设计。我的脑袋嗡嗡直响，就像有一群苍蝇在乱飞。一种不祥的预感涌上心头，估计自己会再次遭遇滑铁卢。

清醒过来的我，很快控制住了情绪。不管怎样，先要把文章朗读好，把框架理出来。我把自己关在一间小屋里，一遍又一遍地朗读课文。随着对文本越来越熟悉，文章的结构特点和表达方式，渐渐浮出水面。

这是一篇说明文，但又不是一般的说明文，属于文艺性的说明文。作者运用了大量的拟人手法，把蟋蟀的聪明、勤劳、可爱，表现得淋漓尽致。教好这一课，必须要有强烈的文体意识，是什么样的文章，就要还它什么样的味道。

我的教学设计，安排了如下四个板块：

第一板块：导入新课。从“穴”与“宅”的字理入手，引发学生的疑问：蟋蟀是动物，为什么课文题目是蟋蟀的住宅，而不是洞穴？

第二板块：整体感知。让学生自由读文，思考作者写了关于蟋蟀住宅的哪些内容。教师通过提炼学生的回答，把文章概括为住宅特点与建造过程两大部分。

第三板块：重点品读。首先，品读第二自然段，紧紧抓住“随遇而安”，凸显蟋蟀的与众不同，提炼“对比”的写作手法。接着，品读第五、六自然段，找出蟋蟀住宅的特点，学习“拟人”的写作手法。回应开课时的疑问：为什么是蟋蟀的住宅，而不是洞穴？

第四板块：推荐学生阅读《昆虫记》。

其中，第三板块是本课的教学重点。我的设计从文本内容（住宅的特点）逐步走向表达方式（对比和拟人的写作手法），凸显了文艺性说明文的特点，得到了评委老师的一致肯定。结果，我的课例获得了教学展示环节的最高分。我也获得了广东省第五届教师素养大赛第一名。遗憾的是，当年广东赛区没有推荐教师参加全国赛，我再一次失去了参加国赛的机会。

当时，在大大小小的培训讲座上，我听到最多的就是——教师不仅要让学生知道课文写了什么，还要让学生明白，作者是怎么写的。只有搞清楚了这两个问题，教学过程才算完整，教学目标才算到位。

不同的文本，有不同的表达形式；不同的作者，有不同的言说方式。文章内容，浮于表面，人人可以读得懂；表达形式，隐藏之语言文字背后，只有用心的教者，才能发现。教学的优劣成败，在一定程度上，取决于教师对文本表达方式的解读能力。

此后，我拿到一篇文章，读懂主要内容，理清结构框架后，就会费尽心思地研究和寻找，文章在语言特色、选材构思、写作技巧等方面的特质，进而发掘作者的独特匠心。教学设计，往往也会从文章内容入手，一点一点拨开表达形式方面的神秘面纱。

三 关注学生——《灰雀》

以前上课，特别喜欢展示个人风采——巧妙的设计、适切的节奏、优美的板书……我特别在意教学设计的艺术性，以及带给听课者的审美体验。我认为，家常课，是技术，要的是扎实；公开课，是艺术，要的是精致。因此，我会反复试教，反复修改教学设计，反复琢磨教学细节，甚至每一个问题，每一句过渡语，我都会有意识地设计好，力求呈现完美的效果。

我会特别在意课堂教学的流畅性。我认为学生难以达到，或者有可能出现差错的教学环节，一般都会直接删除，或者改由教师本人代劳。不冒险，不放手，牢牢把学生掌控在自己预设的范围之内。课堂上，不能出现意外，努力做到行云流水，避免尴尬冷场。为了达到这样的效果，我会写出详尽的教学实录，背下大段大段的过渡语言。

2018 年，我评上特级教师，市教育研究院林老师邀请我上一堂公开课，愿景是构建学习型课堂，凸显学生在课堂上的主体地位。此时，我已经步入不惑之年，教学观发生了翻天覆地的变化。我想明白了，学生来到课堂上，是学习的；教师来到课堂上，是帮助学生学习的。教师切不可喧宾夺主，让学生成为自己的附庸和陪衬。学习，归根结底，是学生自己的事情。教师要千方百计促使学生自己学习，自我发展。

选定了《灰雀》这篇文章后，我虚心地向三年级的女儿请教。我听她读课文，问她知道了什么，哪儿不明白，我把她不明白的地方全部记录下来。我想：孩子不懂的，不正是教师在课堂上需要教的吗？

于是，就有了下面的教学设计：

第一板块：检查预习。读拼音，写出带有生字的词语，教师讲解“雀”字；结合相关句子，理解“养病”和“婉转”的意思。

第二板块：读懂内容。根据学生回答，提炼出三个关键词：喜爱、寻找、问候，让学生用上关键词，概括文章主要内容；让学生从课文中找出相关句子，来说明灰雀是自己飞走了，还是被男孩抓走了。

第三板块：读懂内心。抓住最关键的对话，猜测列宁和小男孩当时心里在想什么。然后根据人物特点，读出对话的恰当语气。

第四板块：读出智慧。教师运用表演的方式，呈现常规的教育方式，与列宁的教育方式进行比较，感受列宁高超的育人艺术。

整堂课中，我考虑得最多的，是学生怎么学，而不是教师怎么教。几乎每一个教学环节，都是以学生的学习活动为主，他们在不停地读、写、画、分析、交流……特别是第二个板块，几乎完全放手给学生。在十分钟左右的时间里，学生一直在自主学习，自主监控，教师只是在关键的时候点拨、提升、激励。

在课堂上，我已经学会有意识把自己“藏”起来，通过“示弱”的方式，不断地请教他们，努力把学生往前推，让他们站到舞台的中央，尽情地绽放属于他们的精彩。而我，默默地站在一旁，静静地欣赏，毫不吝啬地鼓励和赞美。

我惊奇地发现，学生小小的身体里，竟然蕴藏着巨大的能量。一旦我们给他们留出足够的空间，他们就会带给我们意想不到的惊喜。学生的思考和发言，远远超出我的想象。他们的有些观点，是我在备课的时候无论如何也想不到的。我想，教学最理想的境界，就是教学相长吧！哪怕是在小学课堂上，学生在成长，教师也在不断地成长。

龙应台说：“所谓父女母子一场，只不过意味着，你和他的缘分就是今生今世不断地在目送他的背影渐行渐远……”师生一场，又何尝不是如此。该放手的，终究要学会放手。

从关注自我，到关注表达，再到关注学生，我在一点一点成长。我不再像以前那样行色匆匆、神色茫茫。我开始放慢脚步，去关注每一个学生的神色，去聆听每一个学生的声音，观察他们在课堂上做了什么，发生了怎样的变化。我会耐心而热情地回应每一个学生的发言，哪怕在别人看来毫无意义。因为我明白了，每一个鲜活的生命，都值得敬畏，值得尊重。

最后，我要感谢我国著名教育心理学家皮连生、广州市教研室原教研员王亚芸、广州市花都区教研室教研员江美芳和石皇冠，以及广州市小学语文学科的教师们，是你们的关心和鼓励，才让我一步步走到今天。在此，向你们表示衷心的感谢！

屈太侠

2019 年 4 月

目 录

主张

倡导本色的朗读

新课程改革后，满堂灌的教学方式得到抑制，取而代之的是“以读为本”“‘读’占鳌头”，语文课成了名副其实的读书课。学生在教师的指导下，把书读得有情有趣，有声有色，有滋有味。

学生的朗读训练，离不开教师的指导。积极健康、合理适度的指导，对于提高学生的朗读能力，起到了积极的作用。但是，有些奇特怪异的现象，值得我们深思和警惕。

有的教师，为了激励学生读出情感，往往会费尽心思，使出浑身解数。适度的夸张，是艺术；过分的夸张，就是做作了。

小学语文教师以女性居多。女教师在形象气质、沟通交流方面，更容易得到小学生的接受和喜欢，这是她们的优势所在。但是，从另一个角度来讲，优势也往往会变成缺点。拿朗读指导来说，有的女教师，容易激动，喜欢煽情，动辄拖腔拿调，无病呻吟。发嗲的语音语调，加上夸张的表情动作，让人听了，浑身起鸡皮疙瘩。听到这阴阳怪气的声音，我不禁要质疑：这就是语文的味道吗？这就叫有感情地朗读吗？

我不否认，教师富有感染力的语言，能烘托课堂气氛，对于激发学生的学习兴趣，具有非常重要的作用。但是，过分“包装”和“修饰”，让声音失去了纯正之美、自然之美，让朗读走了形、变了味。打个比方：朗读犹如化妆。不化妆是自然之美，化淡妆是锦上添花，浓妆艳抹就是矫揉造作了。凡事都应该有度，所谓过犹而不及。朗读也一样，任由情感泛滥，而不加节制，就会适得其反。“有感情”并不意味着“感情越足越好”。感情过了，就像拿奶油蛋糕当正餐，太腻味。

之所以出现病态的指导，是教师对“有感情地朗读”的理解出了偏差，错误地把朗读和朗诵、表演混为一谈，盲目追求所谓的“舞台效应”，破坏了朗读的本色之美。如何指导学生朗读，很多名师都为我们做出了示范：

记得于永正老师在教学《第一次抱母亲》时，有个学生的声音有点夸张。于老师立即提醒她:“你再来读,很自然地读,就像平时说话那样!”学生听了之后觉得不好意思,再次朗读时,收敛了许多。大家听了也觉得比之前好多了。

还记得有一次,特级教师贾志敏上《惊弓之鸟》一课。贾老师请一位小朋友读课题,那位小朋友把这四个字的成语读得拖腔拿调,令人汗毛直竖。贾老师连忙摆手,说:“你不要这样激动。”惹得听课的教师忍俊不禁,继而响起一阵掌声。

叶圣陶老师也曾言,你把一个孩子关在屋子里朗读,你在屋外听。如果听到屋子里边,孩子的朗读像说话,就对了;如果听到里边是朗诵或“唱歌”,就不对了。课堂中的朗读,最好像说话一样,自自然然,妥妥帖帖。读者舒服,听者舒心,是朗读应该追求的境界。

当然,凡事不能走极端。不是说,学生天然的声音,就不需要任何的加工和修饰。让学生掌握一定的朗读技巧,对声音进行适当的修饰,让其更圆润,更饱满,更舒展,是教师的责任所在,也是语文课堂教学的目标之一。但是,要把握好度。其原则是,让人听起来自然、舒服、亲切为宜。

“正确、流利、有感情地朗读课文”,从定语中的三个词语排序来看,语文教学中,“有感情”不是首要任务,也不是最重要的目标。让学生把课文读正确、读流利,远比有感情紧要得多!在制定教学目标的时候,大家都会郑重其事地写上这一条。在教学设计、教学实施的时候,往往就只剩下“有感情地朗读”这一条了。在平日教学中,教师一个劲地指导情感朗读,课后,学生却连课文都读不通的怪象并不少见。教师们为什么热衷于后者呢?因为“有感情”相对于“正确、流利”而言,更具观赏性,更具舞台效果。教师过分注重“有感情地朗读”,弱化正确、流利的要求,可谓买椟还珠。

从另一方面来讲,“有感情地朗读”必须建立在“正确、流利”的基础之上。在《全日制义务教育语文课程标准(2011 年版)》实施建议部分指出:评价学生的朗读,可以从语音、语调和语气方面进行综合考察,评价“有感情地朗读”,要以对内容的理解和把握为基础,要防止矫情做作。

感情不是凭空产生的,是建立在对文本内容的理解和把握之上。这样的定位,可谓切中要害。只有学生把文章读通了、读顺了、读懂了,领会了文章内涵主旨,朗读才不会是无病呻吟。于永正老师的普通话不见得标准,音色不见得优美,但是在朗读《第一次抱母亲》的时候,却把现场的师生感动得热泪盈眶。可见,只有从心底里,自然而然生发出来的情感,才会打动人心。

一言以蔽之,在阅读教学中,我们要追求瓜熟蒂落的情感,倡导纯正本色的朗读。

让语文课堂教学热起来

几年前，我去广州长隆欢乐世界看国际大马戏。当时的情景，依然记忆犹新。几千人的剧场，座无虚席，热闹非凡。观众有的来回走动，有的大声喧哗，有的埋头拨弄手机。我暗自担心：如此嘈杂的环境，怎能安享一场艺术盛宴？

正式演出还有十分钟，追光灯里出现了一个小丑。他选了一名观众上台，两人互动，做简单而滑稽的动作。渐渐地，大家被他们吸引住了。在小丑的循循善诱下，观众不由自主地鼓掌、跺脚，不亦乐乎。

接着，十几名小丑，兵分两路，深入观众席，与大家亲密接触：握手、拥抱、派送礼物……观众的热情之火被点燃了，剧场成了欢乐的海洋。

当时，我有些不解：难道是演出时间提前了？为何要小丑前来哗众取宠？马戏表演，应该"动物当道"才对，这样的小插曲是否有蛇足之嫌？

小丑们逐一隐身后，剧场逐渐安静下来，观众都充满了期待。刹那间，五彩斑斓的灯光骤然亮起，和着轻松愉悦的音乐，美轮美奂的马戏正式拉开帷幕……

那一刻，我恍然大悟：小丑的表演，是为了取悦观众，也是为了稳定气场，营造气氛，把观众的注意力吸引过来，为马戏表演做好铺垫。开场前的"预热"，作用之大，不言而喻。如果没有任何铺垫，在一片嘈杂声中直入正题，效果会怎样？观众反应会如何？演员是否可以得到足够的尊重……一连串的问题，萦绕在我的心头，挥之不去。

出于职业敏感，我想起语文课堂教学。"效率至上"的年代，教师们都在匆匆赶路，只争朝夕。上课铃没响，就等候在教室门口；预备铃响过，立即开始上课；三言两语过后，急不可耐地直奔重点……一节课，四十分钟，恨不能扯成一个小时。如此心急火燎，学生难免云里雾里，不在状态。

古人云，欲速则不达。人们接受任何事物，都有一个适应的过程。从课间的自由到课堂的有序，从学科 A 到学科 B，从教师甲到教师乙，同样需要适应。一味关注“效率”，追求“速成”，忽略了诸如“情感、态度、兴趣”等非智力因素，效果往往大打折扣。

换个角度，如果在上课前进行铺垫和暗示，把学生的注意力吸引到教师身上，吸引到语文课堂上来，则可以收到意想不到的效果。著名特级教师于漪说：“课的第一锤要敲在学生的心灵上，激发起他们思维的火花，或像磁石一样把学生牢牢地吸引住。”

有的教师认为，课前预热是大师名家的专利。借班上课，彼此之间不熟悉，需要课前互动，借此拉近师生之间的距离。平日，在自己班上课，面对朝夕相处的学生，预热就显得多此一举。事实上，正因为缺少了新鲜感，正因为产生了审美疲劳，这样的课堂才更需要“保鲜”。

能不能像琢磨教学重点、难点一样去研究课前热身？能不能变着戏法，不断刺激孩子，让他们感受到，语文课一开始就那么鲜活有趣？能不能通过努力，让每堂课的序曲成为学生最期待的时刻？后来，我尝试在语文课前加点花絮。有时，我会表扬班级中发生的好人好事；有时，我会朗读学生习作中的优美片段；有时，我会播报一个热点新闻；有时，我会讲一个令人忍俊不禁的笑话；有时，来个临场发挥，来一段脱口秀；有时，我会和他们玩个脑筋急转弯……我用这样的方式告诉学生：站在你们面前的，是一位有情有趣的语文教师，课即将开始，我们将开启一段妙不可言的语文学习之旅。有了“兴奋剂”的注入，我真切地感受到，学生的心动了，眼亮了。

教育家第斯多惠说：“教学成功的艺术，在于使学生对你所教的东西感到有趣。”预热做得充分，当学生的情绪被调动起来，他们灵感的火花也随即被点燃，后续教学活动就变得顺理成章、势如破竹。

教学，永远不是一个人的独角戏。教师们，如果学生不在状态，别忙着赶课，先想办法把他们的心收回来。不要害怕浪费时间，因为磨刀不误砍柴工！

谨防患上名师依赖症

如果要上公开课，你首先想到的不是独立解读文本，而是上网查找名师的教学设计；如果要写教学论文，你首先想到的不是树立自己的观点，而是去参考名师的言论、主张；如果参加教研活动，你不是表达自己真实的感受，而是动不动就拿名师说事儿；如果你一段时间不观摩名师的教学，就觉得心里发虚，不知道该怎么上课……那么，非常不幸，你已经患上了名师依赖症。

网络是滋生名师依赖症的温床。网络时代，生活节奏加快，催生出一大批名师。上百度一搜，关于名师的信息不计其数。名师多了，资源也就丰富了。君不见，各色各样的名师资料充斥着网络空间。鼠标轻轻一点，就能获得取之不尽、用之不竭的教学资源。足不出户，就能将所需信息一网打尽。这时，你还愿意去冥思苦想吗？你还会锲而不舍地追求吗？

名师依赖症，让我们迷失了自我。世界，本来应该是丰富多彩的。在语文教学的百花园里，每个人都是独一无二的小花小草，应该拥有自己的特色，形成自己的思想，成就自己的精彩。这样，小学语文教学的大花园才会摇曳生姿，百花争艳。可是，迷恋与崇拜如同一座大山，遮蔽了我们的双眼。我们再也看不到高远的蓝天，看不到飘逸的白云，更看不到真实的自我。在我们的心里，名师如巨人一般，高大而完美；相形之下，我们是那么卑微，那么狭隘，那么不值一提。于是，我们开始怀疑自己，贬低自己，把自己挤到一个没有阳光的阴暗角落，悄悄躲起来，藏起来。不看看名师的教学，上公开课觉得心里没底儿；写文章不引用名师的言论，就觉得没分量；评课不搬出名师的观点，就觉得没依据。名师们过于强势的话语权，主宰着我们的思想，影响着小学语文教学改革的导向。

笛卡儿说："我思故我在。"苍茫宇宙中，我们用什么证明自己的存在？是思想。名师依赖症，让我们丧失了必要的警惕和必要的质疑能力，成了思想的侏儒。名师的成长历程，我们了解过吗？名师的教学思想，具有普遍性吗？名师的教学设计，真的适合我们自己的学生吗？

我们可以学习名师，但不能膜拜他们。他们无论多么杰出，都不能代替我们自己的思考。治疗名师依赖症，需要我们正确看待名师。

首先，名师不是救世主，不能帮助我们解决教学中的所有问题。教师工作的最大特点，就在于教育对象的不确定性。我们所面对的，是一个个千姿百态的生命个体，是一个个独一无二的班级。两千多年前，大教育家孔子就曾告诉我们，要因材施教。世界上没有放之四海皆准的教学模式，没有一劳永逸的教学方法。正因为如此，教育教学才会成为一门艺术。

其次，每一种教学流派，都有自身的风格在背后支撑。风格是个人的特质，如同基因一般，只属于个人，别人无法进行复制、粘贴。所以，才会有“学我者生，似我者死”这一说。如果，你非得照搬照抄，到头来只会是东施效颦，贻笑大方。我们时常可以看到这样的情景，有的教师套用名师的教学设计上课，结果，怎么看，怎么别扭。

最后，实践是检验真理的唯一标准。任何一种经验，只有经历历史长河的洗涤，才能看出究竟是真理还是谬论；任何一种方法，只有自己亲身实践，我们才能确证它的价值所在。名师不代表真理，名师的经验需要时间的检验，需要我们在实践中加以考证。特别是在这个浮躁的时代，更需要保持冷静的头脑。

名师依赖症，折射出当下教师们的浮躁心态。许多教师不愿下“板凳要坐十年冷”的苦功，一心只想寻求捷径，企图一下子站在巨人的肩膀上。名师的成长，需要合适的土壤：天时、地利、人和，缺一不可。更重要的，是自身坚持不懈的追求与努力。不是所有人都能成为名师。但是，没有人能够阻止你拥有自己的思想，形成自己的风格，最终成就精彩的自己。如果成不了鲜花，那就选择做一丛锋芒毕露的荆棘吧。

林语堂曾经说过：人生不过如此，且行且珍惜。自己永远是自己的主角，不要总在别人的戏剧里充当着配角。教师的工作，具有强烈个性化色彩，保持独立思考，显得尤其重要。

崇拜名师和追星，在出发点上并无二致，都是出于内心的喜欢。喜欢本身并没有错误，喜欢也可以不需要任何理由。可是，一旦过了度，因为喜欢而失去了自我，没有了原则，丧失了必要的判断能力，那就有些过犹不及了。

如果你患上了名师依赖症，请关闭网络，尝试着过一段孤独的日子吧！或许，你会重新拾回独特的自我。

教什么比怎么教重要

在教学《西门豹》一课时，我抓住契机，在动态生成中促成了一份精彩，曾暗自窃喜。后来，读了张平南老师的教学片段，深受启发和教育。将两个片段进行类比，才发现自己不过是井底之蛙而已。

一、我的教学片段：亮点也是教学资源

《西门豹》一文是按照事情的发展顺序记叙的，开头写西门豹向老大爷了解情况。文章采用了一问一答的描写方式。西门豹的语言只有寥寥几笔，具体内容如下：

西门豹问："这话是谁说的？"

西门豹问："新娘是哪儿来的？"

西门豹问："那么漳河发过大水没有呢？"

西门豹说："这样说来，河伯还真灵啊。下一回他娶媳妇，请告诉我一声，我也去送送新娘。"

简简单单的几句话，却体现了西门豹缜密的思维和复杂的心理。要通过高度凝练的几句话，表现出人物鲜明的个性特点，表现出人物复杂的心理活动，难度可想而知。这和拍电影一样，语言越少，塑造人物形象难度就越大。相形之下，老大爷的话丰实而具体，情感基调容易把握。因此，在教学中，学生往往把老大爷的话读得有声有色，西门豹却备受冷落，成了配角。问题来了：文本的主旨是凸显西门豹足智多谋、爱民如子的形象，教学却喧宾夺主，主次易位了。

如何解决这一问题？我想到了想象体验，还文本以意象，还文本以画面。教师先用绘声绘色的语言描述，把学生的思维带回两千多年前的战国时期，让他们结合当时的情况，设身处地去想。接着，同桌合作，一个扮西门豹，一个扮老大

爷，演读文本内容。学生表演时，一个意外发现，让我眼前一亮：

甲：老人家，咱们这儿田地荒芜，人烟稀少，究竟是怎么回事呀？

乙：都是河伯娶媳妇给闹的。河伯是漳河的神，每年要娶一个年轻漂亮的姑娘。要不给他送去，漳河就要发大水，把田地全淹了。

甲：嗯？这话是谁说的？

随着一个“嗯”字蹦出，甲同学提眉瞪眼，西门豹当时的那份惊讶，活灵活现。当时的我，犹如哥伦布发现新大陆一般兴奋。再看看当观众的同学们，他们并没有强烈的反响。我想：“如果继续演下去，肯定还有许多精彩呈现，但学生们并不明白妙在哪里。这样，宝贵的教学资源就白白地浪费掉了。”所以，我当机立断，示意他们停下。

我让甲同学把刚才的话重复了一遍，让大家仔细听，和原文有什么区别。他们很快发现多了一个“嗯”字。我让他们把这个句子和原句进行朗读比较，谈谈自己的感受。同学们朗读后发现，句子开头加了语气词后，读起来顺畅多了，充分表现了西门豹极度疑惑的心情。我说：“是呀！一个‘嗯’字把西门豹当时的语气、表情全都读出来了！大家再读读西门豹的另外几句话，看看能不能加上合适的语气词？”

经过大家的共同努力，原来的几句话最终变成了：

西门豹问：“嗯？这话是谁说的？”

西门豹问：“啊？新娘是哪儿来的？”

西门豹问：“哦！那么漳河发过大水没有呢？”

西门豹说：“唉——这样说来，河伯还真灵啊。下一回他娶媳妇，请告诉我一声，我也去送送新娘。”

四个语气词，体现了西门豹的心情变化：疑惑—愤怒—顿悟—悲叹。学生把这四个语气词带到句子中，他们不仅读出了语气的变化，连表情都写在脸上。没想到加了一组语气词，学生就把西门豹读活了！

课后，我针对这个片段，写下了如下教学反思：

学习犹如看风景，探求的过程远远比结果重要。平时的教学中，个别学生的独特发现让人心动。我们喜欢推波助澜，让个体发挥得淋漓尽致。诚然，这是课堂的亮点所在。但我们恰恰忽略了一点，群体比个体更重要！个体的智慧亮点，是宝贵的教学资源。教师如果能抓住契机，引导每个学生都能亲历这样的思维体验过程，分享成功的喜悦，将会收到更为理想的教学效果。

二、张平南老师的教学片段：在比较中习得语言规律

后来，我读教学杂志的时候，读到了特级教师张平南的教学实录，深受启发，连忙记录下来：

师：他找了一位老大爷向他了解情况。这段是一问一答，注意这个问和答的特点。现在我问，你们答。

师：（读）这是怎么回事呢？

（学生齐读课文有关语句）

师：这话是谁说的？

（学生齐读课文有关语句）

师：新娘是哪儿来的？

（学生齐读课文有关语句）

师：漳河有没有发过大水呢？

（学生齐读课文有关语句）

师：接下来，你们问我答，你们要注意听我的答案和你们的答案有什么不同。

生：这是怎么回事？

师：都是河伯娶媳妇给闹的。

生：这话是谁说的？

师：巫婆说的。

生：新娘是哪里来的？

师：哪家有年轻漂亮的女孩儿，巫婆就带着人到哪家去选。

生：漳河发过大水没有呢？

师：没有发过。

生：这样说来，河伯还真灵啊。

师：发现了吗？我答的跟你们答的有什么不一样？

生：你答的都是每段第一句话，每段话都是围绕这句话来写的。

师：这是一个发现。还有呢？

生：我们是用书上老大爷说的话来说的，你是把老大爷的话概括起来回答。

师：可是，我并没有概括起来。

生：你答的是每段的主要意思。

师：你都发现了，不错。

生：你读的每段的总起句。

师：发现这些句子的关系了。

生：你回答得很不具体。（众笑）

师：你们同意吗？（众摇头）这个意思怎么讲？

生：你回答得很简练，简要。

师：很好。（板书：简要）那么，你们说的呢？

生：很详细。

师：很好。（板书：详细）人家问话，你的回答首先要简明扼要，然后再做详细的叙述……

读之，眼前一亮，随之有了如下反思：

张老师的教学让我们耳目一新。先是师问生答，充分回顾老大爷的话；接着生问师答，教师剔出每部分的总起句；最后，比较师生的回答有什么不同。学生懂得了简要和详细之间的辩证关系，简要是为了让别人抓住要点，详细是为了让别人听得明白。在回答别人的问题时，要先概括回答，然后详尽描述。学生经历具体的语言实践后，提高了理解和运用语言文字的能力。

三、启示：教什么比怎么教重要

教什么是方向问题，怎么教是技巧问题。如果方向出了偏差，犯了南辕北辙的错误，只怕是“此数者愈善，而离楚愈远耳”。文本不等于语文课程，充其量是个例子，是学习语言的载体，为学生学习语言服务，并不是语文教学的落脚点和归宿。语文课应该教什么？当然是引导学生在与文本的对话中感受语言温度，揣摩语言规律，习得语言技巧，提升语言质量。换句话讲，我们要用教材教语文，而不是教课文。

显然，我的教学始终没有脱离文本的樊笼，围绕着课文内容打转。《西门豹》是一篇写人的文章。我的教学目标锁定在两点上：一是故事情节，二是人物特点，通过故事情节的深入挖掘感悟来凸显人物特点。所以，在教学时，我紧紧抓住主人公西门豹，让学生分析人物外表（语言、动作、神态），触摸人物内心，感悟人物形象。于是，每一个教学环节都围绕“西门豹是一个什么样的人”在下功夫，做文章。西门豹询问老大爷的那几句话，的确体现了他的睿智和缜思，但通俗直白，学生一读就懂。而我非要学生悟出情来，品出意来，读出味来，实在有些牵强附会。狭隘的视角，必然导致短浅的目光，“一叶（文本）障目，不见泰山（语言规律）”便在情理之中了。这样的课，已经陷入了“情感性”的思维怪圈，只见树木而不见森林，忽视了文章作为教材的根本要义。皮之不存，毛将焉附？立意本身就存在问题，再精彩的生成，又有多大意义和价值呢？

张平南老师的成功，在于她能跳出文本看文本。教学基于文本，但没有被文本所限。她关注文本本身，更关注文本的教学价值；她并不满足于学生读懂课文，着眼点在学生语言训练和发展上。所以，就这一部分的处理，她的侧重点在老大爷的话语上。显然，老大爷的话先概括后详尽，很有特色，学生可以揣摩和学习到语言的规律。这样的定位，立足于学生的长远发展上，无哗众取宠之心，有实事求是之意；这样的训练，让学生实实在在受益，显得质朴而本色，扎实而有效。

说到底，还是“工具性”和“人文性”的偏颇问题。不可否认，语文是感性的，在教学中渗透思想、情感因素是必然的。那么，是不是每一个教学环节非要指向主人公，非要指向文本的主题思想？我想，是否定的。就语文学科本身而言，“人文性”是“工具性”过程中自然而然生成的，没有必要为人文而人文。从这个意义上讲，我仍然是一个普通读者，教学生怎么去认识人物，读懂课文；而张老师才是真正的语文教师，她教学生发现表达规律，提高语言文字运用能力。

理顺辩证关系，提升对话质量

《全日制义务教育语文课程标准》明确提出：阅读教学是学生、教师、文本之间对话的过程。何为“对话”呢？哲学家马丁·布伯强调，真正的对话是“从一个开放心灵者看到另一个开放心灵者之话语”。由此可见，对话双方拥有独立的人格尊严和话语权，不存在“压制”“迫使”和“奴役”，否则就不能称之为对话。

阅读教学中的对话，是指教师、学生、文本三者的一种精神上的相遇、沟通、交流、碰撞。在教学实践中，学生、教师、文本三者之间的对话，并非单一的线形结构，而是相互交错的网状结构，具体可分为教师与文本对话，学生与文本对话，学生与学生对话以及教师与学生对话四种形式。这四种形式，相辅相成，共同成就了阅读教学的精彩。

一、教师与文本的对话是前提

教师要发挥好主导作用，做到胸藏万壑、得心应手，必在与学生对话之前，深入细致地对话文本。与文本对话，不同于传统意义上的备课和钻研教材，它对教师提出了更高要求。

首先，表现在一个“独”字上，要慎独，要独立，更要独到。与文本对话前，先不看“教参”“教案”之类的资料为好，以免先入为主，影响独立思考和独特感悟。只有自己冥思苦想，自己读出来的理解和感悟，才真正属于自己。于永正老师在教学《秋天的怀念》前，反复朗读，反复琢磨，最终有了这样的感受：母爱是细节，是理解，是呵护，是宽容，是牵挂……教学时，教师引导学生聚焦细节，把书读透，把母爱读懂。

其次，要讲究一个“全”字。要全面搜集与文本有关的资料，把文本读厚。教材展示给我们的，往往是一篇文章，附加生字栏、练习题。如何弄清楚作者的写作意图，与作者产生心灵共鸣，需要我们全面了解作者的生平事迹，了解当时的写作背景，以及作者的心路历程。王崧舟老师为了上《长相思》，读了整本《纳兰词》，了解了纳兰性德的生平，阅读了10000多字的鉴赏文字，然后写下了1500字的文本细读感受。按他自己的说法：细读，魔术般地将短短36个字的《长相思》化成了繁华如东流水的课程资源……正是有了丰厚的积淀和储备，才成就了诗词教学的一大经典。

为了对文本有立体的、全面的、深刻的理解，教师要站在不同的角度进行角色体验。具体地讲，教师可以用五种姿态介入文本，得到的收获也会有所不同。

(一)读者

教师解读文本的时候，暂时忘记自己的“教者”身份，放下功利的目的，做一个纯粹的读者。读者的心处于平静、自然的状态，容易体验到阅读的快感。这种阅读，侧重于“人文性”，关注故事情节本身。在阅读时，我们要用心感受文本的价值意义，体悟作者的思想感情，把握文本的人文内涵，与作者产生感情的共鸣。只有自己被文本打动了，教学时才有可能打动学生。

(二)教者

阅读教学不同于一般的消遣性阅读，它带有明确的目的——学习运用祖国的语言文字。学生的语言学习和发展，有赖于文本典范性语言的吸纳、积累、内化和运用。教师要从文本的教学价值出发，感受语言特点和表达特色，寻求语言发展的训练点和生长点。这个角度，侧重于“工具性”，目的是让文本更好地服务课堂教学。

(三)学生

学生是课堂的“主体”，一切教学活动都要以学生为本。教学设计，不能一味地追求诗意和深刻，要考虑到学生的实际。教师站在学生的角度审视文本，确定教学重点、难点，制定合适的教学策略，做到“深入”而“浅出”。太难，难免曲高和寡；太简单，热热闹闹，却无实际价值。适合的，才是最好的。

(四)作者

要想真正领悟作者情感，需要准确把握作者创作意图，需要全方位了解作者的生平和创作文本时的生活境遇，避免“异想天开”和“想当然”。在解读文本时，把自己当成作者，下意识地融入当时的时代，体察作者的心境变化。

(五)编者

文本不同于一般的课外阅读篇目，是学生学习语言文字的最重要的载体。

所以，教材不同于一般的选文集锦，增设了“导读、生字栏、思考练习、资料袋”等内容。教师解读教材时，还要揣摩编者意图，最大限度地发挥文本的“教学功能”。

需要注意的是，教师与文本的对话，无论多么深刻都是允许的，因为只有“居高”才能“临下”。但教师的深刻不等于学生的深刻。教师要把握学生心理和教学实际，采取合适的方式，传递合适的思想。在学生精神成长的历程中，我们千万不要做拔苗助长的蠢事。（林春曹语）

二、学生与文本的对话是中心

阅读教学，归根到底是要提高学生与文本的对话能力，实现“教是为了不教”的目的。学生与文本对话，其实就是与作者的间接对话。作者是躲在文本后面不露面的，以文本的书面语言代言。学生读鲁迅、巴金、郑振铎等思想家、文学家的文章，不就是与这些大师进行对话吗？言为心声，这些凝练精美的文章，往往承载着作者的情感、思想以及对某种事物的看法。只有潜心研读，才能心领神会。只有诱发了个性思考的教学，学生才有了心灵的自由与解放，才有可能“一千个读者心中有一千个哈姆雷特”。让学生直面文本，充分对话文本，不自觉地融入自己的生活经验和情感积淀，才有可能促发个性化思考。

学生和文本对话时，应抱什么样的态度呢？是“一知半解”就“指手画脚”“品头论足”，还是要尊重作者，充分了解文本的价值含蕴和作者的创作意图后，再发表见解？答案不言而喻。任何没有经过深思熟虑、反复推敲的见解和质疑，都是对文本的亵渎，对作者的不尊重。读书的首要任务，就是要把书读懂。

歌德曾经说过：经验丰富的人读书用两只眼睛，一只眼睛看到纸面上的话，另一眼睛看到纸的背面。教师就是要训练学生的“纸背功夫”，要让学生全身心沉潜到语言文字的内部，读出“言外之意、弦外之音”。在教学中，教师要激发阅读期待，聚焦对话视点，留足品味时间，保证学生与文本的对话质量。要让学生养成“不动笔墨不读书”的习惯，带着问题去阅读，边读边思考，勾画相关语句，写出精要的批注，交流时，才会有话可说，说得到位，谈得精彩。

读书切忌在慌忙，涵泳工夫兴味长。学生与文本对话，一定要细，细到每个标点，每个字，每个词，每句话，听听文本说了什么，是怎么讲的，即站在与作者平等的地位，去感受与理解文本思想感情，去体会作者怎样诉说语言文字的，进而准确把握文本的思想内涵和价值取向。这些高级的思维活动，是在神情高度集中“无我之境”中完成的。而我们所见到的公开课，教师害怕“冷场”，担心时间不够，几乎剥夺了学生与文本对话的权利，课文还未读通读顺，便匆匆开始师生对话，学生缺乏个性化见解就在情理之中了。因此，课堂上不仅需要琅琅书声，更需要静思默想，要有必要的“冷场”，摒弃过多的浮华喧嚣，让学生静下心来，沉到书里去。

三、学生与学生的对话是补充

学生与学生的对话主要有两种情况。首先是学生与文本对话后，生成了许多想法，产生了疑惑，大有不吐不快之感。但受课堂教学时间限制，不可能让学生一一陈述。这时，教师可引导学生进行小组合作学习，相互交流，相互启发，共同提高；其次是学生个别发言时，其他学生进行必要的修改和补充，甚至是争论。在传统语文教学中，教师过多地干预了学生与学生之间的交流，过早地掐断了学生的“异见”，从而导致学生之间的对话成为真空。

对话教学十分重视主体间的互动，重新寻回失落已久的生生对话权。教师在充分尊重学生独特理解感受基础上，引导其进行情感交流，心灵碰撞。开展切实有效的讨论、探究或者辩论，让生生对话向纵深发展。正如《全日制义务教育语文课程标准》所说：在学生亲历的学习实践活动过程中学到知识，形成能力，掌握学习方法。例如，孙双金老师在教学《落花生》一文重点句“那么，人要做有用的人，不要做只讲体面，而对人没有好处的人”时，学生出现了两种截然不同的观点，教师没有盖棺定论，而是组织学生进行了激烈的辩论，把课堂教学推向高潮。

事实证明，通过学生个体之间、学生个体与群体之间思维的碰撞和交融，来共享知识、共享经验、共享智慧、共享情感，能收到意想不到的精彩与美妙。借助对话，学生由传统意义上的边缘人地位被拉回到中心地位，语文课堂由此呈现出生动活泼的动态局面。

四、教师与学生的对话是关键

在对话教学中，教师的职责是什么？主要是努力缩小学生与文本之间的差距，启发诱导学生，提高学生与文本之间的对话质量。教师与学生的对话，不单纯是师生的一问一答，而是心灵的碰撞、思想的交流、情感的共鸣。

为了提高教学效益，阅读教学中的师生对话应该围绕一个中心展开，而不是家常式的漫无目的的闲聊。这个中心，我认为是作者要表达的思想感情和文本的言语形式。也就是要解决好两大问题：文本写了什么？作者是怎么写的？教师要先“退居二线”，让学生与文本、同伴之间充分对话，静观其变，适时介入。教师的主导作用体现在以下几个方面：

在关键处点拨。王崧舟老师在教学《荷花》时，有个学生发出这样的无奈：“我觉得这个‘冒’字特别美，到底美在哪里，我也说不清。”王老师抓住“冒”字，设计了如下几个问题：仔细读课文，体会一下，怎样长出来才可以叫作“冒”出来？我们从中体会到一种什么样的心情呢？想不想看看这样冒出来的荷花？现在，你就是荷花，你最想说些什么？最想做些什么？请写在练习纸上。学生在教师的点拨下悟得透彻，读得动情，写得精彩。

在困难时帮助。王崧舟老师在教学《长相思》时，引导学生想象故园的画面时，教师做了如下引导：那可能是一个春暖花开的日子，在空旷的田野上，那也可能是几个志趣相投的朋友围坐一起，一边喝酒，一边畅谈；那也可能是在暖暖的灯光下，一家人围坐在一起。在故园，在家乡，你会看到很多很多美好的画面，展开你的想象吧！学生在教师的启发引导下，写得有声有色。

在偏差时引导。如一位教师在教学《狐狸和乌鸦》时，有个学生说狐狸很聪明。教师让学生说说：狐狸用自己的聪明做了好事还是坏事。学生最终明白了，狐狸是为了骗乌鸦的肉，才想出了这样的办法，动机不纯，“聪明”用在它身上不合适，改为“狡猾”更恰当。

从上述教学可以看出，教师与学生在课堂上的地位是平等的，教师采用商量、讨论的语气，学生可以自由发表自己的见解。唯有如此，才能更好地体现对话教学“自由、平等”的原则。教学相长，师生正是在这样的对话氛围中，获得阅读快感，共享成长幸福。

写字教学如何体现年级特点

汉字是中华民族的宝贵财富，是先辈前贤的智慧结晶。正确、工整、清晰、美观地书写汉字，不仅令人耳目一新，唤起精神上的愉悦，而且可以培养严谨细致的品格。

《全日制义务教育语文课程标准》对小学阶段写字教学总的要求是：认识3000个左右常用汉字，能正确工整地书写汉字2500个左右，并有一定的速度。要使学生会写铅笔字和钢笔字，学习写毛笔字，使学生养成良好的写字习惯，正确的书写姿势，并有一定的速度，具备正确书写汉字的基本能力。通过写字教学，使学生初知书法，欣赏书法，培养传承祖国文化的责任感。

可现实情况是：能把字写得漂亮的学生凤毛麟角。学生在书写中存在的主要问题是：笔画不规范，间架结构不合理，字体不美观，错别字多。造成目前这种状况的原因很多：教师对写字教学不够重视，写字教学的时间无法保证；作业量超标，教师对学生书写要求不够严格；电脑的普及对写字教学的冲击……其中，最为关键的一点是，教师缺乏书法专业知识，没有进行系统性训练。各个年级的写字教学，几乎是同一个模式，缺乏层次性和针对性。那么，写字教学如何体现年级特点呢？为了确保论述的科学性，特意选择人教版各年级语文教材的第11课作为例子，进行详细说明。

一、低年级(一年级上学期)：一笔一笔地教

基本要求：喜欢学习汉字，有主动识字的愿望；认识常用汉字1600—1800个，其中800—1000个会写；掌握汉字的基本笔画和常用的偏旁部首，能按笔顺规则用硬笔写字，注意间架结构，初步感受汉字的形体美；养成正确的写字姿态和良好的写字习惯，书写规范、端正、整洁。

一年级一开学，学生就开始学习认识和书写汉字。刚开始书写的汉字，以简单的独体字为主，逐步学习基本笔画。万事开头难。学生刚接触写字，容易写得歪歪扭扭，不成样子。教师要保持平和的心态，放慢速度，稳扎稳打，切忌贪多求全，心浮气躁。每篇文章后，要求书写的生字有3—4个。考虑到学生的注意力不够持久，建议将写字任务分散在两个课时进行。在教学生书写的时候，教师要多进行示范，一笔一笔地教，甚至手把手地教，力求把每个笔画写正确、写规范、写到位。每个笔画的高低、长短、斜正、曲直、收放等，需要学生一点一滴地观察，一笔一画地落实。

例如：人教版语文教材一年级上册第11课《我多想去看看》。

本文需要书写的生字有4个：广、升、足、走。在教学的时候，要让学生进行观察：这个字由几笔组成？分别是哪几笔？你认为每个字里，哪个笔画最重要？有没有笔画写在横中线、竖中线上？学生观察后，教师示范，学生模仿。就本文的4个生字而言，需要注意下列问题：

广：点要写在竖中线上，横要写在横中线上面三分之一的地方，横要舒展。特别是撇，在写的时候要先竖后撇，这样才不至于写出来的字歪斜。

升：中横在横中线上，短撇要短促有力，竖撇要先竖后撇。

足："口"作为字头要写得小巧，形状上要上大下小。撇与捺要舒展。

走：中横要长，在横中线上。上面要写一个"土"字。撇与捺要舒展。

写完4个字以后，要引导学生进行比较，发现其中的规律：4个生字中都有撇，但名称不同——竖撇、短撇、长撇。在书写它们的时候，长短、斜度不同。

写完一个生字后，与书本上的例字进行比照，看看哪些笔画写得好，哪些笔画不到位。有条件的话，要将学生的练习用投影放大，大家共同评价，相互学习。

二、低年级(一年级下学期、二年级)：一部分一部分地教

从一年级下学期开始，一类生字的数量达到8—12个。以前书写过的许多字，摇身一变，成了偏旁、部首。许多字作为偏旁使用的时候，字形发生了变化：有的形体变了，如"月"做偏旁的时候，就变小变瘦；有的部分笔画发生变化，如"足"做偏旁使用的时候，原来的撇就变成了竖，捺变成了提；还有的则是脱胎换骨的变化，例如"心"字做偏旁的时候，变成了"忄"。汉字的常用部件有几百个，都需要学生去观察和比较，寻找其中的规律，才能帮助识记，把字写正确、写

美观。

在书写每一个部件时，教师都要组织学生进行细致入微的观察，破译形体美观匀称的密码，例如，“亻”的竖写在撇的二分之一处，“氵”的三点要形成弧形，“辶”的头要小，捺要一波三折等。训练的时候，要让学生一部分一部分着眼细节，一点一点地总结和积累。

例如：人教版语文教材二年级上册第11课《难忘的泼水节》。

本文需要书写的生字有12个：龙、恩、寿、柏、泼、特、敬、鲜、脚、度、凤、凰。根据这些生字的偏旁、部首的特点，需要教师进行指导的生字可以确定为如下几个：

恩：上窄下宽，写好下面的“心”字底。

寿：上半部分的三个横要有长短变化，撇要尽量靠左，为“寸”留出位置。

特、鲜：左边部件的最后一笔要变成提。

凤、凰：“几”要稍微高一点，但不要太宽，为里面的部件留出位置。

将每一个部件训练得扎实到位了，就为中年级的生字教学奠定了坚实的基础，也有效地预防了学生书写中的不规范笔画。

三、中年级：一组一组地教

基本要求：对学习汉字有浓厚的兴趣，养成主动识字的习惯；累计认识常用汉字2500个，其中2000个左右会写；会使用字典词典，具有初步的独立识字能力；能使用硬笔熟练地书写正楷字，做到规范、端正、整洁。

通过一、二年级的学习后，学生已经掌握了所有笔画和绝大多数偏旁部首，学习中心应该转移到各部件的组合搭配上来。每个字由几部分组成，各部件的大小、高矮、胖瘦、斜正等形体特点，以及向背、穿插、避让、呼应等组合规则，就成为教学的重点。汉字的结构，无非是独体、上下、上中下、左右、左中右、半包围、全包围、品字型等几大类型。每篇课文，需要书写的汉字有十几个之多。一个一个地进行指导，浪费时间不说，效果不见得好。我们在教学的时候，要增强“类别”意识，组织学生进行观察分析，按照结构特点，分成几个大类。教师只选择每个类别当中最具代表性的生字进行书写指导，起到训练一个、带动一组的效果。

例如：人教版语文教材四年级下册第11课《蝙蝠和雷达》。

本文有12个生字：蝙、蝠、捕、蛾、蚊、避、锐、铛、蝇、揭、碍、荧。其中，有一个半包围结构和一个上中下结构的字，其余的生字全部是左右结构。在教学写字的时候，要引导学生进行观察分类，然后选择具有代表性的生字指导学生书写，其余的让学生独立联系。

再细致一些，这些左右结构的字有一个共同特点：左小右大。除了“捕、揭”之外，其余的7个生字都要写得左高右低。这样一来，本文需要书写的生字可以分成下列几类：

左小右大、左高右低：蝙、蝠、蛾、蚊、蝇、碍。

左小右大、左右同高：锐、铛、捕、揭。

半包围结构：避。

上中下结构：荧。

有了清晰的分类后，就有效地避免了“眉毛胡子一把抓”的尴尬，教学就有了针对性。指导学生书写的时候，我们只需要从每一类中选择一个即可。依据本文的实际情况，我们可以选择如下四个生字：

蝙：左小右大、左高右低，要注意穿插避让，“扁”的长撇要插到“虫”的下面。

揭：左小右大、左右同高。提手旁约占三分之一。要注意右下部件的正确笔画以及笔顺。

避：半包围结构。“辟”的笔画比较多，要尽量挤紧一点，“辶”字旁要尽量舒展，托住里面的部件。

荧：上中下结构，上中小，下面大。中间宽，两头窄。

四、高年级：有选择性地教

基本要求：有较强的独立识字能力，累计认识常用汉字3000个，其中2500个左右会写；用硬笔书写楷书，行款整齐，有一定速度；能用毛笔字书写楷书，在书写中体会汉字的优美。

到了高年级，教学的重点转移到阅读与理解上，文本加长，教学多采用默读与浏览的方式，以提高阅读教学效率。教材中编排的生字比中年级有所减少，但也不可能做到逐一指导。学生通过四年的学习，已经具有了学习生字的能力，也把握了书写的基本规律。大部分生字，要让学生自己去写。教师应遵循“少而精”的原则，有针对性地教。这时，教师的指导除了如何把字写美观外，更重要的是写正确。因为学习过的生字越多，就越容易在书写和使用的时候混淆。教师提醒的字，不一定就是教材中规定的一类生字，也可以是文章中出现的常用二类字，还可以是容易写错的字。

例如：人教版语文教材五年级下册第11课《晏子使楚》。

本文需要书写的生字有8个：辱、蔽、囚、淮、柑、枳、贼、赔。在指导的时候，考虑到学生有可能把部分生字混淆，书写时出现问题，教师要采取先入为主的策略，让学生观察发现，或者是教师带着学生一笔一笔进行练习。本文需要提醒的生字为：

辱：上面是“辰”，要防止学生多写一撇。

蔽：四个点有所区别，上面两点形成一组倒“八”字点，下面是一组“八”字点。

淮：左边有三点，因为它是一条河流。

其余的生字，可以让学生自学。另外，“侮辱、规矩、盗贼”等容易写错的常用词，教师也可以进行训练。

总之，依据现行教材的编排特点，写字教学要依照“笔画—部件—结构—易错”的思路组织教学，做到循序渐进，逐步提高。只有每个年级明确了重点，抓住了关键，才能有效地进行衔接和过渡，才能最终走出写字教学效率低下的怪圈。

串读，抵达“一览众山小”的醇美境界

常规的阅读教学，一般都会运用“整体—局部—整体”的操作模式。首先，初步感知，整体把握文章内容；接着，聚焦局部，对细节描写或者精彩片段深入品读；最后，回归整体，升华主题思想，提炼写作方法。这样的操作模式，并非无懈可击。很明显的一点，就文本内容而言，只完成了由整体到局部的过程。所谓的“回归整体”，是从文本内容中提炼出来的主题或方法，并不属于文本内容本身。

聚焦重点，关注的是文本内容，但只是一部分内容，犹如盲人摸象，学生往往只关注到文本中一些具体的“点”，无暇顾及整体的“面”，自然无法形成学生的内心悸动和高峰体验，不能不说是一种缺憾。如果在教学过程中，有意识地将同类信息提取出来，采用串读的方式，整体集中呈现在学生面前，则可收到意想不到的效果。

一、串读，轻松突破教学难点

《她是我的朋友》是一个感人至深的友情故事。描写了一个叫阮恒的小朋友，在误以为献血会有生命危险的情况下，依然坚持为同伴鲜血。至真至纯的童心，为“朋友”一词做出了最好的诠释。本文在表达上的最大特色，是运用“层层渲染”的办法，抓住人物的神态、动作描写，一点一点地勾描、放大阮恒内心的恐惧与痛苦，引起读者的情感共鸣。如何让学生领悟本文的表达特色，是教学的难点。描写神情、动作的语句在课文中很多处，分布散乱。一句一句地读，很难发现其中的秘妙。当我们把这些描写动作、神态的句子抽取出来，重新排列，集中呈现的时候，就会发现表达形式上的独特之处。

师：让我们把描写阮恒的神态、动作的句子完整地读一读。他的胳膊用酒精擦拭后，一根针扎进他的血管，抽血过程中——

生：阮恒一动不动，一句话也不说。

师：过了一会儿——

生：他突然啜泣了一下，全身颤抖并迅速用另一只手捂住脸。

师：医生问他，疼吗？他摇了摇头。但过了一会儿——

生：他又开始呜咽，并再一次试图用手掩盖他的痛苦。

师：但过了一会儿，医生又问是不是针刺疼了他，他又摇了摇头。接着——

生：他那不时的啜泣变成持续不断的低声哭泣。他眼睛紧闭着，用牙咬着自己的小拳头，想竭力制止抽泣。

师：请你们找一找，这些句子中都有哪些描写"哭"的词语？

生：（陆续地）啜泣；呜咽；低声哭泣；抽泣。

师：从啜泣到呜咽再到低声哭泣，最后到抽泣，你从中体会到了什么？

生：作者用词非常丰富。

师：是的，这样写避免了重复。但是，这些词语的意思又不尽相同，结合阮恒当时的情况，说一说，你还发现了什么？

生：他越来越伤心，开始不想哭，最后还是忍不住哭了出来。

生：阮恒是个勇敢的孩子，不愿意让别人看到他掉眼泪，最后还是受不了了。

生：我觉得，最主要的是恐惧。因为当时的他，以为献血会有生命危险。当血液一点点从他血管里流出的时候，他以为自己马上要死了。

生：谁都怕死。我想，肯定是阮恒想到离死亡越来越近了，害怕到了极点，最后才哭出声来的。

……

师：是的。可是作者为什么不省略掉前面的内容，直接写他忍不住哭出了声呢？

生：这样就不生动、不感人了。

生：只有一点一点地加重痛苦，才能引起我们的同情，给我们留下深刻的印象。

生：只有这样，才能表现出他的害怕来，才能表现出他的勇敢来。

师：是的，作者正是运用了"层层渲染"的手法，把阮恒的恐惧一点一点地呈现出来，让我们的心跟着阮恒的心一起起起落落。心灵的恐惧，比身体的创伤更可怕。已经恐惧到了极点，阮恒为什么不选择放弃？

生：因为他觉得朋友有危险，就应该帮助人家。

生：男子汉大丈夫，说话得算数，既然已经答应了，就不能反悔。

生：如果他不帮忙，那个小女孩就会有生命危险。

师：学到这里，你对朋友有了怎样的理解？

生：朋友会为了你，承受巨大的痛苦。

生：真正的朋友会为了你，战胜一切恐惧。

生：真心的朋友，为了帮助你，可以献出自己宝贵的生命。

师：是呀！阮恒用他的实际行动，形象地解释"朋友"一词的含义。真正的朋友，在危急时刻，会不惜一切代价帮助对方。

如果没有整体串读，学生就难以发现阮恒心理活动变化轨迹，阮恒的形象就不会那么突出鲜明，学生对"朋友"的理解就不会那么深刻到位。更为重要的是，学生不会深入思考，作者为什么不一步到位，而要把阮恒内心的痛苦一层一层撕开给我们看？这样写，究竟有什么好处？对于三年级的学生，学习运用这样的写作技巧，也许难了点，但是，我们完全可以让他们先感受一番。阅读教学之于写作，就是一个播撒种子的过程。天长地久，种子就会发芽。

二、串读，巧妙凸显文本主题

《七颗钻石》是一个令人感动的童话故事。作者列夫·托尔斯泰用绮丽而浪漫的想象，热情讴歌了弥足珍贵的人间大爱。大旱天，小姑娘出门为生病的母亲找水喝。找水过程中，发生了各种意外，水罐一次次发生惊人的变化。直到最后，水罐里的水变成了天上的七颗星星。作者用这样的故事告诉我们——爱心具有神奇的力量！正如歌曲里唱的那样：只要人人都献出一片爱，世界将变成美好的人间。水罐的数次变化，正是为了凸显"爱心具有神奇力量"这一主题。描写"变化"的句子，单个地读，平淡无奇；放在一起进行比照，就会产生强烈的心理震撼。

师：我们来看看，水罐发生了哪些神奇的变化？小姑娘为生病的母亲找水，累得倒在地上睡着了。当她醒来的时候，拿起罐子一看——

生：罐子里竟装满了清亮新鲜的水。

师：她匆匆忙忙，没有想到被小狗绊倒了，水罐也掉在了地下。小姑娘以为，水一定都洒了——

生：但是没有，罐子端端正正地在地上放着，罐子里的水还满满的。

师：这时，小姑娘看到了可怜巴巴的小狗。她倒了一点水给小狗，小狗变得欢喜起来。当小姑娘再拿水罐时——

生：木头做的水罐竟变成银的。

师：小姑娘把水罐带回家，给了母亲。母亲不舍得喝，又把水罐递给小姑娘。就在这一瞬间——

生：水罐又从银的变成了金的。

师：这时，小姑娘再也忍不住，正想凑上水罐去喝的时候，突然从门外走进来一个过路人，要讨水喝。小姑娘咽了一口唾沫，把水罐递给了这个过路人。这时——

生：突然从水罐里跳出了七颗很大的钻石，接着从里面涌出了一股巨大的清澈而新鲜的水流。

师：而那七颗钻石越升越高——

生：升到了天上，变成了七颗星星。

师：从水罐一次又一次的变化中，你感受到了什么？

生：作者的想象力多么丰富啊！

生：爱心的范围越来越广，水罐变得越来越值钱。

生：随着爱心一次又一次传递，水罐也在不停地发生变化，变得越来越珍贵。

生：爱心是珍贵的，是无价的。

生：爱心具有神奇的力量，它让水罐发生了神奇的变化。

……

师：是呀！只要人人都献出一点爱，世界将变成美好的人间！作者写这篇童话故事，其实表达了自己的一种美好愿望——希望人间永远充满爱。

整体价值，永远大于局部之和。聚焦局部，重点赏析，无论品读得多么深入，还是无法代替整体感悟。一次次"变化"，如同一颗颗珍珠，逐一呈现在学生眼前，最终成为一串光彩夺目的项链时，将会引起强烈的心灵震撼。一次次的引读，让课堂氤氲在凄美和浪漫之中，涤荡着学生的心灵。学生触景生情，真切地感受到作者的想象之丰富，水罐的变化之神奇。更重要的，在对比过程中，学生会剥开层层表皮，一点点抵达文本的思想内核——爱心的力量之神奇。

三、串读，准确领悟表达特色

《学会看病》是著名作家毕淑敏写的一篇生活小品文。文章主要写儿子生病发烧了，母亲让他自己去医院看病。儿子离开家后，母亲的心情发生了复杂的变化。她觉得这样对待儿子，实在是太残忍了。直到儿子看完病，顺利回家，母亲悬着的心才最终放下来。这件事，写出了天下母亲的共性——在母亲的眼里，儿子永远都是孩子。文本语言表达的最大特点，就是通过细致入微的心理描写，表现出真切的母爱——孩子接受锻炼的过程，也是让母亲接受锻炼的过程。如何让学生领悟到文本的表达特色，串读是不错的选择。

师：儿子摇摇晃晃地走了。从他出门的那一分钟起，我就开始后悔——

生：我想我一定是世上最狠心的母亲，在孩子有病的候，不但不帮助他，还给他雪上加霜。我就是想锻炼他，也该领着他一道去，一路上指点指点，让他先有个印象，以后再按图索骥。这样虽说可能留不下记忆的痕迹，但来日方长，又何必在意这病中的分分秒秒呢？

师：两个小时过去了，儿子还没有回来——

生：虽然我知道看病是件费时间的事，但我的心还是疼痛地收缩成一团。

师：虽然我毫无疑义地判定儿子患的只是普通感冒，如果寻找适宜锻炼看病的病种，这是最好的选择——

生：但我还是深深地谴责自己。

师：假如事情重来一遍——

生：我再也不让他独自去看病了。这一刻，我只要他在我身边！

师：儿子回来了。我看着他，勇气又渐渐回到心里——

生：我知道应该不断地磨炼他，在这个过程中，也磨炼自己。

师：我们来看看母亲的心理变化过程。当儿子带着病体，走出门的时候，母亲的心理就开始——

生：担心、担忧、后悔……

师：等了儿子许久，也没有回来，母亲开始——

生：自责、内疚、谴责自己……

师：等到儿子回来了，母亲终于——

生：放心、安心。

师：从后悔到自责再到放心，体会到了什么呢？

生：孩子的一举一动都牵动着母亲的心。

生：可怜天下父母心！孩子有病，母亲也不轻松。

生：孩子无论长到多大，在母亲的眼中，永远是个孩子。

生：孩子接受锻炼的过程，也是让母亲接受锻炼的过程，只有母亲狠下心来，孩子才能够坚强起来，独立起来。

……

师：是的，温室里开不出绚烂的花朵，被溺爱的孩子永远长不大！我们想一想，如果作者只记录事情的过程，不写自己的心理活动，你觉得怎样？

生：枯燥乏味，读起来没有意思。

生：难以表现出母亲对孩子的爱。

生：文章就不具体生动了，也不会感动读者了。

师：将人物的心理活动巧妙地融入故事情节之中，从而让这个故事一波三折，引人入胜。这是一种很高明的写作方法。能把这种方法运用到写作当中的同学，一定很了不起！

在这篇文章中，作者多次描写了母亲复杂的心理活动。这些句子，散落于各个自然段当中。逐一品读，容易把文本撕扯得支离破碎，也无法引发学生的心灵触动。学生也许只能模糊地感受到，心理活动会让文章更加生动。可是，当我们把这些零散的句子组合在一起，梳理出一条心情变化的轨迹时，学生就会真切感受到：有了心理变化的描写，文章的故事情节会更加曲折，人物形象会更加鲜明，更能引起读者的情感共鸣。

"不识庐山真面目，只缘身在此山中。"不认识庐山的本来面目，是因为身在山中，只能聚焦局部，无法照顾整体。只见树木、不见森林的狭隘视界，往往难以发现文本的整体结构和表达特色，对文本的主旨要义的领会也是一鳞半爪。如果能将文本中的关键词句提炼出来，重新组合，集中呈现，课堂教学的整体性将会大大增强，最终抵达"一览众山小"的醇美境界。

小学语文课堂的提问艺术

提问是课堂教学的重要环节，是促进学生思维发展，评价教学效果，达成教学目标的基本手段。课堂教学中，无论是推进教学过程，还是突破教学难点，教师都会向学生提问。课堂提问是一种技巧，是一门艺术，并且是用得最多、却很难用精用巧的艺术。有位教育家说："中小学教师若不谙熟发问的艺术，他的教学是不易成功的。"

可是，在平时教学中，许多教师的课堂提问，却往往不尽如人意。本文旨在为课堂提问问诊把脉，分析其中原因，寻求更为科学合理的提问方式。

一、目前课堂提问存在的问题

（一）问得太零碎，缺乏整合性

我长期从事小学语文教学工作，有机会经常深入课堂听课。曾做过统计分析，小学语文课堂教学，明显存在提问次数过多的现象。一堂语文课，四十分钟，提问少则十几次，多则三四十次。以前的"满堂灌"，变成了现在的"满堂问"。教师在课堂上连续提问，或判断问，或选择问，或填空问，或自问自答，学生则习惯性地举手，仓促地回答问题，如同进行"非常 6＋1"式的抢答游戏。提问的价值，不仅仅蕴含在教师的设计中，更体现在学生的思考里。如果学生没有时间深入思考，问题则形同虚设。如此频繁的发问，学生疲于奔命，浅尝辄止，无法感受思考的乐趣，教学效果大打折扣。

（二）问得太随意，缺乏目标性

有些教师目标意识淡漠，只知其然，不知其所以然。课堂上一个劲儿地提问，却不知因何而问；通过这个问题，要达成什么目标；学生通过思考这个问题，有何收获。小学语文课堂上，充斥着许多没有经过深思熟虑、仔细斟酌的问题，浪费师生的时间精力。有的教师在动态的教学过程中，随时衍生出许多新问题来，不断地削弱和淡化教学目标；有的教师缺乏主导意识，无原则地让步，被学生牵着鼻子走，全盘否定原来的答案，结果是“捡了芝麻丢了西瓜”；还有的教师缺乏全局意识，设计的问题没有层次性，没有遵循由浅入深的规律，没有与教学过程融为一体，思维混乱，目标无法达成。比如，有教师在教学《金色的草地》第一自然段时提问：为什么我们窗前的草地上长了那么多蒲公英？左思右想，真不知道该教师提问的真正意图是什么。

（三）问得太直白，缺乏技巧性

有位教育家说：“如果学生意识到你在教育他，你的教育大多是失败的。”提问也不例外，不宜带有过重、过深的痕迹。直白的问题，意图过于明显，常常让人心生排斥，无法激起学生的探究欲望。有些直白的问题笨拙蹩脚，置学生于进退两难的尴尬之境。例如，有位教师在学习《钓鱼的启示》时提问：要是你钓到了大鲈鱼，是放还是不放？怎么回答呢？放，做不到，咱们还没那素质；不放，把心理隐私暴露于大庭广众之下，情何以堪？试问该教师：如果你是学生，在特定的课堂教学场景中，你将如何作答？

（四）问得太肤浅，缺乏深刻性

古人云：学源于思，思源于疑。肤浅的问题，无法诱发学生深思，不可能收到理想的效果。教学中，我们经常可以听到教师们的口头禅：对不对？是不是？好不好？……这些问题，学生基本不需要思考就脱口而出，无益于学习求知，反倒助长了学生不求甚解、信口开河的习气。也有教师喜欢带着学生溜课文，教师顺着文本提问题，学生沿着段落文字找答案，一问一答，教学行云流水般顺畅，实则“绣花枕头——中看不中用”。这样的阅读教学，是“泛阅读”或“伪阅读”，学生成了扫描仪和搜索器，无法真正提高语文素养。

（五）问得太含糊，缺乏准确性

课堂上经常出现匪夷所思的现象，学生的回答与教师的意图风马牛不相及。我们也常常感叹：摔断瑶琴凤尾寒，只为课堂少知音。当学生的回答与我们设计的问题不和谐时，除了分析学生的习惯、基础、状态外，我们是否也该检查自己：是不是问题本身就值得推敲？是不是存在表述不清、指向不明的问题？是不是问题中包含着歧义和偏差的基因？是不是曲高和寡，才导致了高处不胜寒？例如，有位教师在教学《小摄影师》时提问：“读了课文，你觉得高尔基怎么样？”学生纷纷回答："他是大作家！""他很忙！他性格很温和，没有架子。"……说来说去，唯独没有教师想要的答案。不得已，教师只好包办代替：他耐心地配合小男孩采访，而不愿接见记者，说明他关心爱护少年儿童呀！

二、提高语文课堂提问的艺术性

（一）注意整合，减少数量，提高质量

课堂提问不在多而在精，多则惑，少则明。教师要把握宁缺毋滥的原则，精心设计，做到高质少量。少量不代表只求一鳞半爪或一知半解，不代表只见树木而不见森林。弱水三千，只取一瓢饮！"这一瓢"很关键。一篇文章，我们可以提出无数问题。仔细审视，我们可以发现一些规律：有些问题指向是一样的，只是换了种问法而已，完全可以将其合并；有些问题，与别的问题之间界定不清，泾渭不明，交叉重合，造成教学时间和资源的浪费。对于这些问题，要学会取舍，该合的合，该并的并，该去的去，正所谓"千淘万漉虽辛苦，吹尽狂沙始到金"。

实施板块教学，是理想的选择。将一篇文章的教学分为几大板块，每一板块设计一两个能波动全局的问题，然后让学生深入对话文本，回旋复沓，举一反三。问题要有综合性：力求能照顾到"字、词、句、篇"的内在联系，能照顾到"听、说、读、写"各个方面。要有整体性，要提纲挈领，牵一发而动全身，不至于破坏文本的完整性。要有开放性：能巧妙总结规律，链接生活，沟通社会，指导实践，做到"得法于课内，受益于课外"。例如，学习《灰雀》一文，可以设计两个问题：灰雀到底是自己飞走的，还是被小男孩捉走的？在对话的过程中，列宁和小男孩各自在想什么？

（二）充分预设，强化目标，减少随意

凡事预则立，不预则废。教师在备课的时候，要以读者、教者、学生、编者（教材编写者）等多重身份，与文本进行深入细致的对话，制定好清晰简洁、科学合理的教学目标。围绕教学目标，精心设计问题。提问要坚守学科本位，紧扣教材重难点及精彩之处，切忌提"漫谈式"问题，一味追求气氛活跃、课堂热闹。打个比方，目标是恒星，问题是行星，行星要围绕恒星按轨道运行，否则会造成混乱。为了避免课堂提问混乱，教师要在备课上下大功夫，做足文章。预设得越充分，设计的问题就越科学，越有针对性和实效性。每个教学环节要达到什么目标，通过哪几个问题来实现，教师要心中有数。例如，有位教师教学《梅花魂》一文，抓住

点睛之“魂”，精心设计了四个问题：什么是魂？梅花有魂吗？课文的“梅花魂”究竟指的是什么？你从“梅花魂”中体会到什么？四个问题覆盖全文，由表及里，一气呵成。

课堂是预设和生成的完美统一，是主体和主导的和谐共生，形式可变，规律永恒，所谓“万变不离其宗”，所以，教师要处理好“坚守”和“应变”之间的关系。针对教学中出现的意外，教师要迅速甄别，有价值的开发利用，无关紧要的及时化解。例如《梅花魂》教学中，如果学生问及“梅花为什么要选择在冬天开放”，教师应鼓励他在课后做调查研究，而不就此再做探讨。

(三)转换角度，化直为曲，寓庄于谐

如果把学生的大脑比作一泓池水，那么提问就如同“东坡投石”，激荡起学生思维的涟漪和心灵的浪花。著名教育家陶行知先生说：“发明千千万，起点是一问。禽兽不如人，过在不会问。智者问得巧，愚者问得笨。”这番话强调了“巧问”的重要性。巧问的精髓在于曲径通幽，在于触类旁通，“问在此而意在彼”。通过提问，让学生既有“山重水复”的困惑，又有“柳暗花明”的敞亮。例如，让学生概括段落大意，我们可以这样说：聪明的学生能把一段话读成一句话。你把这个自然段读成了哪一句话？

提问的最高境界是“随风潜入夜，润物细无声”，让学生不知不觉进入思考的自由王国。教师要选择合适的角度、合适的方式提问，淡化问的痕迹，让学生情不自禁进入思考，获取知识。提问的目的，不是为难学生，而是要让学生有话可说，说得生动，说得丰富，说得精彩。所以，问题要具有开放性，要尽可能避免“标准答案”，培养学生的创新意识和独立精神。问题要有情趣性，学生能乐于思考，在轻松愉悦的氛围中完成“智力竞技”。例如，教学《皇帝的新装》，教师可以设计如下问题：第一，我们来进行一场打假运动，找找课文中“以假乱真”的情节。第二，如果有一天，皇帝醒悟了，论功行赏变成了论罪行罚，你觉得他会惩罚谁？第三，想一想，作者写这篇文章时，表情是什么样的？这些问题，实现了文本与生活的融合，学生乐于思考，乐于表达。

(四)精心设计，调整难易，诱发深思

万物之所以有优劣之分，全在于“度”的把握。问题的难易程度，要符合学生年龄特点和认知水平。一般来说，如果提出的问题等同于学生的知识结构，就过于简单；反之，如果问题完全脱离知识结构，或跨度太大，就过于复杂。适宜的难度，应是问题与学生已有的知识结构有交叉，但不完全重合，学生通过努力可达到，所谓“跳一跳，够得着”。问题不能过于浅白，又不能太深奥。太浅白，索然无味，勾不起学生兴致；太艰深，学生不知所措，挫伤其积极性。设计问题要面向全体学生，力求照顾到绝大多数学生的接受水平。例如，《我的伯父鲁迅先生》以“‘哦！’我恍然大悟，‘墙壁当然比鼻子硬多了，怪不得您把鼻子都碰扁了。’”为突破难点，可以这样设计：“恍然大悟”是什么意思？作者当时真的悟了吗？伯父的鼻子真的是被墙壁碰扁的吗？这样可以化解问题难度，让学生拾级而上。

（五）清晰描述，准确定位，增强实效

准确是教师语言的基本标准，更是对课堂提问的具体要求。教师提问模棱两可，含糊其词，甚至与所学内容毫无关联，学生必定认识模糊或产生歧义。教师要有“全心全意为学生服务”的思想，站在学生的立场上思考问题，符合学生的年龄特点和接受水平。提问形式自然简明，如果问题中包含着几个层次，最好逐一罗列出来；叙述要浅显易懂，符合学生年龄特点和接受水平，让学生一听便能心领神会；问题要精要恰当，要抓住要领，有利于学生切中要害，集中思维。教师要有“牺牲”精神，尽量避免那些文绉绉、生僻古怪的词汇，追求语言的“儿童化”和“口语化”，让学生喜欢听，听得懂。在教学《穷人》一文后，如果直接问桑娜具有什么品质，问题则过于浅显，没有思维含量；如果教师问：课文主要写桑娜，为什么不用“桑娜”做题目？这个问题就比较有价值。学生通过思考、交流，明白课文中的“穷人”不单指桑娜，勤劳善良是穷人共有的品质。

总之，课堂提问是语文教学中的重要环节，是启迪学生智慧、调控教学节奏和反馈教学效果的重要手段。它贯穿于课堂教学的始终，影响着课堂教学的质量。语文教师一定要不断学习和探究课堂提问技巧，让自己的提问有水准、有质量、有成效，达到一石激起千层浪的效果。

训练逻辑思维，提高表达能力

《全日制义务教育语文课程标准》在总目标中对学生表达能力的要求是：能具体明确、文从字顺地表述自己的意思。乍一看，再简单不过。但是，真正落实到教学中，却不是一件容易的事。平日教学中，许多教师对“具体明确”关注得比较多，而对“文从字顺”这一要求有所忽视。

小学生在表达过程中，主要会出现两个方面的问题：一是语言内容不合乎情理；二是语言形式不合乎规范。第一个方面，主要是受到年龄、经历、知识储备方面的限制，主要取决于学生自身的生活积累，教师的作用极其有限。甚至在学生的表达中，有些缺乏常识的表述，往往是童话的表达形式，换个角度看，有另一种情趣和意味。第二个方面，属于规范、规则的范畴，语文教师则需要特别关注。在我看来，无论是成人还是儿童，规范表达（认真书写，不写错别字，不乱用标点，把句子写通顺）都是最为重要的事情。如同游戏活动一样，没有规则，游戏就无法正常进行下去。

鉴于多年的小学语文教学经历，我明显地感受到，小学生的语言表达（口语和书面语言）中比较严重的问题是：思维混乱，重复累赘，前言不搭后语，甚至前后自相矛盾。许多学生没有语言逻辑的意识，缺乏整体安排的能力，脚踩西瓜皮，滑到哪里是哪里。出现这样的情况，除了年龄、心理特点外，与我们平时教学中“忽视和淡化思维逻辑训练”有一定的关系。特别是在“以读为本”的课堂中，教师重视情感的渲染、陶冶，重视语言的理解、感悟积累，而忽视了逻辑思维能力的培养。学生往往只知道文章写得美，而弄不清楚词语与词语之间、句子与句子之间、段落与段落之间，究竟是怎么组合在一起的。

其实，思维逻辑和语言表达，二者是不可分割，相互依存，相互促进。在平时的阅读教学中，以典范的教材作为范本，有意识地对学生进行语言逻辑方面的训练，可以增强学生“整体规划”的意识，提高“言之有序”的能力。

一、词组中的逻辑思维训练

我们在写文章的时候，有时候为了表达得比较简洁，会将多个词语组合起来使用。一般来说，高明的作家会将它们分类，同类的放在一起。即便是同类的几个词语，组合在一起的时候，也不是随意而为之，而是要根据生活常识、事情的发展过程、事物的变化规律等因素，按照一定的顺序进行排列。优质的表达，往往是作者苦心经营的结果，词语的先后顺序，是不可以随意调换的。

教学中，教师也会进行此类训练。类似的训练，多见于一些典型习题。特别是进行综合性复习时，教师才会有针对性地进行一些专项练习。比如：按时间顺序排一排传统的节日，按先后顺序排一排做某事的程序等。许多学生所获得的经验，往往和习题训练之间建立了深刻的联系。学生可以顺利完成具体的题目，但在平时的说话和习作当中，又会无意识地犯类似的错误。其实，这样的语言敏感度，应该在平日的教学中，放在具体的语言环境中，用心甄别，扎实训练。学语文，爱语文、用语文的情感和能力，正是从这些细微的训练中，逐步培养起来的。

【案例】《小白兔与小灰兔》教学片段

过了几天，白菜长出来了。小白兔常常给白菜浇水，施肥，拔草，捉虫。白菜很快就长大了。

师：小白兔种白菜，有很多农活要干。课文中，罗列其中四种，分别是——

生：浇水，施肥，拔草，捉虫。

师：什么叫“施肥”？

生：就是在白菜根部埋上肥料。

师：我们来表演一下这几种农活吧！

（教师说词语，学生做动作）

师：你们想一想，这四个词语之间，有没有关系啊？

生：种上白菜后，就要浇水；等白菜长大一点，就要施肥了，让它长得更快些。

师：后面两个呢？

生：有了肥料，杂草也长出来了，需要拔草；菜叶上有了虫子，就要赶快捉掉。

生：我知道了，作者是按照白菜生长过程排列的。

生：白菜在生长过程中，需要按照顺序做不同的事情。

师：如果我把这四个词语的位置换一换——捉虫，拔草，施肥，浇水，这样可以吗？

生：不可以，这样会显得很乱。

师：对了，以后我们说话，或者是写文章的时候，有多个词语排列在一起，大家就要注意它们的先后顺序。这样，就做到条理清晰、合情合理了。

四个词语——浇水、施肥、拔草、捉虫，都是具体的农活，看似随意而为，实则精心安排。要想读起来自然、顺畅，就必须按照种白菜的生活经验，进行精心的设计与安排。但是，这些细微的文本内容，一年级学生往往是发现不了的。不能破译语言文字中的秘密，就不能领悟作者表达的巧妙。做语文教师的，要练就一双慧眼，发现蕴藏在词语中的秘密，并带着学生细细品咂。学生只有领悟了其中的“好”，才能记住这样的方法，并适时运用。

教学中，我们可以将句子或段落中的一些典型词语抽取出来，给它们换换顺序，让学生去分析：这样的调整，行不行？当然，也可以根据学生在习作中出现的具体问题，进行有针对性的训练。通过这些精细化的训练，让学生明白：语言组合，是非常细致、微妙的事情，任何不经意的疏忽，都有可能出现表达方面的问题。

二、句子中的逻辑思维训练

我们打一个形象的比方，一句话，就如同一颗珍珠；一段话，就是一串精美的项链。一颗颗珍珠，正是通过一条丝线，串联成一件精美的艺术品。串联珍珠的这条线，或者完全隐藏在语言文字的背后，或者隐隐约约地露出一点蛛丝马迹。这条线，放在文章中，就是行文的思路。看得见的，是明线；看不见的，是暗线；有时候，还会明暗交织。这样的行文思路，写作前，作者都会早早地进行规划。在消遣性的阅读活动中，读者往往只会关注文本的内容，至于句子与句子之间的关系，是不会被重视的。然而，它却是学生在表达过程中，非常重要的一种能力。因为一颗颗珍珠的价值，远远不及一串完整的项链。

阅读教学过程中，我们让学生明白，每句话讲了什么，一个段落讲了什么，哪个句子是中心句，都是很有必要的。但是，仅仅关注了这些，还远远不够。作者为什么要先说这一句？为什么要后讲那一句？句子与句子之间，组合得是否妥帖，是否顺畅？是怎么做到自然连贯的？这些问题，值得我们做进一步的思考，也正是教师的教学价值所在。当我们弄明白这些问题的时候，学生就在学会表达的路上，前进了一大步。

【案例】《葡萄沟》教学片段

葡萄种在山坡的梯田上。茂密的枝叶向四面展开，就像搭起了一个个绿色的凉棚。到了秋季，葡萄一大串一大串地挂在绿叶底下，有红的、白的、紫的、暗红的、淡绿的，五光十色，美丽极了。要是这时候你到葡萄沟去，热情好客的维吾尔族老乡，准会摘下最甜的葡萄，让你吃个够。

师：这段话一共有几个句子？

生：四个。

师：我们一句一句地看。第一句写的是，葡萄种在——

生：山坡的梯田上。

师：请把“梯田”圈出来。第二句写的是茂盛的——

生：枝叶。

师：请把“枝叶”画下来。第三句写的是五光十色的——

生：葡萄。

师：请把“葡萄”画下来。最后一句写的是热情好客的——

生：维吾尔族老乡。

师：请把“老乡”画下来。你们仔细看看，这段话主要写的是——

生：葡萄。

师：这四个句子之间，有没有联系呢？

生：葡萄先长出茂密的枝叶，才能结出五光十色的葡萄，有了葡萄，老乡才会热情地招待你。

生：第一句是介绍葡萄种在哪儿，是总写，后面是分写。

师：那你们看看，这几个句子，可以调换位置吗？

生：不能。

师：记住这些关键词，看你能不能把这段话背下来。

（出示）

……梯田……枝叶……葡萄……老乡……

（有了提示，学生很快就背诵下来了）

师：这段话告诉我们，句子与句子之间，是按照先后顺序，有规律地组合在一起的。我们写文章的时候，要想好先写什么，再写什么，最后写什么，文章的条理才会清楚。

上述这段话，乍一看，是介绍吐鲁番的葡萄的。句子与句子之间的关系，似乎并不怎么密切。仔细一琢磨，事实并非如此。句子与句子之间，不仅密不可分，而且进行了严谨的顺序排列。前面的每一句话，基本上都在为后面的内容做铺垫，句句相扣，层层铺垫。去掉前面的任何一句，后面的句子都没有了落脚的地方；抽出中间任何一句，都会出现语意的断层。好的表达，就应该是这样，添一句不畅，少一句不顺，换一句则不通。

有的学生，读了多年书，写了多年的文章，结果写出来的内容，还是乱七八糟、颠三倒四的。他们甚至不清楚，句子与句子之间是需要一种规则组合在一起的。背诵课文的时候，也只是一味地进行死记硬背，记忆效率低下。应该说，大多数语文教师都缺乏这样一双慧眼，难以发掘段落中句子与句子之间的逻辑关系，更无法引导学生破译其中的秘密。教师要通过长期的段落训练，让学生明白，句子与句子之间是有密切关系的，思维和语言往往是不可分割的一个整体。有序的表达，必须依靠清晰的思维做支撑。

三、段落中的逻辑思维训练

一篇文章，涉及的内容往往有许多个，这就需要分成若干个段落，一段一段地讲述。有了段落划分，文章的层次就清楚多了。许多内容组合在一起的时候，就要考虑顺序：先写哪个，再写哪个，最后写哪个。按照正常的思维，一般来说，简单的会放在前面，复杂的会放在后面；平淡的放在前面，精彩的放在后面；作为条件的放在前面，作为结果的放在后面……顺应了人们的思维习惯，读起来就比较顺畅、自然。

阅读教学中，将主要的内容进行概括提炼，知道作者写了哪几个方面的内容，就基本读懂了文章的意思。然而，读懂文意，不是语文教学的终极目标。语文教学的最终目的，是提高学生的语言文字运用能力。让学生知道，作者是如何运用语言文字的，并进行适当的迁移运用，是很有必要的。文本内容上的补充和延伸，价值是极其有限的；语言形式上的迁移和运用，则可以让学生得到实在的收益。

【案例】《狐狸与乌鸦》教学片段

他眼珠一转，对乌鸦说："亲爱的乌鸦，您好吗？"乌鸦没有回答。

狐狸赔着笑脸说："亲爱的乌鸦，您的孩子好吗？"乌鸦看了狐狸一眼，还是没有回答。

狐狸又摇摇尾巴说："亲爱的乌鸦，您的羽毛真漂亮，麻雀比起您来，可就差多了。您的嗓子真好，谁都爱听您唱歌，您就唱几句吧！"

乌鸦听了狐狸的话，非常得意，就唱了起来。"哇……"她刚一开口，肉就掉了下来。

师：我们先来看看，狐狸的说过的三句话。第一次，狐狸说——

生：亲爱的乌鸦，您好吗？

师：第二次，狐狸说——

生：亲爱的乌鸦，您的孩子好吗？

师：第三次，狐狸说——

生：亲爱的乌鸦，您的羽毛真漂亮，麻雀比起您来，可就差多了。您的嗓子真好，谁都爱听您唱歌，您就唱几句吧！

师：你们发现了什么？

生：狐狸说的话，越来越长。

生：狐狸说的话，一次比一次好听。

师：第一句，随便打个招呼，回答不回答没关系；第二句，狐狸关心乌鸦的孩子，当母亲的，最喜欢别人关心她的孩子了。乌鸦开始放松警惕，对狐狸有了——

生：好感。

师：第三句，真要命！我们都说，人贵有自知之明。最了解自己的，莫过于自己了。乌鸦难道不知道自己长什么样吗？

生：知道。

师：她难道不知道自己的嗓子好不好吗？

生：知道。

师：那她为什么还真唱出来了呢？

生：她被狐狸夸得忘记自己了。

生：狐狸的话实在太诱人了。

生：平时，大家都说麻雀的好话，乌鸦猛然听到有人夸她，就不知道自己是谁了。

师:你们想想,这三句话,顺序能换一换吗?

生:不能!狐狸的话,应该越来越动听。

生:不能换,这样狐狸才能把乌鸦的肉骗到手。

生:狐狸得让乌鸦一点点放松警惕,才能实现自己的目的。

师:再看看这个故事,还有什么在逐渐变化?

生:狐狸的表现在变——先是眼珠一转,然后赔着笑脸,最后摇摇尾巴。

生:乌鸦的反应也有变化,先是没有回答;然后看了一眼,也没有回答;最后非常得意,唱起歌来。

师:是的。狐狸骗乌鸦,骗了三次。一次比一次难度大,一次比一次"精彩",这样的故事,我们越读越爱读。以后我们写文章的时候,也要学习这样的方法,循序渐进,逐步提高,把读者的心牢牢地吸引住。

好的故事,一定是经过精心安排和巧妙设计的。《狐狸与乌鸦》这个故事中,狐狸三骗乌鸦,不是一种平面的并列关系,而是一种立体的递进关系。故事,应该越来越精彩,越来越扣人心弦,这样才能牢牢抓住读者的心。也就是说,"三骗"是有层次感的,顺序是不能调换的。如果换了顺序,故事就不成立了。

平日的表达中,我们随时都会遇到内容的选取与编排问题。将同类的素材放在一起,才完成了构思的一半工程。我们需要更细致的筹划与安排——将每一个内容,每一个细节,按照一定的线索和顺序进行编排,让表达更具层次感。

课例

融情融趣，得意得言

——《画杨桃》第一课时教学实录与点评

执教：广州市花都区和悦小学　屈太侠

点评：广州市花都区教育局教研室　江美芳

一、导入新课，初读课文

师：同学们，我给大家带来一样水果。（展示杨桃实物）认识它吗？

生：杨桃！

师：对于咱们广东的孩子来说，杨桃是常见的水果之一。你们吃过吗？

生：吃过。

师：（夸张地）流口水了吧？

生：（笑）没有。

师：杨桃的样子，有什么特别之处？

生：奇形怪状的，有五条棱。

师：今天，我们来学习一个与杨桃有关的故事。请大家齐读课题。

生：《画杨桃》。

师：画杨桃的过程中，发生了一件什么事呢？请大家自由读课文，注意做到两点。

（出示）

①读准字音，读通句子。

②边读边想：课文写了一件什么事？

【点评】导入环节简洁明快。展示杨桃实物，是为了激发学生的兴趣；发现“特别之处”，是为理解课文内容做铺垫。教师的提问“发生了一件什么事”具有明确的指向性。这是一篇写事的文章，就应该从具体的“事情”入手。

二、学习字词，概括大意

（一）学习字词

师：同学们读得真投入！我们一起来看本课的生字词，谁带着大家读一读？

（出示）

叮嘱（zhǔ）　　教诲（huì）　　严肃（sù）

半晌（shǎng）　　和颜悦（yuè）色　　审（shěn）视

师：去掉拼音，我们来开火车读读吧。

（学生开火车认读）

师：我们来看第一个词语——叮嘱。课文中，父亲经常叮嘱我什么呢？

（出示）

你看见一样东西，是什么样的，就画成什么样，不要想当然，画走了样。

（指名读、齐读）

师：父亲的要求可真严格！生活中，谁经常叮嘱你做什么呢？

（出示）

________经常叮嘱我________________________________。

生：妈妈经常叮嘱我，天凉了，要多加一件衣服。

师：你的妈妈真用心。

生：老师经常叮嘱我，一定要把字写好。

师：你们的老师很负责。字是读书人的第一张脸，应该认认真真写好。

……

师：本课的生字中，有两个字不好写。大家看看是哪两个呀？

（出示）

嘱　肃

生：嘱、肃。

师：请大家和老师一起书写。在写"嘱"的时候，老师要叮嘱你们，"口"要写得上宽下窄，右边"属"字的最后两笔是提和点。接下来，请安安静静地跟着老师写"肃"字，写完后，再想一想：你要告诉伙伴们什么呢？

生：写"肃"字的时候，最后写里面的"八"字。

师：观察得真仔细。请大家把这两个字各写一遍。

（学生完成后，同桌互评）

（二）概括大意

师：你们刚才读了课文，对文章内容有了一定的了解。谁能简单地说说，课文写了一件什么事？

生：父亲教育“我”看到什么就画成什么样。后来，在美术课上，“我”把杨桃画成了五角星的样子。

师：还没有讲完。看到“我”画的像五角星一样的杨桃，同学们有什么反应？老师呢？

生：同学们嘲笑“我”，老师来到“我”的座位上观察后，发现“我”画的是对的。

师：基本上讲清楚了。为了概括得更准确一些，老师给大家一点提示。同桌之间相互说一说。

（出示）

图画课上，我把杨桃画成了________。一开始，同学们________。后来，在老师的引导下，同学们________。

师：谁再来尝试一下？

生：图画课上，我把杨桃画成了五角星的样子。一开始，同学们哈哈大笑起来。后来，在老师的引导下，同学们觉得不好意思了。

（三）自主质疑

师：老师的想法和你们一样吗？请你们读一读。

（出示）

图画课上，我把杨桃画成了五角星。一开始，同学们觉得好笑。后来，在老师的引导下，同学们认识到了自己的错误。

师：读着读着，你的小脑袋里冒出了哪些问题呀？

生：“我”为什么会把杨桃画成五角星呢？

生：同学们为什么嘲笑“我”呢？

生：老师是怎么引导孩子们的？

……

师：这些问题都很有价值！带着这些问题进入学习，你们一定会有收获。

【设计意图】教学字词时，教师将准确认读、理解运用、规范书写巧妙地结合起来，扎实而灵动。对于刚上三年级的学生来说，概括文章主要内容比较困难，需要一个支架。教师让学生先自主尝试，然后让学生填空，降低了难度。最后，让全班同学相互练习，扩大了训练面。最有价值的一点，是教师让学生聚焦文章的主要内容并质疑，目标高度集中，教学效率大大提高。

三、精读课文，情感朗读

（一）探究原因

师：我们先来看第一个问题。作者为什么会把杨桃画成五角星呢？课文第几自然段写了这个内容？

生：第二自然段。

师：请你推荐一位同学来读第二自然段。其他同学认真听，一边听一边思考刚才的问题。

（学生读）

师：读得很流畅。说一说，“我”为什么会把杨桃画成五角星呢？

生：“我”的座位在前排靠边的地方。讲桌上那两个杨桃的一端正对着“我”。“我”看到的杨桃根本不像平时看到的那样，而像是五个角的什么东西。

师：请你用自己的话简要说说。

生：因为“我”坐在前排靠边的地方，所以看到的杨桃像个五角星。

师：（出示杨桃实物）当年的“我”坐在什么位置？

生：前排靠边的位置。

师：也就是我们班左边一、二排的那几位同学的位置。杨桃的哪一部分正对着“我”？

生：一端。

师：也就是一个头。现在，我把杨桃的一端对准你们（实物演示）。请问这几位同学，你们现在看到的杨桃大概像什么？

生：五角星。

师：其他的同学呢？像五角星吗？

生：不像！

师：同一个杨桃，为什么大家看到的样子会不一样？

生：有的是侧面观察的，有的是从一端观察的。

生：观察的角度不同，杨桃的样子也就不一样。

师：同样的事物，观察的角度不同，看到的样子也就不一样。（**板书：角度不同，结果不同**）这让我不由得想起一句古诗来，横看成岭侧成峰——

生：远近高低各不同。

师：庐山是这样，杨桃是这样，许多事物都是这样。所以，作者把杨桃画成五角星的样子，也就不足为奇了。

（二）引读语段

师：如果是你在画杨桃，你看到的杨桃跟平时不一样，像个五角星，你会想些什么呢？

生：杨桃怎么是这个样子的呢？

师：嗯，困惑不解。

生：我该怎么办呢，怎么画才好呢？

师：是啊！犹豫不决。

生：我是画成五角星呢，还是画回原来的样子？

师：对呀！真是左右为难啊！就在最关键的时候，“我”想起了父亲的叮嘱——

（出示）

你看见一样东西，是什么样的，就画成什么样，不要想当然，画走了样。

师：当我困惑不解的时候，我想起了父亲的叮嘱，男生读——

生：你看见一样东西，是什么样的，就画成什么样，不要想当然，画走了样。

师：所以，我鼓足勇气，这样画了。女生读——

生：我认认真真地看，老老实实地画，自己觉得画得很准确。

师：当我犹豫不决的时候，父亲的叮嘱又在我的耳畔响起。女生读——

生：你看见一样东西，是什么样的，就画成什么样，不要想当然，画走了样。

师：所以，我下定决心，这样画了。男生读——

生：我认认真真地看，老老实实地画，自己觉得画得很准确。

师：当我左右为难的时候，父亲的叮嘱犹如一记响锤，重重地敲在我的心坎上——

生：你看见一样东西，是什么样的，就画成什么样，不要想当然，画走了样。

师：所以，我坚定不移地这样做了——

生：我认认真真地看，老老实实地画，自己觉得画得很准确。

师：是啊！父亲的叮嘱多么重要，它深深地刻在我的心上，时刻提醒着我：是什么样——

生：就画成什么样。

（板书：是什么样，画什么样）

【点评】“我”为什么把杨桃画成了五角星？一是角度不同，二是受父亲的影响。教师在教学的过程中，两个点都处理得非常到位。对于角度问题，实物演示，清清楚楚，让学生明白这个道理就够了，没有必要浪费太多时间。因为这不是科学课，生活常识让学生了解了就行。第二点，教师通过反复引读父亲的话和“我”的做法，让学生体会到父亲的教诲的重要性。作者为何在文章开头要写父亲的叮嘱，在这里总算找到了落脚点。语文教学，要加强上下文之间的联系，找到作者的行文线索，教学就举重若轻了。

（三）关注表达

师：就这样，“我”遵从父亲的教导，相信自己的眼睛，最终把杨桃画成了五角星的样子。这对于一个三年级的孩子来说，需要多大的勇气啊！当“我”把画交出去的时候，又发生了什么事呢？请同学们默读第三至十七自然段，一边读一边思考。

（学生默读）

师：谁来说一说，“我”把画交上去的时候，发生了什么事呢？

生：有几个同学发现了，哈哈大笑起来。

生：老师来到“我”的座位上，审视了一下讲桌上的杨桃，然后举起“我”的画问大家，画得像不像。

师：他不仅自己看——

生：还请这几个同学轮流坐到“我”的座位上来看。

师：老师来到“我”的座位上看过后，发现孩子们的确错了。但是，他并没有直接批评孩子们，而是和孩子们进行了第一次谈话：

（出示）

“这幅画画得像不像？”

“不像！”

“它像什么？”

“像五角星！”

师：自己读一读，争取读得准确无误。

（学生练习后，指名读）

师：让我们把目光聚焦到孩子们的回答上。大家看孩子们的回答，你们有什么发现啊？

生：结尾都用了感叹号。

生：是两个感叹句。

师：我们平时回答别人的问题，都用句号，这儿却用了两个感叹号。你从连续两个“！”当中，读懂了什么？

生：同学们说话的时候，语气非常肯定。

师：请你读出肯定的语气。

（学生读，读得很生动）

生：同学们坚信自己是对的，作者是错的。

师：请读出你自己的理解来。

（学生读，读得很有味道）

师：在同学们的心里，作者画得怎么样呀？

生：（陆续地）太不像了！差得太远了！太离谱了！简直是缺乏常识……

师：理解得这么到位，相信你们会读得更好！同桌之间相互配合练习一下，看看应该怎么读好这部分对话。

（学生练习后，指名学生展示，教师随机点评）

师：后来，老师让这几个孩子轮流坐到“我”的座位上。孩子们通过观察，明白了什么？

生：观察的角度不同，结果就不一样。

生：他们知道原来是自己错了，却还在嘲笑别人。

生：从作者的角度看，杨桃就是五角星的样子。

师：同学们意识到自己的错误后，老师又和他们进行了一番对话。这次对话，就更有意思了。

（出示）

“现在你看看还像杨桃吗？”

“不……像。”

“那么，像什么呢？”

“像……五……五角星。”

师：用心读读这段对话，细心的孩子一定会有发现。

生：老师提出的问题基本一样。

生：孩子的回答也差不多。原来的“！”变成了“……”和“。”。

师：作者为什么要使用“……”呢？

生：孩子们心情很复杂，说话不连贯，结结巴巴的。

师：你能读出结结巴巴的感觉来吗？

（学生读）

生：孩子们明白了，作者把杨桃画成五角星是对的，心里感到惭愧。

师：你能读出你的理解和感悟吗？

（学生读）

师：你从这三个“……”当中，读出了什么啊？

生：孩子们知道自己错了，还嘲笑别人，觉得不好意思。

生：孩子们认识到自己错了，所以很惭愧。

师：没有想到，小小的省略号里，竟然包含这么多意思啊！理解了其中的意思，相信你们可以读得更好。谁还想读？

（学生读，教师点评）

师：我把两次对话放在一起，老师想和你们合作，咱们再来读读这两次对话。

（师生合作，读得情趣盎然，掌声热烈）

师：同学们，可不要小看标点符号哟，它们可都是有生命的。小小的标点里，藏着无穷无尽的秘密，这也是作者在写法上的高明之处。希望你们以后在写作中，也要灵活运用标点符号，让文章更生动有趣。（板书：活用标点，丰富表达）

【点评】课文中的这两处对话，可谓生动传神。标点符号的运用，更是出神入化。让三年级的学生感悟到其中的奥妙，是极其困难的。教师设计了自读感悟、交流探讨、角色朗读等方式，让学生读懂了弦外之音，“点”外之意。教师将两段对话呈现在一起的时候，就产生了强烈的喜剧效果，让学生真切地感受到，标点符号所带来的丰富的表达效果。在教师的引导下，学生读出了味道，读出了情趣。

四、回顾全文，总结升华

师：更有意思的是，在事情的发展过程中，老师的神情了发生了变化。当他看到同学们嘲笑作者时，老师的神情变得——

生：严肃了。

师：引导孩子认识到自己的错误后，老师的神情又变得——

生：和颜悦色。

师：做个“和颜悦色”的表情，让老师看看？

（学生面带微笑）

师：老师为什么会变得和颜悦色啊？

生：因为同学们认识到了自己的错误。

生：同学们知道自己错了，老师感到很开心。

生：老师引导孩子们明白了一个道理，感到很满意。

……

师：是呀！这堂课的学习，让我们认识了一群天真开爱的孩子，也认识了一位智慧冷静的老师。让我们再来回顾一下课文内容。**（出示插图）**图画课上，“我”牢记父亲的叮嘱，认认真真地看，老老实实地画，把杨桃画成了五角星。老师通过观察，肯定了“我”；同学通过观察，认可了“我”。在同学们认识到错误后，老师和颜悦色地说了什么？他的话中到底蕴含着什么样的深刻道理？这篇文章在写法上还有那些特点呢？以后再学这篇文章的时候，老师会带着你们继续探讨。

【点评】结课时，对文章主要内容进行回顾，留给学生一个整体印象。让学生带着问题走出课堂，培养学生进一步学习探究的兴趣。

◎板书设计

画杨桃

角度不同，结果不同

是什么样，画什么样

活用标点，丰富表达

◎总评

屈太侠老师执教《画杨桃》一课，获得广州市第九届青年教师阅读教学大赛第一名。课堂氛围浓厚，教师教得轻松，学生学得扎实。这堂课可圈可点的地方很多，最明显的特色有如下三点：

一是对主要内容的质疑。对于刚升入三年级的学生而言，概括文章的主要内容，具有相当大的难度。学生往往要么顾及不了整体，要么无法做到准确简练。教师设计了一道填空题，让学生根据自己的理解进行填充，大大降低了训练的难度。学生尝试后，教师出示自己的答案进行比较，让学生明白，概括文章的主要内容必须做到两点：全面、简练。

在平时的课堂上，我们经常可以看到教师组织学生对文章题目、重点词句等进行质疑，学生只见“树木”，不见“整体”，提出了许多零零星星的问题，没有多少实际的价值。屈老师另辟蹊径，组织学生对主要内容质疑。事实证明，这样的做法，目标性大大增强，容易提出牵一发而动全身的问题，学生提出了几个很有价值的问题：“我”为什么会把杨桃画成五角星？同学们为什么哈哈大笑起来？教师是怎么引导同学们的？本节课的教学，也是紧紧围绕学生提出的这几个问题来进行的，教学效率大大提高。

二是对重点语段的引读。作者为什么会把杨桃画成五角星？许多教师都会在这一环节上苦苦纠缠，结果把语文课上成了科学课、常识课。屈老师先让学生直面文本，聚焦到观察的“角度”上来；接着，进行实物展示，学生直观地感受到“角度”的重要性；最后，进行适度拓展，引入古诗句，加深学生的理解。淡化了科学常识的了解，重点指导学生读好语段。

教师抓住父亲的话和“我”的做法，巧妙设置语境，进行了引读训练。学生在一次又一次朗读中，真切地感受到父亲对“我”的深刻影响。正因为有了父亲近乎刻板的严格教育，才有了“我”对“眼见为实”的执着坚守。此处的浓墨重彩，既是对文本中心的凸显，也是对文章开头的巧妙照应。

三是对标点符号的探究。《画杨桃》一文在表达上的特色之一，就是标点符号的灵活运用。在事情发展变化过程中，师生之间进行了两次对话。将其放在一起进行比对，顿觉意趣横生，回味无穷：两次对话，文字相似，只是标点符号发生了变化。从“!”到“……”，作者把学生的天真烂漫、活泼可爱描绘得淋漓尽致。如何让学生感受到标点符号的奇妙，教师进行了积极的探索。从读准（准确无误）到读懂（标点里包含的意思），再到读好（分角色读），学生把对话读得有情有趣、有滋有味，掀起了一个又一个小高潮。

让三年级的学生赏析标点符号，这样的做法是否过于冒险？在磨课的过程中，参与备课的教师不止一次地提到这个问题。屈老师认为，一堂高质量的语文课，不仅要关注文本内容，更要关注表现形式，让学生感受到语言表达的美妙。最终，他选择了坚持自己的意见。正是因为这份坚守，让他最终获得了成功。教学，有时意味着勇气。

◎**感悟**

尊重自己的第一感觉

选课，就像选对象。两情相悦、一见钟情的事情，还真是有的。遇上了，便是缘分。

来广州工作后，我上的第一堂公开课，就是《画杨桃》。2006 年冬天，我应聘到广州的一所私立学校。新教师见面课，我执教的就是《画杨桃》。许多教学细节早已烟消云散。只记得那天早上，学生很兴奋，很投入。学生的情绪在一定程度上感染了我。课堂上的我，忘我而沉醉。

评课的时候，出现了两种截然不同的声音：一部分教师认为，这堂课上得很精彩，教师教得有趣，学生学得轻松；另一部分教师认为，教师挖得过深，只有部分优秀学生垄断课堂，大部分学生沦为配角。在我看来，能引起争议的课，本身就是好课。

我个人非常喜欢这篇文章。文中的父亲，教育方式和我的父亲何其相似——严格得近乎苛刻。我也非常认同这样的理念：教育，在一些原则性的问题上就应该"较真"，不能有丝毫的退让余地。两情相悦，惺惺相惜。我冥冥中预感到，这篇课文可以给我带来好运。如果参加教学比赛，我还选它。

后来，我进入公办学校，代表学校参加区青年教师阅读教学比赛。我毫不犹豫地选了《画杨桃》一课。从收到通知到正式比赛，有一周时间。以前上课，没有那么多条条框框，完全是兴致使然、自由发挥。真正到了比赛的时候，你会发现，需要兼顾的东西太多太多：目标、重点、难点、导入、过渡、突破、字词、段落、内容、表达……似乎，任何一个方面做得不够，都有可能遭人诟病，都有可能功亏一篑。废寝忘食地修改，小心翼翼地推敲，翻来覆去地试讲，效果总是不尽人意。连爬带滚，跌跌撞撞，熬到了比赛那天。下午正式比赛，早上还在忙着试讲。对于比赛，没有惊喜和期待，只有惶恐与惧怕。

怀揣着忐忑不安，我走上讲台，马马虎虎地完成了教学流程。最终还是获得参加市赛的机会，不是因为课上得好，而是因为扎实的教学基本功得到了教研员的欣赏。成功了，没有欣慰，更多的是侥幸。

参加市里的比赛，规则变了，需要填报三篇课文，评委随机抽取一篇。我填报的课文有：《翠鸟》《赵州桥》和《画杨桃》。我祈祷着，最好不要再次抽中《画杨桃》。当时的我，对它已经绝望了。可是，绳从细处断，我偏偏抽中了《画杨桃》。不管了，伸头是一刀，缩头也是一刀，早死早超生。我再次静下心来，认真研读教材。这次，我读懂了文本后面站着的两个人。

第一个人，是父亲。课文明明是写美术课发生的事情，为什么要在开头和结尾提到父亲？如果去掉文章的开头与结尾，故事也非常完整。苦思冥想了许久，我终于想明白了：父亲的教育，对故事的发展起到了至关重要的作用——在左右为难之时，父亲的叮嘱给"我"吃了一颗定心丸，"我"才坚持相信自己的眼睛，把杨桃画成五角星的样子。文章的前后内容，联系非常密切。我抓住这一联系，设计了一组引读，有效地突破了教学难点。

第二个人，是老师。当时，同学们自己错了，却意识不到，反而嘲笑"我"。一般情况下，老师会火冒三丈，严厉斥责学生。然而，这位美术老师没有这样做，先来到"我"的座位上审视了一下，和同学进行了一次对话；然后又让同学们轮流来到"我"的座位上观察，又进行了一次对话。更为巧妙的是，两次对话内容基本相同，标点符号不一样，表达的意思也就截然不同。这多有意思啊！于是，我引导学生朗读比较，从而发现了标点符号在表情达意方面的独特作用。

想象很丰满，现实很骨感！试讲，并没有想象中那么完美。学生与教师之间，出现了思维上的断层。备课团队不断质疑：这个环节是否太难？我想，既然方向是对的，那就大胆往前走。我精心设计教学流程，逐字逐句推敲教学语言，努力靠近学生的认知水平，让教学过程变得清晰流畅。

参加市赛的那一天，我完全豁出去了。这两处让我苦苦挣扎的地方，神奇地变成了教学的亮点。引读父亲的话和"我"的做法，掀起了第一个高潮；品味标点符号，分角色朗读，掀起了第二个高潮。凭借《画杨桃》一课，我脱颖而出。

不是所有的课文，都适合上公开课；也不是所有的课文，都吻合你的教学风格。当你有选择权利的时候，挑选什么样的文本来上，是非常重要的事情。那些你读了一遍，就深深爱上的文本，往往可以给你带来好运。

内容与形式的完美融合

——《钓鱼的启示》教学实录与点评

执教：广州市花都区和悦小学　屈太侠
点评：广州市花都区教育局教研室　江美芳

一、初读课文，学习字词

师：今天，很高兴跟大家学习一篇关于钓鱼的课文。一齐读课题——

生：《钓鱼的启示》。

师：在钓鱼的过程中，发生了一件什么事呢？请大家认真读一遍课文。注意做到两点：第一，读准字音，把难读的句子多读几遍；第二，想想课文写了一件什么事。

（学生带着要求读课文，教师巡视指导）

师：我从课文中选了几个句子，谁来读一读？

（教师依次出示四个带有生字的句子，指名学生朗读。结合生活实际，理解“沮丧”）

师：老师用本课的生字串成了一首小诗，谁来读一读？

（出示）

鲈鱼大，诱饵鲜，熟练操纵拖上岸，
鳃翕动，月皎洁，心情沮丧难抉择，
是非易，实践难，父亲告诫记心间。

师：我们再来认识两个偏旁——“戈”与“戋”，它们有什么区别呢？

生：后面一个比“戈”字多一横。

师：后面的这个偏旁读作“jiān”，是很少的意思。这两个偏旁可不容易写好：它们没有一个笔画是端正的，却要在组合中寻求一种平衡，这叫作“斜中取正”。

师：本课中，与之相关的有三个生字：诫、践、溅。请大家注意看老师书写：告诫时要说话，所以是“言”字旁，“戒”字的横要倾斜，斜钩舒展，撇要穿到左边部件的下面去;“践”字的本义是“踩踏”,所以是“足”字旁,右边的笔画要注意斜度;“溅”字是左中右结构的字,三个部分要靠拢挤紧。

师:请同学们拿起笔来,把这三个字各写一遍,注意做到:整洁美观,有一定的速度。

(教师巡视,提醒注意写字姿势)

师:写完了吗?同桌之间相互检查一遍,看看有没有错别字。如果有,马上改过来。

【点评】学习生字时,教师遵循了字不离词、词不离句的规律,把字、词的学习融入句子和“小诗”中进行,省时高效。高年级的写字教学教什么?应该教难写的、易错的、带有规律性的知识。教师抓住“诚”“践”“溅”三个生字进行训练,体现出较强的类别意识。

二、概括大意,把握结构

师:刚才同学们读了课文,对文章内容有了一定的了解。谁来简单地说一说:课文写了一件什么事?

生:在鲈鱼捕捞开放日的前一个夜晚,“我”和父亲去湖中的小岛上钓鱼。“我”钓到了一条大鲈鱼。因为距离开放捕捞鲈鱼的时间还有两个小时,父亲要“我”把它放掉。“我”虽然不愿意,但后来还是把鱼放了。

师:还没有说到启示呢!

生:从这件事中,我得到了“启示”。

师:我们来回顾一下:在鲈鱼捕捞开放日的前一个夜晚,“我”钓到了一条——

生:大鲈鱼。

(板书:钓鱼)

师:因为开放捕捞鲈鱼的时间未到,父亲要求我把鲈鱼——

生:放掉。

(板书:放鱼)

师:从这件事中,我得到了——

生:启示。

(板书:启示)

师：按照“钓鱼—放鱼—启示”的顺序，同桌之间相互讲一讲。

（同桌之间相互讲述文章的主要内容）

师：（指板书）通过一件事情，总结一个道理，这种写法叫作“一事一议”。以后，我们也可以采用这样的方法，写写生活中的启示。（板书：一事一议）

【点评】简洁、准确地概括文章的主要内容，是高年级的训练重点之一。本文的故事情节比较简单，老师放手让学生尝试。学生回答不到位时，教师进行点拨。学生回答后，师生合作，提炼出三个关键词，然后同桌互说，让每个学生都得到了训练的机会。在此基础上，教师总结“一事一议”的写作方法，对于提高学生的布局谋篇能力大有裨益。

三、精读课文，深入理解

（一）冲突

师：（出示插图）就在那个月光如水的夜晚，父子俩发生了激烈的争辩。他们在争辩什么呢？请同学们快速读读第四至七自然段。

生：他们为了一条鲈鱼发生了争辩。

师：能说得更清楚一点吗？

生：作者想把这条鲈鱼留下，父亲却要把鲈鱼放回湖里去。

师：面对着同样一条大鲈鱼，两人的态度怎么会截然相反呢？让我们带着问题走进课文。请同学们默读课文第三至九自然段，一边读一边思考：“我”为什么不愿意把鲈鱼放回湖里？父亲为什么坚持要“我”把鱼放掉？把相关的句子画下来，做简要的批注。

【点评】如何让学生积极主动地投入到阅读活动中来？建构认知冲突，形成阅读期待，是有效的策略之一。教师引导学生关注插图，聚焦“对话部分”，把学生的注意力集中到“留”与“放”的问题上来。

（二）留下

1. 交流理由

师：作者为什么不愿意把鲈鱼放掉呢？

生：课文里写道：“啊，好大的鱼！我从来没有见过这么大的鲈鱼。”因为鱼很大，所以“我”不愿意把鱼放掉。

师：这是个很重要的理由。鱼大，充满了诱惑。还有别的理由吗？

生：“过了好长时间，鱼竿突然剧烈地抖动了一下，一定是个大家伙上钩了。”因为作者用了好长时间才钓上来的，所以他舍不得。

师：这叫作来之不易。

生：我找到的还是这个句子——“啊，好大的鱼！我从来没有见过这么大的鲈鱼。”我要补充一点，因为从来没有见过，说明这条鱼很难得、很稀有。

师：我很欣赏你用“补充”这个词语。能从同样的句子中读出不一样的理解，值得表扬。

生：“可是再也不会钓到这么大的鱼了。”说明这样的鱼很少，以后再也钓不到了。

师：送你一个成语——机不可失，时不再来。

生：“我和父亲得意地欣赏着这条漂亮的大鲈鱼，看着鱼鳃在银色的月光下轻轻翕动着。”因为这条鱼不仅大，而且很漂亮，所以“我”不愿意放掉。

师：漂亮的东西谁不喜欢呢？

生：“我抬头看了一下四周，到处都是静悄悄的，皎洁的月光下看不见其他人和船的影子。”又没有人看到，为什么不留下呢？

师：反问得好哇！把这条鲈鱼留下，可谓天知地知——

生：你知我知。

生：“尽管没有人看到我们……”书上明明白白写了，我们把鱼留下，不会有人知道的。

师：因为鲈鱼又大又美，好不容易钓上来的，而且还无人看到，所以作者——

生：不愿意放掉。

2.品读“得意”

师：课文中多次描写这条鱼很大，我从中选择了一处：

（出示）

啊，好大的鱼！我从来没有见过这么大的鲈鱼。我和父亲得意地欣赏着这条漂亮的大鲈鱼，看着鱼鳃在银色的月光下轻轻翕动着。

师：谁来通过朗读，告诉我们这条鱼的确很大？

（学生读，读得平淡无味）

师：这条鱼不大，充其量也就两三斤。谁再来试试？

（学生读，突出了“大”字）

师：她抓住了三个“大”字，把一条大鲈鱼带到了我们面前。谁还想读？

（学生读，读出了得意的感觉）

师：好哇！你看，她抓住了开头这个感叹句，语气这么一往上，感觉就来了。还有不一样的吗？

（学生读得绘声绘色）

师：看来你已经完全进入当时的情境了，读得真好！好不容易钓上来一条大鲈鱼，“我”和父亲的心情怎样？

生：很得意。

（板书：得意）

师：让我们得意地读一读。

3.想象“祈求”

师：鲈鱼不仅大，而且当时还无人看到。谁来读？

（出示）

我抬头看了一下四周，到处都是静悄悄的，皎洁的月光下看不见其他人和船的影子。我再次把乞求的目光投向了父亲。

师：**（出示课文插图）**请看插图，清幽的月光下，“我”紧紧地抱着那条漂亮的大鲈鱼，一次又一次地把祈求的目光投向父亲。“我”想对父亲说什么呢？请拿起笔来，把你想到的写下来。

（学生练笔，教师巡视）

师：谁来向父亲祈求啊？

生：爸爸，这条鲈鱼是我花了好长时间钓上来的，而且还这么漂亮，我们留下它吧！

师：理由充分，情感真挚。

生：爸爸，你看看这小岛，四周都是静悄悄的，不会有人知道我是在什么时候钓到这条鲈鱼的。求求您让我把它留下吧！

师：你强调了无人知道，这一点很重要，很有说服力。

生：爸爸，你看这条鱼又大又漂亮，而且还无人看到，我们为什么不把它留下呢？

师：用了一个反问句，感觉很不一样。

……

师：从一次又一次的祈求中，你体会到作者怎样的心情啊？

生：(陆续地)沮丧、不舍……

(板书：不舍)

4.朗读对话

师：换作是你，费了九牛二虎之力，钓上来一条又大又漂亮的鲈鱼，而且还无人看到，你愿意把它放掉吗？

生：不愿意。

师：带着这样的理解，我们来读读这段对话。老师读描写父亲的句子，你们读作者的。

师：父亲盯着鲈鱼看了好一会儿，然后把目光转向了我："孩子，你得把它放回湖里去。"

生："爸爸！为什么？"我急切地问道。

师：还可以再急切点。

生：(急切地)"爸爸！为什么？"我急切地问道。

师："你还会钓到别的鱼的。"父亲平静地说。

生："可是不会钓到这么大的鱼了。"我大声争辩着，哭出了声。

师：注意，是大声争辩，都哭出声来了，该怎么读啊？

生：(激动地)"可是不会钓到这么大的鱼了。"我大声争辩着，哭出了声。

师：你从对话中体会到作者怎样的心情啊？

生：(陆续地)急切、伤心、委屈、痛苦、沮丧……

(板书：急切、伤心)

师：(指板书)从得意到急切到伤心，再到不舍，作者把自己的心情变化写得多么细腻啊！你从作者的心情变化中体会到什么？

生：钓鱼的时候很快乐，放鱼的时候很艰难。

师：文似看山不喜平！作者在叙事的过程中，巧妙地将心理活动穿插其中，让故事情节更加曲折，人物形象更鲜明。我们也要学习这样的写作方法。(板书：心理描写)

【点评】内容人人可见，但形式对于大多数人来说，却是个秘密。"我"为什么不愿意把鱼放掉？学生自己可以解决，不必深究。本文的另一个写作特色，就是巧妙地将人物的心情变化融入故事情节的发展之中。教师抓住重点语段，通过朗读和小练笔，让学生亲历事情过程，体会作者复杂的心情变化，并进一步探究这样写的好处，做到了内容与形式的完美结合。

(三)放掉

师："我"有这么多理由要将鲈鱼留下，父亲为什么坚持要"我"把鲈鱼放掉呢？

生：父亲划着了一根火柴，看了看手表，这时是晚上十点，距离开放捕捞鲈鱼的时间还有两个小时。

师：两个小时意味着什么呢？我给大家补充一点关于鲈鱼的资料。

(出示)

鲈鱼味美肉鲜，人类需求量大，所以捕捞(lāo)量也很大。为了保证鲈鱼的繁衍(yǎn)，许多国家都规定，产卵(luǎn)期间禁止捕捞鲈鱼。

师：现在，谁来讲一讲，父亲为什么坚持要"我"把鱼放掉呢？

生：要遵守国家的规定。

生：为了保证鲈鱼的繁衍。

生：父亲为了让"我"接受严格的教育。

生：父亲要让"我"明白一个道理，要"我"做一个有道德的人。

师：带着这样的理解，我们再来读读父子俩的对话。这次，让你们体验一回当父亲的感觉。

生：父亲盯着鲈鱼看了好一会儿，然后把目光转向了我："孩子，你得把它放回湖里去。"

师："爸爸！为什么？"我急切地问道。

生："你还会钓到别的鱼的。"父亲平静地说。

师："可是不会钓到这么大的鱼了。"我大声争辩着，哭出了声。

【点评】为什么放鱼？"还差两个小时"只是表面的原因。教师及时补充了关于鲈鱼的资料，让学生比较深刻地认识到，放鱼，就是让孩子接受严格教育，做一个遵守社会公德的人。学生明白了这一点，才算触及思想内核。

(四)对比

师：这段对话，的确好有意思。面对同样一条大鲈鱼，父子俩的反应，却截然相反：一个要留——

生：一个要放。

师：一个很急切——

生：一个很平静。

师：一个正面临巨大的诱惑——

生：一个却要进行严格的教育。

师：作者正是采用了对比的手法，把月光下的两个人描写得淋漓尽致，给我们留下了深刻的印象。让我们来分角色读读。

师："孩子，你得把它放回湖里去。"

生："爸爸！为什么？"

师："你得把它放回湖里去。"

生："爸爸！为什么？"

师："把它放回湖里去。"

生："爸爸！为什么？"

师："你还会钓到别的鱼的。"

生："可是不会钓到这么大的鱼了。"

师："还会钓到别的鱼的。"

生："可是不会钓到这么大的鱼了。"

师："会钓到别的鱼的。"

生："可是不会钓到这么大的鱼了。"

师：同学们，有趣吗？

生：有！

师：你看，这就是语言的魅力。从这么简单的一段对话中，我却读出了这么多的情味和趣味，真可谓"言有尽而意无穷"啊！

【点评】语文教学，就是要让孩子感受到语言文字的曼妙与美好。一段对话，反反复复读了四遍。显然，这不是简单意义上的数量叠加。从整体感受默读，到读好作者的话，再到读好父亲的话，最后分角色读，伴随着理解，层层深入。学生在教师的引导下，读得有情有趣，有滋有味。

四、理解"告诫"，总结升华

师：在父亲的坚持下，"我"最终依依不舍地放掉了鲈鱼。父亲告诫"我"的话，却深深地印在了"我"的心上。

生：道德只是个简单的是与非的问题，实践起来却很难。

师：结合文章内容说说，你是怎么理解这句话的？

生：应该把鲈鱼放掉，这个道理很简单，可是要放掉就很难。

生：作者也知道把鲈鱼留下是不对的，放掉又舍不得。

生：说得简单点，就是“说起来容易，做起来难”。

师：那么，同学们，在日常生活中，我们会经常碰到类似关于道德的问题。例如，大家都知道应该遵守交通规则，但是依然有许多人闯红灯。你还发现了哪些类似的现象？

生：大家都知道要遵守交通规则，但还是有许多人乱穿马路。

师：你也关注到了交通安全的问题。

生：大家都知道要爱护环境，但是依然有许多人乱扔垃圾。

生：前不久在电视上看到一则报道，有一位司机闯红灯，撞了人，逃跑了；路过的人把伤者送往医院，却受到了诬陷。

师：在这件事情中，有两个不道德的人：肇事的司机和那位受伤的人。

……

师：还有些人为了金钱，失去了道德底线，做出了伤天害理、祸国殃民的事情。就拿食品安全来说吧：从“瘦肉精”到“地沟油”，再到“染色馒头”；从“毒奶粉”到“毒豆芽”，再到“毒胶囊”……这些骇人听闻的消息，一次又一次地触痛了我们敏感的神经。听了这些，你有什么话要说？

生：这些商人为了金钱不择手段，实在太可恶了。

生：其实，每个人都是受害者。他们生产的有毒有害物品，卖给了别人；别人又把有毒害的东西卖给他们。我们在伤害别人的同时，也伤害了自己。

师：你有辩证思想，了不起。这些不法商人，缺少了一样最重要的东西，那就是——

生：道德。

师：现在，你能理解父亲的做法了吗？

生：能！

师：你还觉得父亲是小题大做吗？

生：不是！

师：上到这里，这堂课也接近尾声了。老师把自己写的一首小诗送给你们，和你们共勉。

（出示）

舍　得

明月皎皎怜孤影，一条鲈鱼动人心。

苦痛挣扎终放掉，“道德”二字值千金。

师：是呀！让我们牢记：“道德”二字值千金。下课。

【点评】理解父亲的话是教学难点之一。教师引导学生结合文章内容，联系生活实际，聚焦热点新闻等方式，让学生明白了道德的重要性，进而读懂父亲的良苦用心。补充的小诗，既是对文章内容的回顾，又是对文章主题的升华。

◎**总评**

屈老师执教的《钓鱼的启示》一课，可以用两个词语来概括：一是简洁，二是扎实。

先说简洁。屈老师在认真研读教材后，将本课时的教学目标确定为以下四点：第一，认识 11 个生字，指导书写“溅、践、诫”三个生字，理解“沮丧”等词语；第二，正确、流利、有感情地朗读课文，准确而简练地概括文章的主要内容；第三，结合课文内容和生活实际理解父亲的话，初步感受“道德实践”的重要性；第四，学习“一事一议”和“将心情变化融入情节”的写作方法。四点目标，符合小学高年段的特点，具有很强的操作性，在教学过程中得到了很好的落实。

文章内容的学习，摈弃了烦琐的追问，用“放与留”这一大问题进行整合。在探究“放与留”的过程中，体会作者复杂的心情变化，理解父亲的良苦用心，指导学生有感情地朗读课文。与此同时，紧紧抓住父子俩的一段对话，读悟结合，收放自如，回环复沓，层层深入，读出了情趣，读出了意味。

再来说说扎实。学习生字时，教师选择带有共性的、学生易错的进行指导；概括文章主要内容，教师进行提炼，并要求“同桌互练习”；在学生阅读时，教师要求勾画、批注；在学生交流时，教师随机进行点化；在学生朗读时，教师进行指导和评点；在理解重点句时，教师要求学生结合文章内容，联系生活实际，聚焦热点新闻……教学中的每个环节，教师都在努力将其落到实处，让学生得到实实在在的发展。

教师不仅重视内容，而且注重形式，做到了内容与形式的完美融合。在概括了文章主要内容之后，总结出“一事一议”的写作方法；在学习“留下”的内容时，教师引导学生抓住关键语句，感受作者的心情变化，并体会“心理活动描写”的好处；在朗读父子对话中，感受“强烈对比”的喜剧效果，感悟语言文字的美好。

◎感悟

体验重于理解

参加广东省青年教师阅读教学大赛，我选了《钓鱼的启示》一课。同事得知后，头摇得像拨浪鼓似的：找死啊！你上网查查，有多少人，迷失在那个月光如水的夜晚？又有多少人，被那条鲈鱼折腾得生不如死？天生倔强的我，一根筋，认定的事儿，九头牛都拉不回来。

慢工出细活，熟读生智慧。我花了一周时间，一遍又一遍地朗读课文，直到准确无误地默写下来，这才着手教学设计。书读百遍，其法自现。读着读着，一条线索清晰地呈现在我心中：一个夜晚，一条鲈鱼，一场争辩，一个启示。多美的意境！明月皎皎，夜色静美，漂亮“鲈鱼”，撩拨心扉；父子辩论，酣畅淋漓，深刻启示，令人回味。一场精彩的话剧表演，在我脑海中徐徐展开。天哪，我怎么这么有才？

迫不及待地进行试教。结果，希望有多大，失望就有多大。严重超时不说，辩论环节出了大问题。当我让学生做选择时，始料不及的情况发生了——全班四十三名学生，不约而同地选择了“放掉”。鬼才知道这是不是他们的真心话！话说回来，学生做出这样的选择，一点都不稀奇。大庭广众之下，谁愿意把自己的“阴暗面”剖析给大家看呢？都怪我，太天真。情急之下，我只好充当了一回“光杆司令”，硬着头皮和学生“狡辩”。理想很丰满，现实很骨感。话剧没演好，成了闹剧！我从幸福的巅峰，一下子跌入了痛苦的深渊。

专家会诊，高手云集。他们观点犀利、言辞激越，我头一回感到自己的渺小卑微，不值一提；众说纷纭，满目繁芜，我头一次感到头晕目眩，无所适从。刻骨铭心的一点建议，说我得意妄言，把“怎么写”丢在一边，带着学生在文本的表皮上遛了一圈。经过暴风骤雨洗礼的我，开始反省。我总算想明白了，我的心里住着一个强大的“自我”，自我陶醉，自我感觉良好，总想着记得仰望星空，却忘记了脚踏大地。《全日制义务教育语文课程标准》的年段要求是什么，教材的编排意图是什么，我却置之不理。设计时，我只考虑如何精彩，如何唯美，忘记了根本——这堂课究竟要让学生学什么。

老老实实地回到原点，细读文本、深钻教材。终于，我发现了编者的良苦用心。课后的前三道题目，分别针对内容、形式和内涵。第一课时把这三个问题弄明白，已经“功德无量”了。但是，如何编排这三个点，却是大有讲究的。倘若用组块教学，课堂被切割成几大块，缺乏整体感。更何况，内容和形式，如同鸟之双翼、车之双轮，如何能切割得齐整利落？如何将三点进行重组，如何巧妙地融合、自然地过渡，成了我一时之间迈不过去的坎儿。

问题没有解决，我茶不思，饭不想，辗转反侧，彻夜难眠。两个星期下来，瘦了一大圈。功夫不负有心人！半个月后的一个深夜，冥冥之中，一计涌上心头：从父亲的话入手，引领学生分别从“简单”(时间未到，应该放掉)和“难”(诱惑大、心情复杂)两个方面深入文本，最后回到父亲的话上来结束全课。对话思辨，深度有了；沿波讨源，新意有了；首尾呼应，美感有了。欣喜若狂的我，翻身下床，连鞋也来不及穿，立即把自己的想法付诸笔端。

再次走进课堂，时间够了，整体感强了。可是，一波未平，一波又起。概念先行的教学方式，说教味儿过重，遮蔽了文本应有的情趣。学生积极性不高，课堂沉闷寡淡。众所周知，参赛的课，观赏性和实用性，缺了哪一样都致命。沉寂，死一般的沉寂。我想起了同事的“诅咒”，难道我真要迷失在那个月光如水的夜晚吗？

江郎才尽，六神无主。在朋友的引荐下，我得到了罗才军老师的帮助。罗老师说：“一直以来，我都主张，小学的语文课，不仅要让学生理解了，更重要的是让他们体验。”一语惊醒梦中人！只有学生参与了，体验了，心动了，情动了，课堂才会饱满起来，生动起来，鲜活起来。课，是上给学生的，得从学生的立场、学生的心理出发，设计适合学生的教学，才能收到良好的效果。

静下心来，我开始换位思考，如果我是学生，我对什么最感兴趣？当然是精美的插图，当然是父子俩那场激烈的争辩。那么，我何不顺性而为？对了，就从课文的插图入手，引出相对应的父子俩的对话，进一步思考：面对同一条鲈鱼，“我”为什么要留下，而父亲为什么非要我放掉？探讨“留”的原因，读出“我”的急切和委屈；探讨“放”的理由，读好父亲的平静和淡定。然后，将父子俩的表现进行对比，师生合作，酣畅淋漓地“争辩”一回。披文入情，层层渲染，学生设身处地，入情入境，读得有情有趣，有滋有味。在探讨“留”的同时，关注人物的心理变化，让学生真切感受到，作者正是通过人物的心情变化，突出表现钓鱼之乐和放鱼之痛。就这样，实现了文本内容和表达形式的完美融合。

从“自我陶醉”到“研究教材”，再到“关注学生”，我完成了一次次蜕变，真可谓“山重水复疑无路，柳暗花明又一村”。最终，我获得了特等奖。磨课，让我真切地感受到：成功的课堂教学，源自对人性的认识和尊重，源自对学生的理解和热爱。

同事只说对了一半。在那个月光如水的夜晚，我没有迷失。但是鲈鱼，估计这辈子再也不想吃了。也许，这就叫心有“鱼”悸吧？

感受相声艺术的魅力

——《打电话》教学设计与意图

设计:广州市花都区和悦小学　屈太侠

一、谈话导入,揭示课题

(一)出示两组成语,让学生朗读

(出示)

啰里啰唆　废话连篇　拐弯抹角　婆婆妈妈　寡淡无味

简明扼要　斟字酌句　直截了当　言简意赅　风趣幽默

师:读了这两组成语,你有什么发现?如果有人和你谈话,你喜欢怎样的表达?为什么?

(二)揭示课题

师:看来,说话得讲究艺术。透过本单元的学习,我们认识了好几个有趣的人物。杨氏之子的风趣幽默,晏子的能言善辩,都给我们留下了深刻的印象。今天,我们来学习新课文《打电话》,再次感受语言的独特魅力。(**板书课题:《打电话》**)

【设计意图】出示两组对比鲜明的成语,为了让学生积累,更是为了让学生真切地感受到:语言是一门独特艺术。这样,学生的注意力就自然而然地聚焦到"说话"上来,为导入新课做好了铺垫。

二、检查预习,了解相声

(一)检查预习

师:读过课文了吗?文章里出现了几个不太常见的词语,你会读吗?

(出示)

嗞嗞　呃　耗子　啰唆　嘚儿唧　甭

师:"嗞嗞"是象声词,"呃"是语气词,"耗子"是什么意思?

师:“甭”这个字最有意思,是个会意字。看到它,你能猜出它的意思吗?

(二)同其他课文比较

师:老师也读了这篇课文,觉得它有点怪,跟我们以前的课文不一样!不知道你发现了没有?

生:都是人物对话!文章的内容是一段相声。

(三)对相声分类

师:听过相声吗?听过谁说的相声?对于相声这种有趣的表演艺术,你有哪些了解呢?

师:相声是说唱艺术之一,起源于北京,流行全国各地。相声是语言的艺术,更是幽默的艺术,运用说、学、逗、唱的技巧,逗观众开心,留给人们思考。从形式上看,相声可分为三种:一个人说的叫单口相声,两人的叫对口相声,三人以及三人以上的叫群口相声。《打电话》就是一段对口相声。

(四)学习说相声的方法

师:这样的课文,老师以前从没上过,真有点犯难。请同学们给老师出点主意,我们该怎样学习这篇课文?

生:熟读课文,练习说相声。

师:要说好相声,首先得熟悉剧本,知道这段相声讲了一件什么事情,相声里有几个人,各自有什么特点,说话的时候是什么语气、什么表情,这样才能表演得到位。下面,就让我们来了解一下这段相声的大意。

【设计意图】虽然是略读课文,生字词的学习也是必要的,关键是要学得精要。对于相声的特点,教师并没有直接告知学生,而是引导他们自己去发现,去总结,教师在学生认识的基础上进行补充和小结,体现了以“学”定教的理念。

三、浏览课文,概括大意

(一)浏览课文

师:请同学们浏览课文,一边读一边想:课文究竟写了什么内容?

(二)概括大意

师:这段相声讲了一件什么事?

生:一青年人打电话约他的未婚妻看戏,半分钟就可以讲明白的事,他却用了两个多小时。

(板书:半分钟、两个多小时)

【设计意图】文章的内容比较简单,采用浏览的方式大大节约了教学时间。教师的板书简洁却并不简单,可以诱发学生的思考。

四、批注重点,体会幽默

(一)教师示范批注

师:时间,究竟到哪儿去了?这青年人究竟怎么打电话的?他说话有什么特点?老师从课文中找到了两处,谁来读给大家听一听?

(出示)

甲:不知道你猜猜。猜不着?猜不着使劲猜。呃,猜不着我告诉你。我姓啰,我叫啰唆。

甲:对,是我,我找小王讲话,我的未婚妻,她是女的呀。

师:再来看看,老师是怎么做批注的?对于第一句话,老师认为他是在兜圈子,直接告诉人家自己是谁,不就可以了吗?何必让别人去猜?第二句,老师在后面写上了四个字——"画蛇添足",谁不知道未婚妻是女的呀!

(二)让学生批注

师:请大家细读课文,把你印象最深、最有意识的话画下来,学着老师的样子,在后面做上简要的批注。

(三)分享阅读收获

师:刚才老师在巡视的过程中,发现许多同学都找到了非常有意思的句子,并写上了自己的体会。谁来把自己的阅读收获和大家分享一下?

预设如下,教师可根据具体情况做相应调整。

甲:我正找你呢。今天晚上有什么事吗?学习吗?不学习呀。开会吗?……不开会。(重复别人的话)

甲:太好了。我请你听戏好不好?票都买好了。长安大戏院,楼下十排三号五号,咱俩挨着。票价八毛一张的,我买了两张,一块六。是一块六,我给了他五块,他找了我三块四。(啰里啰唆)

甲:真猜不着了,我告诉你,歌剧,《刘三姐》,没看过吧?看看吧,好极了。腔调美着呢,其中有一段我可喜欢了,就那段,小王,你现在不是没事嘛,你拿着电话,你注意,我给你学一学。你们几位等一会儿。小王,我现在开始学:唱山歌

来……（婆婆妈妈）

甲：什么？没听见？还没吃饭呀？我给你准备吧。我买十二块饼干，我吃四块，给你留八块。（没话找话）

甲：长安大戏院，从你家出来，坐六路公共汽车，往前坐三站，车上有座你就坐着，人多你就站着。（废话连篇）

（四）教师以问题为导向，进行点拨

师：你觉得这个打电话的年轻人怎样？你平时这样打过电话吗？

生：这个人时间观念不强，说话啰里啰唆，废话连篇。

师：他是在自己家煲电话粥吗？如果你是在公用电话亭急着要打电话的人，你会怎么想？怎么说？

【设计意图】阅读，归根到底是学生自己的事情。让学生自己读书，自己作批注，是值得提倡的做法。在学生动笔之前，教师进行了示范，让学生进行模仿，增强了教学的针对性，提高了学习效率。在学习典型语句的基础上，让学生概括青年人的特点，可谓是“水到渠成”。

五、学说相声，感受乐趣

（一）学生说相声

师：相声是用来表演的。如果我们像平时朗读课文那样读出来，就没有什么味道了。下面，老师找两位同学，来表演其中一小段。

师：他们俩说得怎么样？优点是什么？还有什么不足的地方？

（二）欣赏大师的相声

师：下面，我们来听听著名相声表演艺术家马季表演的相声选段。大家一边听一边思考：人家为什么能表演得那么有意思？（播放原相声选段）

师：刚才，我们听了大师的相声，你们从中学到了什么？我们应该怎么说相声？

师：（待学生发言后进行概括）说相声的时候，要注意以下几个要点：第一，要吐字清晰，让观众听明白；第二，要轻松自然，适当添加“嗯”“噢”“啊”等语气词；第三，适当使用儿化音，使之口语化；第四，语气要夸张幽默，要有感染力。

（三）教师示范

师：下面，老师给大家示范一下，同学们听听老师说得怎么样？

（幻灯片出示下面两个句子，教师表演）

甲：我正找你呢，今天晚上有什么事（儿）吗？学习吗？（噢）不学习呀。开会吗？……不开会。

甲：嗯，京戏？不——对。嗯，评戏？不——对。越剧？哎！

（四）学生练习说相声

师：明白了怎么说相声，相信大家能说得更好了。请同学们选择自己最喜欢的一个片段，同桌之间相互配合，说一段相声。待会儿，老师将选择表现优秀的同学表演给大家听。

【设计意图】如何说相声？是本文的难点之一。教师采用了尝试—欣赏—对比—练习—展示的教学策略，循序渐进，逐步提高。在学生对比、评价的基础上，教师总结出说好相声的四点要求，并进行了表演示范，为学生的练习指明了方向。在教师的巧妙引导下，学生摸到了相声表演的一些窍门，充分体验到成功的感觉。

六、总结特点，拓展延伸

（一）总结特点

师：本节课文，我们认识了一门新的语言艺术——相声，并学习表演了一段相声。让我们想一想：相声的语言有什么特点？

生：要通俗，语言要口语化，让大家听得懂。

生：要高雅，要有教育意义，能留给人思考。

生：要幽默，听之让人发笑，思之回味无穷。

（二）拓展延伸

师：有名的相声艺术家很多，经典的相声剧也不少。课后，请同学们搜集有趣的相声说一说，还可以自己尝试着写相声剧本。

【设计意图】结课时，再次落脚到“语言”上，是对开课环节的照应，也是对文本主题的回归。本文的学习，正是让学生感受到相声这门语言艺术的独特魅力，为学生进一步研究相声艺术打开一扇窗。

◎感悟

从文体特点入手设计教学

每一篇文章，都隶属于某一种文体。不同文体的文章，所采用的教学方法，肯定不一样。淡化或忽略课文的文体特点,课堂教学就教不到点子上。

以前,看到有教师教学现代诗,逐句逐句地掰扯,意思讲明白了,诗歌的意境没有了;也有教师教学散文,非要让学生概括文章的主要内容,教师教得尴尬,学生学得别扭。

为了避免这样的尴尬,我们就要增强文体意识——什么样的文章,就还它什么样的味道。

很明显,《打电话》是一则相声。看到这篇文章,我第一反应就是——既然是相声,那肯定要用来“演”,用来“说”。如果学生能演得生动,说得精彩,就基本实现了教学目标。可是,南方孩子,语言的敏感度远远不及北方孩子。有时,遇到一个语文基本功薄弱的班级,学生连读通课文都成问题,更别说是表演了。如果教师铺垫不到位,训练不扎实,效果肯定出不来。

另外,作为一篇文章,编排在小学课本中,就不仅仅是一个“剧本”。一上课,就直接训练学生说相声,也不大合适。作为一堂完整的语文课,最基本的特征,还是应该要有的。于是,我就从本单元的主题入手,自然地过渡到这篇文章。课前,学生已经做了预习,我就直接检查字词、概括文章主要内容。剩下大量的时间,让学生去批注交流,发现相声的语言特色。当学生把握了相声的特点后,进行有针对性的训练,让表演落到实处。换句话说,表演是最终的结果;训练和提高的过程,才是最重要的。

相声艺术,在语言表达方面有什么特色呢?显而易见的,是风趣幽默。如何达到幽默的效果?是夸张的表现手法。让学生寻找出那些忍俊不禁的语句,说说自己的感受,是很有必要的。当然,这个过程,教师不能包办代替,要放手给学生,让他们自读自悟,教师只是在关键时刻,进行点拨。

如何对学生进行相声训练呢?这段相声很长,完整地说一遍,根本不可能。我只能选择最精彩的部分,作为教学内容。我先选择了一个片段,找了两名学生来表演。显然,他们的表演是原生态的,基本没有相声的味道。表演后,我找同学进行了简单的评价;接着,我播放了马季、郭启儒两位相声大师的音频资料,让学生思考为什么相声大师的表演更有味道,从而提炼出说好相声的几个秘诀。最后,让学生运用这些秘诀,相互合作,去练习说相声。

经教师的提点,学生逐渐摸索到了一些说相声的门道。当我再把刚才表演过的两名学生叫上台，效果判若两人。他们的表演，赢得了阵阵掌声。立竿见影的变化与提高，证明了教学是有价值和实效的。

课后，我进行了反思。小学语文教材中，文章的体裁可谓丰富多彩：记叙文、散文、小说、童话、说明文、剧本、诗歌……每一种不同的文体，都有不同的语言风格和表达特色，应该选择不同的教学方法和教学策略。散文，要美美地读，细细地品；说明文，要学习和运用基本的说明方法；童话，要营造浓厚的课堂氛围，激发学生的想象力；记叙文，要了解故事梗概，品读精彩细节……

作为教师，不能无视文体特点，不能用做川菜的方法去烹饪粤菜，否则，你加工出来的食物，味道就不纯正了。

点面结合，将“美丽”进行到底

——《跨越百年的美丽》教学实录与反思

执教：广州市花都区和悦小学　屈太侠

一、引出美丽

师：（投影出示爱因斯坦的照片）认识他吗？

生：爱因斯坦。

师：（投影出示居里夫人的照片）她呢？

生：居里夫人。

师：这两人有什么共同点？

生：都是伟大的科学家。

师：是的！爱因斯坦创立了现代科学的相对论，为核能开发奠定了理论基础；居里夫人发现镭和钋两种放射性元素，两度获得诺贝尔奖。爱因斯坦曾经这样评价居里夫人，我们一起来读——

（出示）

居里夫人的品德力量和热忱，哪怕只有一小部分存在于欧洲的知识分子中间，欧洲就会面临一个光明的未来。

——爱因斯坦

师：居里夫人为何能得到如此高的赞誉？让我们一起走进作家梁衡写的一篇散文——《跨越百年的美丽》。（**板书，齐读课题**）读了课题，你有什么疑问？

生：一个人的容貌很快会就老去，怎么能跨越百年呢？

生：居里夫人一生只活了67岁，她的美丽为什么会跨越百年呢？

师：你们的问题都很有价值，让我们打开课本，到课文里寻找答案。

【反思】从两位杰出的科学家入手，引起学生的探究兴趣的同时，自然而然过渡到人物评价上来。将“资料袋”中爱因斯坦的话作为一条线索，贯穿于各个环节，让整堂课前后照应，浑然一体。

二、找寻美丽

师：请你用自己喜欢的方式读课文，注意两点要求。

（出示）

①自学生字，注意个别容易写错的生字。

②你从哪些语句中，读出了居里夫人的“美丽”？是一种什么样的美丽？把它们画下来，并用词语进行概括。

（学生自读课文，自学生字，勾画批注）

师：同学们学得很投入！现在，我来检查一下。我们来听写几个词语：荣誉、头衔、腐蚀、瓜藤。

（学生听写后，对照，教师强调“蚀、藤”两个字的写法）

师：居里夫人的美丽，犹如散落在沙滩上的一只只贝壳，在课文的字里行间，到处都是。你找到了吗？先在小组里交流一下。

（学生小组交流，教师巡视指导，最后集中交流）

师：刚才，同学们讨论得很热烈，相信你们的收获一定很多。谁愿意来交流一下？

生：我找到的句子是：“一百年前的1898年12月26日，法国科学院人声鼎沸，一位年轻漂亮、神色庄重又略显疲倦的妇人走上讲台，全场立即肃然无声。”我从“年轻漂亮”一词中感受到她的美丽。

师：你讲得很清楚，请把“年轻漂亮”这个词语写到黑板上。

生：“玛丽·居里穿着一袭黑色长裙，白净端庄的脸庞显出坚定又略带淡泊的神情，那双微微内陷的大眼睛，让你觉得能看透一切，看透未来。”在这个句子中，“白净端庄”写出了她的美丽。

师：“白净端庄”也是描写居里夫人外貌的，请你也写到黑板上。

生：“为了提出纯净的镭，居里夫妇搞到一吨可能含镭的工业废渣。他们在院子里支起了一口大锅，一锅一锅地进行冶炼，然后再送到化验室溶解、沉淀、分析。化验室只是一个废弃的破棚子，玛丽终日在烟熏火燎中搅拌着锅里的矿渣。她衣裙上，双手上，留下了酸碱的点点烧痕。”这几句话，写出了她“坚持不懈”的美。

师：具体说说你的理解。

生：提炼镭，是很辛苦、很危险的事情，但是她没有放弃。

师：是的，面对困难不退缩，是一种精神上的美。请你把“坚持不懈”写上去。

生：“尽管这都还是偶然的发现，居里夫人却对此提出了新的思考：其他物质有没有放射性？就像是在海滩上捡到一个贝壳，别人也许仅仅是把玩一下而已，可居里夫人却要研究一下这贝壳是怎样生、怎样长、怎样冲到海滩上来的。别人摸瓜她寻藤，别人摘叶她问根。是她提出了放射性这个词。”这让我想到一个词——刨根问底。

师：“刨根问底”概括得好！这是科学家不可缺少的一种品质。许多伟大的发明发现，都是从“刨根问底”开始的。这也是一种精神大美，写上去。

生：“玛丽的性格里天生还有一种更可贵的东西，她坚定、刚毅、顽强，有远大、执著的追求。这种可贵的性格和高远的追求，使玛丽·居里几乎在完成这项伟大自然发现的同时，也完成了对人生意义的发现。”我发现了她的性格之美：坚定、刚毅、顽强。

师：这是作者对居里夫人的高度评价和赞美，请你把这三个词语全部写到黑板上去。

生：“她从一个漂亮的小姑娘，一个端庄坚毅的女学者，变成科学教科书里的新名词‘放射线’，变成物理学的一个新的计量单位‘居里’，变成一条条科学定律，她变成了科学史上一块永远的里程碑。”这些句子，让我感受到，她对人类做出了巨大的贡献。

师：那些载入史册的人，大都为人类的进步和社会的发展，做出了巨大的贡献。这让我想起德国作家歌德曾经说过的一句话：你若要喜爱你自己的价值——

生：你就得给世界创造价值。

师：是呀，请你把“贡献”也写上去。

生：“居里夫人的美名，从她发现镭那一刻起就流传于世，迄今已经百年。这是她用全部的青春、信念和生命换来的荣誉。她一生共得了 10 项奖金、16 种奖章、107 个名誉头衔，特别是获得了两次诺贝尔奖。”这些句子，让我感受到她一生获得了许多荣誉。

师：把“荣誉”也写上去。

生："但是，她视名利如粪土，她将奖金赠给科研事业和战争中的法国，而将那些奖章送给6岁的小女儿当玩具。她一如既往，埋头工作到67岁离开人世，离开心爱的实验室。直到她死后40年，她用过的笔记本里，还有射线在不停地释放。""视名利如粪土"让我感受到她的美丽。

师："视名利如粪土"，多高的境界，写上去吧！

……

师：拥有发现美的眼睛，你会发现，每个段落，甚至每个句子，都散发着居里夫人美丽的光辉。在这么多的美丽当中，有些美丽，是可以用眼睛看到的。我们叫它——

生：(陆续地)外表美；外貌美；外在美。

师：(板书：外在美)比如说年轻漂亮，比如说端庄白净。(板书：漂亮端庄)有些美，我们用眼睛看不到，但它经历岁月的沉淀，会散发出夺目的光芒；时间越久，你会觉得它越发美丽。比如说，居里夫人的坚持不懈，她的坚定、刚毅、顽强，她对人类的巨大贡献，拥有数不清的荣誉却视名利如粪土……你们想一想：课文中，"跨越百年的美丽"，主要指的是居里夫人的——

生：(陆续地)内在美；精神美；品德美；心灵美；人格美。

师：(板书：内在美)所以，伟大的科学家爱因斯坦这样评价他：

(出示)

居里夫人的品德力量和热忱，哪怕只有一小部分存在于欧洲的知识分子中间，欧洲就会面临一个光明的未来。

——爱因斯坦

【反思】本文的关键词是"美丽"，所有的内容都紧紧围绕"美丽"而展开。教师遵循文本特点，高屋建瓴，设计了一个极具开放性的问题——你从哪些语句中读出了美丽？这个问题，牵一发而动全身。学生通过对话文本，勾画批注，对美丽有了全面、立体的认识。教师充分相信学生，大胆放手，给学生极大的学习和展示空间，课堂因此而变得大气磅礴。

三、品味美丽

师：在这么多的美丽当中，有一种美，特别引人注目，它美得炫目，美得蚀骨，甚至美得让人痛心，这就是居里夫人和丈夫提炼镭的过程。

（出示）

为了提出纯净的镭，居里夫妇搞到一吨可能含镭的工业废渣。他们在院子里支起了一口大锅，一锅一锅地进行冶炼。然后再送到化验室溶解、沉淀、分析。化验室只是一个废弃的破棚子，玛丽终日在烟熏火燎中搅拌着锅里的矿渣。她衣裙上，双手上，留下了酸碱的点点烧痕。一天，疲劳之极的玛丽揉着酸痛的后腰，隔着满桌的试管、量杯问皮埃尔："你说这镭会是什么样子？"皮埃尔说："我只是希望它有美丽的颜色。"经过三年又九个月，他们终于在成吨的矿渣中提炼出了0.1克镭。它真的有极美丽的颜色，在幽暗的破木棚里发出略带蓝色的荧光。

师：孩子们，用心读读这段话。边读边想：哪些语句，像针一样深深刺痛了你们的心？拿起笔来，把它们画下来，写上自己的感受。

（学生默读、批注后交流）

师：这段话当中的哪些描写，让你们深受触动？我们交流一下。

生："他们在院子里支起了一口大锅，一锅一锅地进行冶炼。然后再送到化验室溶解、沉淀、分析。"这说明提炼镭的程序很复杂，他们做得很辛苦。

师：你从中体会到艰辛和不易。

生："化验室只是一个废弃的破棚子，玛丽终日在烟熏火燎中搅拌着锅里的矿渣。她衣裙上，双手上，留下了酸碱的点点烧痕。"他们的工作环境很简陋，这样的实验，对居里夫人的容貌伤害很大，她会衰老得特别快。

师：镭是一种放射性元素，对人体具有极大的伤害，长时间接触它，容易得白血病。也就是说，他们进行这项实验，会随时面临——

生：会面临生命危险。

师：是的，请继续交流。

生："一天，疲劳之极的玛丽揉着酸痛的后腰，隔着满桌的试管、量杯问皮埃尔：'你说这镭会是什么样子？'皮埃尔说：'我只是希望它有美丽的颜色。'"他们的工作很繁重，很危险，但是他们依然很乐观，对未来充满信心。

师：你发现了别人没有发现的东西——乐观，了不起！

生："经过三年又九个月，他们终于在成吨的矿渣中提炼出了0.1克镭。"这多么不容易啊！从成吨的工业废渣中提炼出0.1克镭，得提炼多少次呀？

师：有一个词语引起了老师的注意——"烟熏火燎"。想一想：你在什么情况下，见到过这样的情景？

生：发生火灾的时候。

生：汽车爆炸的时候。

生：在电视里看到，发生战争的时候，大火燃烧，烟雾弥漫。

师：读着文中的“烟熏火燎”这个词语，你的脑海中浮现出怎样的画面？当年，居里夫人和丈夫工作时的情景，你能想象得到吗？

生：黑乎乎的院子里，浓烟滚滚，居里夫人和她的丈夫被呛得泪流不止，但他们还是坚持工作。

生：大火在锅底燃烧，工业废渣在锅里翻滚，空气中夹杂着刺鼻的味道，居里夫人不断地咳嗽。

生：炉膛里燃烧着熊熊大火，火光照在居里夫人白皙的脸上。院子里热得像蒸桑拿一样。一颗颗汗水从她脸庞滚落下来，可是她顾不上擦。

……

师：就在这烟熏火燎的院子里，居里夫人和丈夫冒着生命危险，坚持了多长时间？

生：三年零九个月。

师：是呀！那可是一千多个日日夜夜啊！透过这段文字，你品出了一种怎样的美丽？

生：坚定执著的美！刚毅顽强的美！献身科学的美……

师：（**板书：顽强执著**）带着这样的感受，我们走进这位伟大的科学家，感受她的独特魅力和人性光辉。齐读本段——

生：为了提出纯净的镭……

师：太不容易了！因此，伟大的科学家爱因斯坦，这样评价她：

（出示）

居里夫人的品德力量和热忱，哪怕只有一小部分存在于欧洲的知识分子中间，欧洲就会面临一个光明的未来。

——爱因斯坦

【反思】高效的阅读教学，必须做到点面结合。如果说，上一环节是对整体的把握，这一环节则是对细节的咀嚼。“美丽”犹如满目繁华，教师只选择了其中最炫目的一点，引导学生含英咀华，精心雕琢。学生沉潜到语言文字的内部，读出了环境恶劣，读出了条件简陋，读出了艰辛不易，读出了执着乐观……特别是对

“烟熏火燎”一词的重锤敲打，唤醒了学生的生活经验，对“美丽”一词有了更深层次的理解。

四、升华美丽

师：就是这样一位伟大的科学家，在年复一年、日复一日的科学实验中，她失去了什么？又得到了什么呢？请同学们默读课文第四自然段，结合理解，把自己想到的内容写下来。

（出示）

三年零九个月的艰苦工作，居里夫人失去了____________，同时，她________________________。

（学生进行小练笔，完成后进行交流）

师：许多同学都写完了，我们来交流一下。

生：三年零九个月的艰苦工作，居里夫人失去了年轻漂亮的外貌，同时，她发现了放射性元素镭。镭散发出的淡蓝色荧光，融入了一个女子美丽的生命和不屈的信念。

师：书中的语言运用得很贴切。

生：三年零九个月的艰苦工作，居里夫人失去了健康的身体，她逐渐变得眼花耳聋，同时，她完成了对人生意义的发现，她明白了只有为人类做出贡献，才能让自己的美丽延续下去。

师：是呀！人生的最大意义在于，为人类发展和社会进步做出自己的贡献。

生：三年零九个月的艰苦工作，居里夫人失去了美丽健康的容颜，眼睛深深地陷了下去，脸上多了几分衰老，但是她由一个漂亮的小姑娘，变成了一位端庄坚毅的女学者。

……

师：（音乐起）是呀，这是一项艰苦卓绝的工作。居里夫人为了科学事业，她付出了太多太多——

生：（齐读）在发现镭之后的不断研究中，居里夫人也在不停地变化着。当工作卓有成效的同时，镭射线也在无声地侵蚀着她的肌体。她美丽健康的容貌在悄悄地隐退，逐渐变得眼花耳鸣，浑身乏力。

师：她还失去了心爱的丈夫，承受着巨大压力——

生：（齐读）皮埃尔不幸早逝，社会对女性的歧视，更加重了她生活和思想上的负担。但她什么也不管，只是默默地工作。

师：在多年的科学研究和实验中，她发生了脱胎换骨的变化，成为人类历史上一份沉甸甸的美丽——

生：（齐读）她从一个漂亮的小姑娘，一个端庄坚毅的女学者，变成科学教科书里的新名词“放射线”，变成物理学的一个新的计量单位“居里”，变成一条条科学定律，她变成了科学史上一块永远的里程碑。

师：因为如此，伟大的科学家爱因斯坦这样评价她：

（出示）

居里夫人的品德力量和热忱，哪怕只有一小部分存在于欧洲的知识分子中间，欧洲就会面临一个光明的未来。

——爱因斯坦

师：居里夫人的一生，是光辉灿烂的一生，是不断超越自我的一生。（**投影出示居里夫人图片，音乐起，居里夫人取得的成就和荣誉缓缓出现**）这些成就，都是她用全部的青春、信念和生命换来的。她的美丽，超越了时空，幻化为人类历史上的永恒经典。这样的美丽就叫作——

生：跨越百年的美丽！

【反思】平时见到的课堂练笔，有的侧重于文本内容的拓展，有的侧重于写作方法的迁移。此处的练笔，侧重于对文本内容的理解和文本语言的内化，显示出教师独到的眼光。课文的第四自然段，具有浓厚的抒情性味道，教师很好地利用了这一特点，在练笔的基础上，进行了引读，课堂氤氲在饱满的氛围中余音袅袅，美不胜收。

◎板书设计

跨越百年的美丽

外在美	漂亮端庄
内在美	顽强执著

◎总评

本课的主要特色有三点：

一是大气。这篇文章有一千三百多字，算是一篇长文了。如何“长文短教”？

是摆在老师面前的一道难题。如果处理不当，往往会出现“只见树木，不见森林”的窘况。在本课教学中，教师着眼整体，提纲挈领，紧紧抓住“美丽”一词，让学生直面文本，自主探究。教师给予学生极大的学习自由和展示空间，学生学习兴趣彻底被点燃，课堂因此呈现“百花齐放、百家争鸣”的胜景。一放一收，很好地实现了“长文短教”的目的。

二是精致。教学要想高效，必须学会取舍，弱水三千，只取一瓢饮。本文的美，犹如满目繁华，令人眼花缭乱。面面俱到，不现实，也不科学。教学经过精心遴选，择取了“提炼镭”的细节描写片段，进行深入品读。教师引导学生，深入语言文字内部，读出理解和感悟，读出想象和画面。通过聚焦，“美丽”的光圈被一点点放大，最终定格在学生心里。

三是独特。随文练笔，读写结合，工具性与人文性水乳交融，一直是我们追求的境界。阅读教学中的小练笔，一定要精心设计，巧妙安排，否则就会沦为了练笔而练笔的鸡肋。本文的练笔，让学生把理解文本内容、内化文本语言、升华阅读情感融合在一起，扎实而灵动。

◎**感悟**

处理好整体与局部的关系

如果让你用镜头记录一次活动，你会怎么做？我想，你一定会用一个远镜头，记录下宏大壮阔的场面；然后来几张人物特写，记录活动中的感人瞬间。

如果让你用文字，描写一次比赛，你又会怎么做？我想，你一定会概括比赛前的热烈气氛，然后细描比赛中某一两个选手的精彩表现。

任何设计，既要有整体的架构，也要有细节的打磨。有整体，有局部，点面结合，层次清晰，才能给人留下深刻的印象。

在历届全国青年教师阅读教学比赛和教师素养大赛中，有几个课例，给我留下了深刻的印象：

何捷老师执教《匆匆》一课。其中，有一个问题是这样设计的：你是从课文中哪些句子中，感受到时间匆匆的？学生通过读书发现，几乎每个自然段都是在描述时间匆匆而过，从而很好抓住了散文“形散神聚”的特点。然后，教师抓住其中一两个语段，进行深入品读。

王小红老师执教《为中华之崛起而读书》一课。在感知课文内容的时候，设计了这样一个问题：你是从哪些描写中，感受到中华不振的？请把有关的句子画下来。学生发现，前面好几个自然段几乎都是在描写“中华不振”。教师没有面面俱到，而是抓住一两个细节，深入赏析。

陈德兵老师执教《窃读记》一课。教师设计了这样一个开放性的问题：你从作者的窃读中，品出了怎样的滋味？你是从哪些句子中品味到的？学生通过勾画、批注、汇报、交流，明白了窃读时候的苦辣酸甜、五味杂陈。在这么多的滋味中，教师只抓住其中一两种进行品味。

……

大家不难发现，这些成功的课例都在准确把握文章思想内涵与主旨要义的基础上，梳理出一条线索，设计出一个“全局性”的问题。通过一个问题的探究，把整篇文章整合起来处理，大大增强了课堂教学的整体性。

然而，只有整体，还是不够的。着眼整体的问题，往往是帮助学生感知文章主要内容，梳理文章的线索脉络。铺得太开，无法关注具体的点，难以留下深刻印象，无法形成高峰体验，引发心灵触动。我们都知道，一件事情，一篇文章，感动人心的，往往不是整体，而是其中的一两处细节。教学设计在着眼整体的同时，还要聚焦细节。撷取、定格、放大，最终促成学生强烈的心理体验。

教学《跨越百年的美丽》时，我就比较好地照顾到面与点的问题。从这篇文章的题目中，可以看到关键词是“美丽”。全篇课文，都在描写居里夫人的形象美、心灵美、人格美。围绕美丽，我设计了四个教学环节——引出美丽，找寻美丽，品味美丽，升华美丽。

其中，找寻美丽，就是对文本整体的观照——你从哪些语句中读出了居里夫人的“美丽”？是一种什么样的美丽？把它们画下来，并用词语进行概括。品味美丽，则是对局部的聚焦——在这么多的美丽当中，有一种美，特别引人注目，它美得炫目，美得蚀骨，甚至美得让人痛心，这就是居里夫人和丈夫提炼镭的过程，让我们一起来看看。

试想，习作中的“流水账”是怎么形成的？就是关照到整体描写，忽略了细节刻画。设计公开课，和写文章一样，不要从头到尾，一个格调，一种模式，要有整体建构的能力，还要有细节点化的技巧。

教学设计中，注意了面与点的结合，整体性会大大增强，层次感也会分外明晰。当然，不是所有的课文，都可以用这样的教学模式，去生搬硬套。但是，“点面结合”的设计理念，一定要深入人心。

精心设计，教出说明文的味道

——《鲸》教学设计与意图

设计:广州市花都区和悦小学　屈太侠

第一课时

一、演示图片,激发兴趣

师:同学们,老师带来了一组照片,请大家欣赏。

(在轻快的音乐中,出示一组鲸的照片)

师:多么有意思的动物啊!你们知道它们是什么动物吗?

生:鲸!

师:对!今天我们就来学习课文——《鲸》。请大家举起手,和老师一起书写课题,注意,"鱼"字旁最后一笔是提。你们想知道关于鲸的什么知识呢?

生:鲸有多大?

生:鲸是怎样睡觉的?

生:它们是怎样吃东西的?

……

师:有些知识,就藏在我们的课文里。请打开书,认真读课文,看看通过读书,你知道了关于鲸的哪些知识。

【设计意图】古人云:"开卷之初,当以奇句夺目,使之一见而惊,不敢弃去。"尽管这里谈的是写文章,但隔行不隔理。上课之初,展示一组图片,设计一个开放的问题,激发学生学习兴趣,为学生上好新课奠定良好的基础。

二、学习生字,了解大意

(一)学习生字

师:课文中的生字词特别少,我们一起来读一读。

（出示）

上腭　鱼鳍　过滤

师：你们有上腭吗？用手指一指。在书上图片中找出鲸的鳍，在旁边写上这个字。（学生写）请大家再读读这四个生字。

（出示）

腭　肚　肺　胎

师：你们有什么发现啊？为什么它们都有个“月”字旁呢？

师：请大家一起和我写“肺”字，注意右边的笔画，中间这一竖直接贯穿下来，这是我们的呼吸道，一直连接到我们的肺部。

（二）了解大意

师：刚才读了课文，你们了解了关于鲸的哪些知识呢？

生：鲸很大，比大象还要大得多。

生：鲸的食量很大，一顿可以吃两千公斤的鱼虾。

生：鲸可以分为两大类——须鲸和齿鲸。

……

【设计意图】高年级还要不要在课堂上学习生字？答案是肯定的。只不过，教师要有所选择，精选学生容易出错的地方，提前进行干预，这样就避免了“亡羊补牢”的尴尬。另外，学生读了课文，总会有所收获，让学生谈一谈，能准确把握学情，也是对第一个教学板块的补充和照应。

三、再读课文，明晰框架

师：本文是一篇说明文。说明文，就是向别人介绍一样事物。既然是做介绍，得注意哪些问题啊？

生：思路要清晰，层次要分明。

生：语言要通俗，让别人一读就明白。

生：用词要准确，不要让人产生误解。

师：是呀！作者在描写的时候，就注意了这些问题，每段都围绕着其中的一句话来写的。请你们浏览课文，把它们画下来。

（学生读文、勾画）

师：现在，我们来交流一下。

（学生依次找出每个自然段的中心句。集中出示这些句子，让学生齐读）

师：如果让我来写鲸，我就把这几个句子写下来，就成了一篇文章，你们觉得怎么样？

生：太简单了，没有把鲸的特点讲清楚，别人读了还是不明白。

生：读起来很枯燥，没有作者描写得那么清楚。

师：看来，写说明文还要尽量做到具体、生动。聪明的孩子，不仅能把段落读成一句话，还能把每句话读成一个词。下面，请同学们尝试着用词语概括各个自然段的意思。

（通过提炼，概括后板书：形体、进化、种类、吃食、呼吸、睡觉、生长）

师：你们认真看一看，哪几点可合并在一起？

生："吃食、呼吸、睡觉、生长"这四点，都是描写生活习性的，可以合并。

师：课文从哪几个方面描写鲸的呢？哪一方面是主要内容？又分成几个小点？

生：课文是从"形体、进化、种类、习性"这四个方面描写鲸的。在介绍"习性"的时候，又是从"吃食、呼吸、睡觉、生长"四个方面逐一介绍的。

【设计意图】教阅读，我们不仅要教知识，更重要的是教方法。从段落到句子再到词语，教给了学生如何抓住主要内容把文本读薄的策略。值得一提的是，教师不仅仅让学生说一说，而且让他们给文章划分层次。通过层次划分，学生对文章结构就有了清晰的认识。

四、紧扣"哺乳"，强化类别

师：在这四个方面的特点当中，哪一点是你从来没有想到的？

生：鲸鱼竟然会这么大。

生：鲸的食量大得惊人！

生：鲸睡觉的时候，会头朝里面围成一圈！

生：鲸生长的速度真快。

……

师：老师最吃惊的，究竟是什么呢？请大家一起来读。

（出示）

其实它不属于鱼类，而是哺乳动物。

师：不过，课文有很充足的理由，你能找出来吗？请用上“因为……所以……”的句式说一说。

生：因为在远古时代，鲸的祖先生活在陆地上，所以它属于哺乳动物。

生：因为鲸跟牛羊一样用肺呼吸，所以它是哺乳动物。

生：因为鲸是胎生的，幼鲸靠吃母鲸的奶长大，所以它属于哺乳动物。

师：请大家读读课文第二自然段，尝试着完成下列填空。

（出示）

在很远的古代，鲸的祖先跟牛羊的祖先一样，生活在__________。后来环境发生了变化，鲸的祖先生活在__________。又经过了__________的年代，它们的前肢和尾巴渐渐变成了__________，后肢完全__________，整个身子成了鱼的样子，适应__________的生活。

师：请找出几个表示时间的词组。

生：一共有三个——在很远的古代、后来、又经过了很长很长的年代。

师：读一读这些词组，看看你发现了什么？

生：鲸的进化经历了很漫长的时间。

生：鲸是一点一点变成今天的样子的。

师：作者就是巧妙利用这些时间的词组，把鲸的进化过程很有层次地写清楚的。请大家反复读读这段话，想办法把它背诵下来。

【设计意图】鲸属于哺乳动物，课文多处进行强调，教学时集中处理，起到很好的强化作用。鲸的进化过程是本文的教学难点，需要重点关注。在教学时候，我先让学生读文填空，然后抓住几个表示时间的词组，让学生了解鲸进化过程的漫长以及作者描写的巧妙。有了这样的提点，学生很快就能把本段背诵下来。

第二课时

一、学习“方法”，读出感受

师：我们以前曾经学习过一篇说明文，题目叫《太阳》。作者为了把太阳介绍清楚，采用了多种说明方法。还记得有哪几种吗？

生：（陆续地）列数字；举例子；打比方；作比较。

师：请大家仔细读课文，看看作者运用了哪些说明方法，这样写有什么好处。

我给大家发一份表格，大家一边读，一边填充。为了节约时间，大家在写句子的时候，可以只写两三个字，后面加省略号。

说明方法	课文中的句子	这样写的好处
列数字		
举例子		
作比较		
打比方		

师：许多同学都填写得很认真，谁愿意和大家分享一下？

生："目前已知最大的鲸约有十六万公斤重，最小的也有两千公斤。"这个句子采用了列数字的说明方法，让我们感受到鲸的确是个庞然大物。

师："庞然大物"这个成语用得很巧妙。十六万公斤是什么概念，一千个比较健壮的大人体重之和。能通过朗读表现出鲸的形体之大吗？

生："一条舌头就有十几头大肥猪那么重。"这句话运用了作比较的说明方法，把鲸的舌头和大肥猪作比较，表现出鲸很重。

师：十几头大肥猪，那得有三四千斤啊！太不可思议了。你再读读这句话。

……

师：作者正是运用了这些说明方法，把鲸的特点写清楚、写具体的。

【设计意图】阅读教学要让学生知道写了什么，还要知道怎么写的，为什么要这样写。我在教学的时候，让学生自主读书，填充表格，培养学生自学能力。在交流的时候，通过教师的点拨，把理解和朗读有机地融合在一起，做到言意兼得。

二、寻找词语，体会巧妙

师：说明文还有一个特点，就是用词一定要准确，不能让别人读的时候产生歧义。请大家读读下面这个句子。

（出示）

目前已知最大的鲸约有十六万公斤重，最小的也有两千公斤。

师：在这个句子中，作者介绍了最大的和最小的鲸。仔细读读，作者为什么要用一个"约"字呢？

生：十六万公斤是很难测量的，只好估计一下，这个数据不是准确的，所以用上"约"字。

师：对了，当我们没有准确数据的时候，就可以用上“约”“大约”等词语，让语言表达更严谨。特别在说明文当中，作者会特别关注用词的准确性。你们再找一找，课文中还有那些词语用得很准确？

生：“须鲸主要吃虾和小鱼”里的“主要”用得很准确，说明须鲸大多数情况下吃虾和小鱼，有时也会吃点别的。

生：“鲸隔一段时间必须呼吸一次”里的“必须”用得很恰当，如果鲸不呼吸，肯定得憋死的！

……

师：所以我们在写文章的时候，要巧妙地使用这些词语。当完全确定、知晓的情况下，可以用“必须、一定、完全”等词语；当我们不确定的时候，就可以用上“大概”“左右”等词语。这样，我们的描述就没有破绽了。

【设计意图】说明文很讲究遣词造句，力求语言表达得准确严谨。在教学时，教师先出示一个句子，让学生寻找、感受其中用得很准确的词语，并引导他们体会其中的奥妙。然后让学生迁移学法，品析其他词句，体现了由扶到放的过程。

三、补充资料，增长见识

师：鲸是一种很聪明、很有意思的动物。除了课文中描写的内容，你还知道哪些关于鲸的知识啊？把你们课前搜集到的资料交流一下。

生：鲸喜欢运动，会跳“水上芭蕾”。鲸跳跃的目的，是为了寻求配偶或向其他雄鲸挑战，而雌鲸往往挑选能跳跃的鲸为配偶。跳跃是鲸鱼的一种格斗方式，也顺便来呼吸新鲜空气。

生：鲸是天生的音乐家。鲸不仅能唱歌，还能作曲。而座头鲸所唱的歌是自然界中音调最洪亮、最冗长、最缓慢的歌。座头鲸的歌，声音宽广，音调强烈，它是用轰隆隆的雷鸣般的低音节和呼啸尖锐的高音节的乐句反复鸣唱。每支歌一般唱 6—30 分钟。鲸所唱的曲调相同，但都是独唱，节奏也不一样。所唱的歌隔年更新，逐年演变。

生：鲸比较喜欢听音乐。有一篇文章介绍，一群鲸遭遇了困境。后来破冰船打开一条通道，但鲸仍然不知道怎么离开。人们在破冰船上播放音乐。鲸听到音乐后，跟着破冰船脱离了困境。

生：它们的眼睛都很小，没有泪腺，视力比较差。没有外耳壳，但听觉却十分灵敏，而且能感受超声波，靠回声定位来寻找食物、联系同伴或逃避敌害。

……

师：是啊！如此有灵性的动物，却面临着灭门之灾。请大家读读课后的资料袋，谈谈你的体会。

（学生读后谈感受）

生：人类真是太贪婪、太残忍了。

生：如果人类不早日觉醒，恐怕我们的后代以后只能在书本上见到鲸的图片了。

【设计意图】学习本文，还有一个目的，就是要丰富学生的知识，让学生喜欢上鲸这种奇特而灵性的动物。因此，课前安排学生搜集鲸的资料，在课堂上交流展示，是很有必要的。另外，本次拓展也为下一环节的练笔提供了素材。

四、巧设练笔，学以致用

师：本课的学习，让我们比较全面地了解了鲸。我们有必要把自己所知道的，告诉你的爸爸妈妈，告诉你身边的小朋友。怎么介绍呢？如果只是把课文内容背诵给他们听，他们可能不感兴趣。最好的办法，就是改头换面，以鲸的口吻，来个自我介绍。（板书：自我介绍）

师：我们以前都做过自我介绍。想一想，自我介绍的时候，应该注意什么问题呢？

生：要使用第一人称，把自己当作鲸，凡是出现“鲸”的时候，都用“我”代替。

生：语言要活泼优美一些，最好能写成童话故事。

师：你的建议很好。你可以尝试一下。

生：要介绍清楚自己的特点，比如形体很大、生长速度很快等。

生：不要只写课本上的内容，还要加上搜集到的资料，写出自己很可爱。

生：还可以写对人类的希望和忠告。

师：这一点很重要，如果只写书上的内容，差不多成复述课文了。

生：最好能用上一些说明方法，如打比方、作比较等。

师：是的，这叫学以致用。还要注意用词的准确性。课后，请大家以“鲸”的自述为内容，写一篇短文。

【设计意图】教师以组织活动为驱动，安排学生练笔，学生比较容易接受。在

学生练笔之前，给予必要的提醒，是很有必要的，这样在一定程度上避免了学生“复述课文”的情况，让练笔卓有成效。

◎**感悟**

精心策划教学活动

教学的最终价值，体现在学生身上。无论教师讲得多明白，教得多透彻，都不能代替学生的学习与实践。为了提高学习效率，学习实践活动应该在一定范围和规划之内，协调有序地开展。因此，教师应该成为教学活动的策划者和组织者。

有教师可能会质疑：平时的课堂教学，难道教师就没有策划吗？当然不是。课堂教学中的每一个环节，教师都会进行安排。但是，有些活动的效果，却并不理想。如何策划一个又一个教学活动，考验着教师对文本的解读能力和教学设计水平。一般来说，教学活动的策划，需要考虑学生、教材以及年段特点，注意做到难易适度，生动有趣，最好能富有新意，让人眼前一亮，学生喜欢，才能积极参与其中。

我们来看看于永正老师的五重教学法：重情趣，重感悟，重积累，重迁移，重习惯。于老师把什么放在第一位？是情趣。我们不能忘记，我们所面对的，是心智尚未成熟、能力暂时欠佳的小学生。不谙学生的心理特点，违背自然发展的规律，一个劲地追求深度和广度，难免会出现拔苗助长、曲高和寡的尴尬。我见过不少语文教师，写起文章来高谈阔论，讲起话来头头是道，一到课堂上，黯然失色，风采全无。当然，他们所策划的教学活动，是给自己的，而不是给学生的。

我认为，策划教学活动，要特别注意两个方面：内容和形式。

教师必须明白，你所策划的每一个教学活动，都是为了实现某个教学目标。一般来说，活动目的要和教学目标保持高度一致。再精彩有趣的教学活动，如果不能为实现教学目标服务，都是没有意义和价值的。教学《鲸》这篇课文，我让学生回顾说明方法，在课文中寻找相对应的句子，寻找课文中用得很贴切的词语。目的，都是为了突出说明文的文体特点——使用恰当的说明方法，介绍事物的特点；用恰当的词语，表达准确的意思。一般来说，活动的内容，要紧扣文本内容来开展。在学好文本的基础上，如果有时间和精力，再去做一些拓展和延伸，也是有意义的。

其次，是活动的形式。我们用什么样的方式来推进教学，往往会影响学生的参与度。小学生的年龄和心理特点，决定了他们比较喜欢那种浅显的、生动的、鲜活的游戏活动，能把语文教学活动变成游戏，让学生乐此不疲地参与其中，是教师应该努力的方向。在许多语文课上，教师会设计一个故事情景，或者闯关游戏，带着学生攻破一个又一个关卡，直到目标达成。

在历届全国青年教师阅读教学大赛中，有两堂课，在活动策划方面，给我留下了深刻的印象。一节是甘肃的张玉栋执教《落花生》一课。他将“质疑”贯穿于教学始终，不断让学生质疑和解疑，将学生的主体地位凸显得淋漓尽致；还有一节，是安徽的陈金龙老师执教的《白鹅》一课。他将“演读”作为教学手段，指导学生通过语气语调、表情动作，读出白鹅的高傲与可笑，学生乐在其中，欲罢不能。

教学《鲸》一课，我让学生在理解课文内容的基础上，补充了部分关于鲸的资料，然后，让学生用“自我介绍”的方式，来写一写“鲸”。这样的练习，既是对文本内容的回顾和提升，而身份的转换，又增加了练笔亲切度，降低了难度。这样生动有趣的活动方式，学生比较喜欢。

精选内容，扎实训练

——《笋芽儿》第一课时教学实录与点评

执教：广州市花都区和悦小学　屈太侠
点评：广州市海珠区后乐园街小学　王恩超

一、学习字词

（一）学习题目

师：同学们，我们小时候都有一个乳名，是家里长辈给取的，叫起来特别亲切。"竹子"小时候也有一个特别的名字，你们知道是什么吗？

生：竹笋，笋芽儿。

师：（出示图片）我们今天学习的课文，题目就叫《笋芽儿》。伸出手，和老师一起书写课题。"笋"字上面的竹字头要紧凑，为下面的"尹"字留出足够的空间；"芽"字也一样，上紧下松，腿才显得修长。谁来读读课题？

生：《笋芽儿》。

师：形容比较小、比较可爱有趣的事物，我们常常会在后面加上一个"儿"字，比如"老头儿""小屁孩儿"等。谁再来读？读得可爱点儿。

生：笋芽儿。

【点评】教师用儿童的方式，巧妙地让学生感受到儿化音的作用，并指导学生读出蕴含其中的韵味，有情有趣，有滋有味。

（二）学习生字

师：昨天，我让你们在家预习了课文。你们都做了些什么呀？

生：（陆续地）我把课文读了三遍；我自学了课文的生字；我还看了课后的题目。

师：现在，我要检查一下你们的预习成果。我们开火车读读下列生字。

（出示）

第一组：唤　唠

第二组：揉　扭　抚

第三组：漆　滋　润

第四组：轰　钻　冈　豪

师：说说你有什么发现？

生：第一组，都是“口”字旁的字，和说话有关。

生：第二组，都有一个提手旁，和动作有关。

师：我们来表演一下——揉眼睛、扭身子、抚摸自己的脸蛋。（学生表演）那么，第三组呢？

生：都有“氵”，它们和水有关系。

师：谁能用其中的一个生字组个词？

生：呼唤、唠叨……

师：还有一个非常有意思的生字，它就是“辫”字（出示：辫）。这是一个形声字，中间有一个绞丝旁，你知道，这是为什么吗？

生：中间的绞丝旁代表线，我们的辫子要用细线扎起来。

师：真是个聪明的孩子。你还认识和“辫”字长得很像的生字吗？

生：辩论的“辩”，花瓣的“瓣”字，辨别的“辨”字。

师：我编写了几句顺口溜，帮助你们记住这几个字，我们一起来读一读。

（出示）

瓣：花瓣落了结大瓜

辫：丝带能把小辫扎

辩：能言善辩顶呱呱

辨：用心辨别人人夸

【点评】识字写字，是低年级教学的重点。通常情况下，一篇课文后面的生字有十几个。一个一个地分析，浪费时间不说，效果不见得好。教师根据“形声字”的特点，进行了分类，大大提高了教学效率。特别值得肯定的是，教师没有平均用力，而是聚焦“辫”字，认识一个，带出一组，给学生留下深刻的印象。教学的层次感，非常重要！

（三）特殊读音

师：要把课文读正确，除了读准生字，还要注意一些比较特殊的字音。先来看这一组，它们都是儿化音，读的时候，把舌头翘起来，一带而过。谁来试试？

（出示）

儿化：这儿　那儿　笋芽儿　一个劲儿

轻声：醒醒　看看　衣服　唠叨

多音：乐曲　钻出　着凉

师：第二组是轻声词语，后一个字要读得又轻又短。谁来试试？

师：第三组是带有多音字的词语，要想清楚它的意思，你就不会读错了。谁来试试？还能用它们另外的读音组词吗？

生：快乐、钻石、看着。

师：把课文读正确，要特别注意读准这些特殊的读音。我们一起来读一读。

【点评】“正确、流利、有感情地朗读课文”，课标上的要求常被我们挂在嘴边。但落实到教学中，往往直奔“有感情”去了。何谓正确？上述教学，很好地回答了这个问题：读准生字、儿化音、轻声、多音字……把每个字音读准确，读规范，是朗读教学的“保底工程”。

（四）积累词组

师：这篇文章还有一些词组，特别有意思。比如这一组，我们可以一边做动作，一边朗读。

（出示）

揉了揉眼睛　伸了伸懒腰

师：下面这一组，我们可以通过面部表情和动作，表达出它们的意思。

（出示）

撒娇地说　　重重地敲

高兴地说　　自豪地喊

不停地唠叨　叽叽喳喳地叫

师：最后这一组，都是描写景物的，我们可以读慢点，一遍朗读，一边想象它的样子。

（出示）

绿色的草丛　粗重的嗓音

美好的春光　健壮的竹子

沉睡的笋芽儿　绿色的长辫子

【点评】词语（或者词组）是有“温度”的。指导学生读出其中的“画面”，很有意义，培养想象能力的同时，为后续的“有感情朗读课文”，进行了必要的铺垫。

二、朗读课文

师：大家预习的时候，都已经读过课文了。但是，当我们学习了生字、词语后，再来朗读课文，一定会读得更正确，更流利。请同学们捧起书来，把课文再读一遍，注意做到：

（出示）

读准生字的读音，读准轻声、儿化音、多音字，把句子读通顺，力争读出情感，读出画面。

师：许多同学都已经读完了，现在我们来轮流读课文。课文一共有七个自然段，我们就找七个同学，每人读一个自然段。

（学生读，教师随机纠正、点评）

【点评】这是朗读的第二层要求——读流利。教师采用了朴素简洁的办法，让学生独立练习之后，轮流读课文，发现问题及时指正。读得不到位的，亲自示范，训练细致严谨，扎实有效。

三、理解拓展

（一）书写“呼唤”

师：读课文读得有点累了，我们来书写两个生字。谁来读一读？

生：呼唤。

师：这两个字，都有一个“口”字旁，说明和“口”有关。说一说，“呼唤”是什么意思？

生：喊、叫的意思。

师：仔细观察一下这两个字，写的时候，要注意什么呢？

生：“口”要写得小一点，上宽下窄。

师：再看看“口”字旁的位置。

生：要写在横中线的上面。

师：我总结了两句顺口溜，送给你们——

（出示）

口要写得好，上大下要小；

左旁比较小，向上靠一靠。

师：拿起笔来，把这两个生字在田字格里认真地写一遍。（教师巡视、指正、评点）

【点评】写字教学，要精讲精练。教师的引导，目标明确，针对性强，学生一听就懂，一学就会。有些偏旁部首，练习一遍两遍，可能不行，需要时常提及，比如“口”字旁。教师总结的两句顺口溜，第一句针对的是部件，第二句针对的是结构。少而精，精而准。

（二）朗读“呼唤”

师：请大家默读课文第一至五自然段，说一说课文里，谁在呼唤谁，是怎么呼唤的。

生：春雨姑娘用“乐曲”呼唤笋芽儿。

生：春雨姑娘“沙沙沙”地呼唤笋芽儿。

生：雷公公用“大鼓”呼唤笋芽儿。

生：雷公公用粗重的嗓音呼唤笋芽儿。

师：小声读读下面两段话，想一想，怎样才能读出自己的理解。

（出示）

沙沙沙，沙沙沙。春雨姑娘在绿色的叶丛中弹奏着乐曲，低声呼唤着沉睡的笋芽儿：“笋芽儿，醒醒啊，春天来啦！”

轰隆隆！轰隆隆！雷公公把藏了好久的大鼓重重地敲了起来。他用粗重的嗓音呼唤着笋芽儿。

师：谁来读一读？（学生读）这样读，一定有你自己的理解。说说你是怎么想的。

生：春雨姑娘是很温柔的，要读得轻一点；雷公公很急躁，要读得大声一点。

师：真是聪明的孩子！同学们，原来读书是需要思考的。只有你明白了文章表达的意思，你才能读出其中的味道来。带着你们的理解，再练一练，看看能不能读得更好。（指名读，评点）

师：我们来对比一下这两个句子。女生关注第一个句子，男生关注第二个句子。一种是轻柔的乐曲——

生：沙沙沙，沙沙沙。

师：一种是刺耳的噪音——

生:轰隆隆,轰隆隆。

师:一位是温柔可爱的——

生:春雨姑娘。

师:一位是脾气急躁的——

生:雷公公。

师:一个是轻轻地——

生:弹。

师:一个是重重地——

生:敲。

师:多么鲜明的对比啊!女生读,读出春雨姑娘的温柔——

生:沙沙沙,沙沙沙。春雨姑娘在绿色的叶丛中弹奏着乐曲,低声呼唤着沉睡的笋芽儿:"笋芽儿,醒醒啊,春天来啦!"

师:男生读,读出雷公公的急躁——

生:轰隆隆!轰隆隆!雷公公把藏了好久的大鼓重重地敲了起来。他用粗重的嗓音呼唤着笋芽儿。

【点评】教学内容的选取,体现着教师的教材解读和教学设计能力。教材无非是个例子,我们用这个例子做什么?教师的目的很明确,用它来教朗读、教表达。作为第一课时的教学,教师抓住了具有相同点的两个段落,对比着进行学习,让朗读训练变得趣味横生。从读出自己的理解,到读出强烈的对比,循序渐进,逐步提高。

(三)创作"呼唤"

师:仔细看看这两句话,只有不同点。难道就没有共同点吗?

生:写法是一样的。先写声音,再写动作,最后写呼唤。

师:是呀!正因为结构一样,读起来才那么有趣!春天里,一定还有许多美妙的声音,都是谁发出来的呢?

生:布谷鸟的叫声,布谷、布谷。

生:麻雀叽叽喳喳地叫。

生:蜜蜂嗡嗡嗡地叫。

……

师:我把它们都记录下来了。它们都是怎么呼唤笋芽儿的呢?你能仿照刚才的句子，说一说吗？

（出示）

泉水：叮咚　叮咚

蜜蜂：嗡嗡嗡　嗡嗡嗡

青蛙：呱呱呱　呱呱呱

河水：哗哗哗　哗哗哗

麻雀：叽叽喳喳　叽叽喳喳

……

生：叮咚、叮咚，泉水唱着歌奔跑着，它用优美的歌声，呼唤沉睡的笋芽儿。

生：呱呱呱，青蛙蹲在池塘里放声歌唱。它高声呼唤笋芽儿："笋芽儿，快出来吧！春天来啦！"

生：叽叽喳喳，叽叽喳喳，麻雀在枝头上开音乐会呢！它们用轻柔的声音呼唤笋芽儿。

……

【点评】学以致用，应该成为语文教师的不懈追求。课堂上学习、领悟到的方法技巧，最好能及时地进行拓展运用，进而内化为学生的语言实践能力。教师设计了一个开放性的问题——它们都是怎么呼唤笋芽儿的呢？学生的思维被激活了，流淌出许多活泼生动的语言。

四、总结延伸

师：这节课，我们学习了生字，朗读了课文，认识了温柔的春雨姐姐、急躁的雷公公，以及可爱的笋芽儿。我把本课的生字，编成了一首打油诗。我们一起来读一读。

（出示）

笋芽儿，听呼唤，揉眼扭身往外钻。

雷轰隆，唠叨烦，漆黑寒冷放一边。

雨爱抚，滋润甜，长大山冈自豪喊。

师：笋芽儿听到大家的呼唤，一个劲儿地往上钻。终于，它钻出地面。钻出地面后，它看到了什么呢？我们下节课继续学习。

【点评】一首形象生动的打油诗，体现了教师的语文素养。这首诗的巧妙之处在于，既总结了课文内容，又复习了本课学习的生字，可谓“一石二鸟”“一箭双雕”。

◎总评

屈太侠老师执教的《笋芽儿》一课，给我们全新的感官体验和思维冲击。小学低年级的阅读教学，竟然可以这样上。纵观全课，有两大特色：

一是基础知识的梳理。屈老师在教学的过程中，分别从字、词、句、段等方面，对文本中呈现的语文知识，来了一次整理。让学生一边朗读，一边思考，读出理解，读出感悟。教学中，涉及的内容较多，但丝毫不觉得凌乱。正是因为有了强烈的类别意识，才让教学过程变得清晰，教学效率大大提高。

二是基本能力的培养。本堂课特别重视学生的说、读、写等语文能力训练。读作为一条主线，贯穿于教学的始终，读的方式灵活多样，教师的指导点拨恰如其分。特别是对两段话的对比引读，体现了教师对语言文字的高度敏感。另外，对书写的指导，对说话的训练，灵动而扎实，体现了教师强烈的训练意识。

◎板书设计

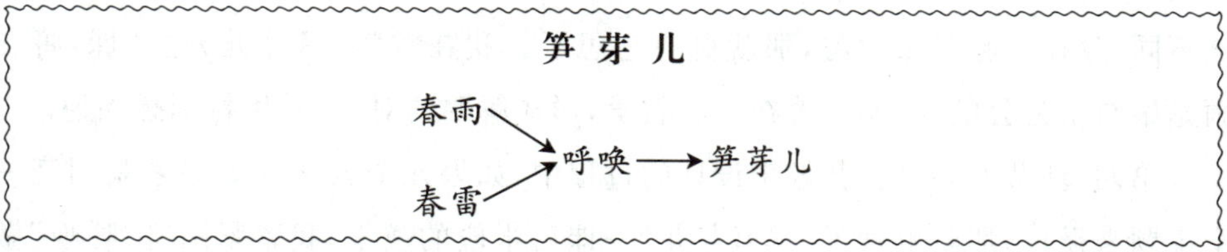

◎感悟

批发还是零售，是个问题

没有经验的青年教师，备课的时候，经常会“误入藕花深处，沉醉不知归路”。拿到一篇课文，发现要教的内容实在太多：生字、词语、段落、思想、写法……删掉一部分，怕别人诟病；全部都教了，时间不够。结果，头疼医头，脚疼医脚，陷入其中，无法自拔，痛苦不堪。

这样的情况，在小学低年级比较常见。中、高年级的阅读课，一课一得，多一个环节，少一个知识点，不会有太大影响。可是，小学低年级的语文课，本来就是以字、词、句的训练作为重点，该教的知识点，几乎一个也不能省略。这些细小的知识点，非常琐碎，浪费时间不说，学生还不一定喜欢。

如何提高教学效率呢？我想到了两个词语——“批发”与“零售”。这是两种不同的销售理念，效率不可同日而语。将同类的商品，捆绑在一起，进行批发，则可以提高销售业绩。精明的商人，往往考虑的是如何将资源进行有效整合，打包销售给别人。教学设计中，教师也必须具备这样的意识——将具有相同特征的知识进行优化组合，形成一个又一个板块，教学整体感会大大加强，效率也会大大提高。

第一，生字的整合。汉字中，百分之八十都是形声字，我们可以根据字形，将相似的生字放在一起，学习一个带出一组；也可以根据字义，将同一类别的生字放在一起来教；可以将相同构字方法的汉字，集中起来一起学习；还可以根据读音来整合：前后鼻音、平翘舌音、轻声、儿化……

第二，词语（短语）的整合。在现代汉语中，词语组合的类型有如下一些形式：并列、偏正、主谓、动宾、后补……相同组合结构的词语，也可以放在一起，让学生寻找共同点。比如，罗才军老师在教学《给予树》一课时，将并列关系的词语放在一起来学习；另外，还可以根据意思来划分，意思相近、相反的词语可以放在一起，让学生发现构词规律。

第三，句子的整合。教学中，有些语句属于同一类，或者内容相近，或者表达方法一样，可以放在一起集中学习；当然描写的内容截然相反，或者表达方式迥然不同，放在一起对比学习，那就更有意思了。我在教学《笋芽儿》这一课，将春雨姑娘与雷公公的“呼唤”，放在一起教学，形成鲜明的对比，学生特别感兴趣。

第四，环节的整合。在教学设计的过程中，如果几个教学环节能紧紧围绕一个主题来设计，那就更妙了。《笋芽儿》一课后半段的教学，我紧紧围绕“呼唤”做文章，设计了如下几个教学环节：书写“呼唤”、朗读“呼唤”、创作“呼唤”，让教学设计浑然一体，流畅自然。

备课，特别是设计公开课的时候，我养成了这样一个习惯：我会把本课要学习和掌握的知识和技能，列一张详尽的知识清单，然后进行加工处理：该分类的分类，该删除的删除，该修正的修正。有时候，教师还要根据具体情况，补充一些知识点进去，以便形成“场”的效应。总之，教师在课堂上所呈现出来的教学内容，最好经过加工整理。教师不是搬运工，是设计者和创造者。

当然，整合的意义，还不止于此。在加工原始材料的过程中，你会发现文本在表达上的许多秘密，甚至是缺憾。这些，都是极其宝贵的教学资源。别人没有发现的，你发现了；别人没有想到的，你想到了。你的课，就有亮点了！

用儿童的方式教朗读

——《小白兔与小灰兔》教学实录与点评

执教：广州市花都区和悦小学　屈太侠
点评：广州市南沙区教育局教研室　苏泉月

一、导入

师：今天，老师和大家学习一个童话故事。故事的名字叫——

生：《小白兔与小灰兔》。

师：伸出你们的小手，和老师一起写“兔”字。上面是兔子的长耳朵，中间扁扁的“口”是它的肚子，前腿短，后腿长，尾巴弯一弯。谁来读读课题？

生：《小白兔与小灰兔》。

师：字正腔圆地读——

生：《小白兔与小灰兔》。

师：干脆利落地读——

生：《小白兔与小灰兔》。

师：两只兔子之间，发生了什么有趣的事情呢？让我们到课文里去看看吧。

【点评】语文课，我们靠什么吸引学生？屈老师的课，给了我们有益的启示——靠语言文字本身的魅力去吸引孩子。一个“兔”字，在书写中，形象而生动地渗透了字理，把枯燥的文字变成了一幅活生生的画面。读课题，三言两语，就把学生的精、气、神调动起来了。

二、初读

师：请大家轻轻地把书翻到116页，双手捧起来，认真把课文读一遍。注意做到两个要求：

（出示）

①自由读课文，不认识的字，读一读拼音。

②想一想：小白兔和小灰兔之间发生了什么事？

师：（学生朗读后）大家读得很专心。我们先来看看本课的生字。谁来带着大家拼一拼？

（指名学生，带领大家拼读生字）

师：去掉拼音，你们还认识吗？我们来开开火车。

生：翻……

师：认真看看这些汉字，说说你有什么办法，记住哪个生字。

生：我用做动作的方法，记住“挑”和“担”。

……

师：《西游记》看过吗？我们来猜几个人物？第一个：翻个跟头十万八千里。（出示短语：翻跟头）

生：孙悟空。

师：（出示图片）对了。文质彬彬的，动不动就双手合十，有点羞涩地说：“女施主。”（出示词语：女施主）

生：唐僧。

师：第二个，长得肥肥的，动不动就说：“师傅，肚子饿！”（出示词语：肚子饿）

生：猪八戒。

师：最后一个。他最辛苦了，整天挑着担。（出示词语：挑着担）

生：沙和尚。

师：汉字都认识了，这些词语肯定难不倒大家。

（出示）

翻地　种菜　浇水

施肥　拔草　捉虫

师：男生读第一行。

生：翻地、种菜、浇水。

师：女生读第二行。

生：施肥、拔草、捉虫。

师：你们发现，这些词语有什么共同点？

生：都是种菜的动作。

师：是的，这些词语都和种菜有关。我们一起来读读——

生：翻地、种菜、浇水、施肥、拔草、捉虫。

师：学习了生字，我们再来读课文。请你们捧起书来，听老师朗读课文，听听老师读得和你们有什么不一样？

（教师示范读课文，学生聆听、感受）

师：老师读得怎样？

生：**（陆续地）**老师注意了停顿，读得很清楚；老师读得很有感情；老师读得很准确，没有一个错误。

师：谢谢大家的夸奖。待会儿，咱们要进行朗读比赛。为了给同学一个惊喜，给大家一个惊喜，请你捧起书，把课文再读一遍，要读得正确流利，最好能读出感情来。

【点评】教师在学习生字时，由拼读到认读，到交流识字方法，再到学习词语，步步为营，扎实有效。特别是在学习生字的时候，引入学生喜欢的《西游记》人物，丰富了汉字的意义，活跃了课堂氛围，给人耳目一新的感觉。在学习词语的时候，教师把同类的词语放在一起，让学生观察发现，增强了类别意识。

三、品读

（一）起因

师：故事得从老山羊那儿说起：老山羊在地里收白菜，小白兔和小灰兔来帮忙。收完白菜，老山送给他俩每人一车白菜。**（出示插图）**看看插图，说说两只兔子的表现，有什么不同？

生：小灰兔收下了，小白兔不要白菜，要菜子。

师：谁来读读小灰兔的表现？

生：小灰兔收下了，说："谢谢您！"

师：从一个"您"字中，你体会到什么呀？**（有礼貌）**谁来读，读出小灰兔的礼貌来？

生：小灰兔收下了，说："谢谢您！"

师：你想啊，小灰兔看到一大车绿油油、脆生生的白菜，口水都流出来了，他在想什么呢？

生：这么大一车白菜，够我吃几个月了。

生：这下，我不用再劳动了，天天吃白菜吧！

师：带着你的理解，再来读读这句话。

生：小灰兔收下了，说：“谢谢您！”

师：小白兔呢？他说什么了？

生：小白兔说：“我不要白菜，请您给我一些菜子吧。”

师：小白兔啊，一大车白菜不要，却要一些不起眼的菜子。你在想什么啊？

生：白菜再多，总有吃完的时候。

生：有了菜子，就能种出许多白菜了。

师：带着你的理解，来读读这句话。

生：小白兔说：“我不要白菜，请您给我一些菜子吧。”

师：两只兔子，各有各的打算。小灰兔收下白菜，小白兔要了一些菜子。（板书：小白兔 要；小灰兔 收）到底谁更聪明？我们接着往下看。

【点评】这一部分，是有感情地朗读两只兔子的话。教师的处理很巧妙：对于小灰兔的话，抓住一个“您”，读出礼貌的语气；对于小白兔，教师则采用了“采访”的方式，揣摩其心理，进而指导学生读出感受。从效果看，殊途同归，同样精彩。

（二）经过

师：（出示插图）小白兔拿到菜子后，把地翻松、种上菜子（板书：种）。没过几天，白菜长出来了，麻烦事就更多了，他做了什么呢？自己读一读。

生：小白兔常常给白菜浇水、施肥、拔草、捉虫。

师：谁来读一读？（学生读）

师：小白兔做了哪些事情？让我们读读这些词语——

生：浇水、施肥、拔草、捉虫。

师：谁能通过朗读，告诉我们种白菜，要做许多事情？

生：小白兔常常给白菜浇水、施肥、拔草、捉虫。

师：这些事情，做一次够吗，两次够吗？你是从哪个词语语中感受到的？

生：常常。

师：常常，就是经常的意思，就是要做很多次。你从“常常”这个词语中感受到什么啊？

生：小白兔很勤劳。

生：种白菜很辛苦。

师：谁用朗读表现出小白兔的勤劳？

生：小白兔常常给白菜浇水、施肥、拔草、捉虫。

师:多可爱的小白兔啊,让我们一起来夸夸他。

师:(出示插图)小灰兔呢?他在什么?谁来读一读?

生:他不干活了,饿了就吃老山羊送的白菜。

师:对于小灰兔来说,白菜太美味了,怎么吃都不厌烦。所以他不干活了——

生:饿了就吃老山羊送的白菜。

师:老山羊送的白菜,实在太多了,想吃就吃,所以他不干活了——

生:饿了就吃老山羊送的白菜。

师:真是一只馋嘴的兔子啊!我们一起来读读——

生:他不干活了,饿了就吃老山羊送的白菜。

(板书:吃)

【点评】两只兔子的表现,形成了鲜明的对比。教师在指导朗读时,策略也有所不同。前者,采用了抓重点词,理解重点词的方法,让学生感受到小白兔的勤劳;后者,采用了引读的方法,让学生直观地感受到小灰兔的贪玩和有趣。

(三)结果

师:(出示插图)就这么吃呀吃,小灰兔把白菜吃完了,肚子饿了,没办法,又到老山羊家里去要白菜。这时,他看到了什么呀?(板书:要)

生:他看见小白兔挑着一担白菜,给老山羊送来了。

(板书:送)

师:看看插图,小灰兔为什么咬手指,抓脑袋呢?

生:他感到很奇怪,小白兔怎么会有白菜呢?

师:谁来奇怪地问一问?

生:小灰兔很奇怪,问道:"小白兔,你的菜是哪儿来的?"

师:"我的白菜都吃光了,你怎么还有白菜呢?"小灰兔把手指都咬破了,他想不明白啊!谁再来读读?

生:小灰兔很奇怪,问道:"小白兔,你的菜是哪儿来的?"

师:"我的肚子咕咕叫了,你怎么还有白菜呢?"小灰兔把头皮都抓破了,他想不明白啊!谁再来读读?

生:小灰兔很奇怪,问道:"小白兔,你的菜是哪儿来的?"

师:"只要了一包菜子,哪来这么多白菜?难道你会变魔术吗?"小灰兔把头都想疼了，也想不明白啊！我们一起来读。

生：小灰兔很奇怪，问道："小白兔，你的菜是哪儿来的？"

师：小白兔怎么回答的呢？

生：小白兔说："是我自己种的。只有自己种，才有吃不完的菜。"

师：是"我自己"种的，多了不起啊！你再来读一读。

生：小白兔说："是我自己种的。只有自己种，才有吃不完的菜。"

师：这满满的一担白菜，不是天上掉下来的，而是——

生：自己种的。

【点评】小学语文教师要拥有一颗童心，才会把课上得好玩。"看看插图，小灰兔为什么咬手指，抓脑袋呢""把手指都咬破了""把头皮都抓破了""多了不起啊"……这些儿童化的语言，深深地吸引着学生，让他们觉得——小兔子多么可爱啊！形象的语言，像磁石一样吸引着儿童，不断地激发学生朗读的欲望。

(四)串读

师：同学们，故事学完了。我们来分角色讲一讲。我来串联故事情节，女生讲小白兔的部分，男生讲小灰兔的部分。老山羊为了感谢两只兔子，送给小白兔和小灰兔每人一车白菜。小灰兔怎么做的呢？

生：小灰兔收下了，说："谢谢您！"

师：小白兔跟他不一样——

生：小白兔说："我不要白菜，请您给我一些菜子吧。"

师：小白兔回到家就把菜子种上了。要干的农活真不少——

生：小白兔常常给白菜浇水、施肥、拔草、捉虫。白菜很快就长大了。

师：小灰兔可贪玩了。

生：他不干活了，饿了就吃老山羊送的白菜。

师：白菜吃完了，小灰兔又来老山羊家要白菜，看到小白兔送来一担白菜，简直惊呆了。

生：小灰兔很奇怪，问道："小白兔，你的菜是哪儿来的？"

师：小白兔可自豪了，他说什么呢？

生：小白兔说："是我自己种的。只有自己种，才有吃不完的菜。"

师：看来，劳动很重要，热爱劳动，就能得到自己想要的东西，就能创造幸福的生活。(**板书：自己种，吃不完**)让我们牢牢记住小白兔的话——

生：只有自己种，才有吃不完的白菜。

师：种白菜是这样，其他的事情呢？

（出示）

只有________________，才__________________。

生：只有自己学会做饭，才有吃不完的饭。

生：只有自己学会做饭，才能减轻爸爸妈妈的负担。

生：只有自己学会洗衣服，才能不麻烦别人。

【点评】在柔美的音乐声中，教师带着学生，将这个温馨的故事重温了一遍。在此基础上，把目光聚焦到小白兔的话上——只有自己种，才有吃不完的白菜。这是本文的主旨。教师适时适度地进行了拓展，让学生感受到劳动的可贵。

（五）书写

师：这句话里，有两个要写的字。先观察一下"种"字，里面有两竖，它们有什么不一样呢？

生：左边是垂露竖，右边是悬针竖。

师：看老师书写"种"字。（范写）一个平撇要出尖，一条短横斜一点，顿笔垂露顿笔收，短撇要出尖，右点弯一弯，口字扁又扁，悬针竖出尖。

师：再来看"吃"字。（范写）"口"要写得好，上大下要小；短撇出尖，短横上斜；横折弯钩是主笔，横短、折斜、弯平、钩向上。请大家拿起笔，把这两个字各写一遍。

（写后点评）

【点评】教师选择的两个生字，具有典型性："种"字蕴含着左收右放的结构要领，引导学生观察两竖的不同点很有必要；"吃"字当中，许多学生写不好横折弯钩，甚至会写出错别字，教师抓住难点，扎实训练，好钢用在了刀刃上。

四、总结

师：（指板书）本课，我们认识了两只可爱的兔子，一只是——

生：小白兔。

师：另一只是——

生：小灰兔。

师：老师根据课文内容，写了一首儿歌，我们来读一读。

（出示）

小白兔，真勤快，

翻松土地种白菜。

浇水勤，施肥忙，

挑担白菜送山羊。

小灰兔，很可爱，

饿了又来要白菜。

师：让我们牢记小白兔的话——

生：只有自己种，才有吃不完的白菜。

【点评】采用儿歌的形式，结束本课教学，可谓一箭双雕：其一，复习了课文内容；其二，复习了需要认读的生字。

◎板书设计

小白兔和小灰兔

小白兔：要　种　送＼

　　　　　　　　　　自己种，吃不完

小灰兔：收　吃　要／

◎感悟

如何指导学生朗读课文

大多数情况下，语文教师进行教学设计时，都会把“正确、流利、有感情地朗读课文”写进教学目标。指导学生朗读课文，的确是一件很重要的事情，甚至有教学专家倡议：语文课，要上成读书课，书声琅琅的课堂，才有语文味。朗读，尤其是有感情地朗读课文，是一种很有效的教学方法。它对于烘托课堂气氛，理解课文内容，培养学生能力等，都起着极其重要的作用。

我们应该怎么指导学生读课文？《全日制义务教育语文课程标准》里的阐述是：正确、流利、有感情地朗读课文。从三个词语的排列中，我们可以看出，把书读正确，是保底工程。如何算是正确呢？就是我们说的五个不：不添字，不漏字，不错字，不破句，不重复。要达到这五项要求，除了读准字音之外，还要注意轻声、儿化、多音字、变音等。应该说，把课文读正确，是最难的。作为小学教师，对学生的要求一定要严格，发现细微的错误都应该指出来。如何发现？教师应该先把课文读熟。于永正老师说，备课，首先要备朗读，非常有道理。

人们常说，熟能生巧。在读正确的基础上，多练习几遍，就能达到流利的基本要求。小学低年级的课文，大都比较短小，我们要让学生多朗读全文，而不是把文章扯成一个个句子去练习。不过，熟能生巧，也可能生厌。如何让学生百读不厌，是我们应该研究的问题。研读于永正老师的课例时，我总是打心底佩服他，学生在他的引导下，把课文读了一遍又一遍，兴致还那么高。这就是教师的功力所在。

在读正确、流利的基础之上，我们才能进一步探讨“有感情地朗读”的问题。情感，不是凭空产生的，而是在学生与文本充分对话的基础上，熟读深思的基础上，自然而然生长出来的，是水到渠成、瓜熟蒂落的过程。也就是说，如果前两点做得很充分、很到位，第三点就基本实现了。

当然，要让学生读得出彩，读得一次比一次好，需要教师的引导与点破。我们在指导学生朗读的时候，可以从哪些方面入手呢？

第一，标点。一般来说，标点符号就代表了人物讲话时的语气。“。”代表陈述，要心平气和；“？”表示困惑或者强调，句子尾部要微微上扬；“！”表示强烈的情感，发音要饱满，声音要洪亮。另一方面，标点符号中，也蕴含着丰富的意思：表扬、赞美、批判、质疑……需要我们根据具体语境，读出自己的理解。

第二，词语。抓住关键词，把想要表达的主要意思凸显出来，是教师们最常用的办法。教师会问：你想强调哪个词？为什么？把你的理解带进去，读一读。谁还有不同的理解和表达方法？需要说明的一点是，重点词需要强调和凸显，不一定就是“重读”。只要把关键词读得与众不同，能引起听者的注意，就是成功的。

第三，插图。课文的插图是重要的教学资源。透过插图中人物的动作、神态，我们大致就可以感受到人物的内心世界，进而揣摩到人物说话时的语气和情态，读出文章的味道来。《小白兔与小灰兔》的课文插图，是一组连环画，色彩鲜艳，趣味横生，一边看图，一边朗读，很容易把学生带入情境之中。

第四，角色。不同的人物，不同的角色，在讲话时候的语气、表情、动作，是不一样的。就拿《小白兔和小灰兔》这篇文章来说：老山羊是一位德高望重的老爷爷，小白兔是个勤劳能干的孩子，小灰兔是单纯可爱的孩子。不同的人物，说话时的情态是不一样的。

第五，句子。任何一个句子、语段的朗读指导，都应该放在全文的大环境下去关照，去考虑，要根据文章内容的变化和情节的推进，寻找高度匹配的朗读方式。

在训练过程中，少不了对学生的朗读结果进行点评，激发学生参与的积极性。评价的关注点有三：

一是对文章内容的回顾。通过梳理课文内容，营造朗读情境，推动学生的情感发展。例如：小灰兔没有吃的了，又来向老山羊要白菜，多不好意思呀，怎么读呢？山羊爷爷年纪大了，说话的语气很温和，我们一起来试一试……

二是对学生本人的评价。例如：你的声音真好听，能当播音员；你的声音真响亮，大家都应该向他学习；人长得清秀，朗读的水平也很高……

三是对朗读结果的评价。例如：你读得还不错，只少读了一个字；你已经很努力了，要是注意一下标点符号，就更好了；非常流利，也很有感情，我们为他鼓掌……

朗读教学是一门艺术，需要我们逐步总结和提炼。教学有法，但教无定法。心里装着方法，根据具体的教学情境，自然而然地流淌出来，就把课上活了。

立足语用，学会表达

——《学会看病》教学实录与点评

执教：广州市花都区和悦小学　屈太侠
点评：广州市花都区骏威小学　毕婉敏

一、学习成语

师：这节课，我们共同学习一篇新课文。请大家齐读课题——

生：《学会看病》。

师：五年级的学生，应该学会预习课文。昨天，老师安排你们回家预习。现在，我要检查一下。请拿起笔来，我们听写四个成语。

（成语：喋喋不休、按图索骥、毫无疑义、聊胜于无）

师：同学们都写完了，我们来对照对照。

（出示）

喋喋不休　按图索骥　毫无疑义　聊胜于无

师：认真检查一下，有没有错别字？把写错的字，改正过来。

师：这些成语，以后在生活中会经常用到。你们不仅要会写，还要理解它们的意思。怎么理解呢？联系课文内容理解，是一种不错的办法。谁来读读这一小段话？

（出示）

“你到街上去打车，然后到医院。先挂号，记住，要买一个病历本。然后到内科，先到分诊台，护士让你到几号诊室你就到几号，坐在门口等。查体温的时候不要把人家的体温表打碎……”我喋喋不休地指教着。

师：读了这段话，你知道“喋喋不休”的意思了吗？

生：就是一口气说了很多话。

生：“喋喋不休”就是说话很啰唆。

师：“喋喋不休”在词典里的意思是什么呢？一起读——

（出示）

喋喋不休：唠唠叨叨，说个没完没了。

师：谁来读读这个句子？

（出示）

我就是想锻炼他，也该领着他一道去，一路上指点指点，让他先有个印象，以后再按图索骥。

师：看看“骥”字，它有一个什么偏旁？

生：“马”字旁。

师：猜一猜，这个“骥”字是什么意思？

生：是马吗？

师：不是所有的马，都叫“骥”。“骥”是良马、好马。什么是“按图索骥”呢？

生：按照地图去寻找丢失的好马。

师：这里的图，不是地图，而是图画，是马的画像。“按图索骥”在词典里的意思是这样的。我们一起读——

（出示）

按图索骥：按照画像去寻求好马。比喻墨守成规办事；也比喻按照线索去寻求事物。

师：第三个句子，谁来读？

（出示）

虽然我毫无疑义地判定儿子患的只是普通感冒，如果寻找适宜锻炼看病的病种，这是最好的选择，但我还是深深地谴责自己。

师：你知道什么是“毫无疑义”吗？

生：丝毫不用怀疑。

生：形容很自信，很有把握。

师：我们来看词典的解释——

（出示）

毫无疑义：一点也没有可以怀疑的地方。表示完全明确肯定。

师：最后一个成语所在的句子，谁来读？

（出示）

我预先能帮助你的，就是向你口授一张路线图，它也许不那么准确，但聊胜于无。

师：“聊”在字典里的解释有四种。

(出示)

聊:姑且,勉强,凑合;依赖,寄托;略微,稍微;闲谈。

师:“聊”字在“聊胜于无”中的意思是什么?

生:略微,稍微。

师:那你知道“聊胜于无”的意思吗?

生:比没有好一点。

师:词典里是这样说的——

(出示)

聊胜于无:比没有要好一点。

师:学习成语,光知道意思还不行,关键得会用。我用这些成语写了几个句子,送给你们。我来读成语的意思,你们读含有成语的句子。“喋喋不休”的意思是“唠唠叨叨,说个没完没了”。它还可以这样用——

生:如果我犯了错误,我希望家长能语重心长地开导我,而不是喋喋不休地指责我。

师:“按图索骥”的意思是按照画像去寻求好马。比喻墨守成规办事;也比喻按照线索去寻求。它还可以这样用——

生:书上的知识要活用,假如只会死守经典、按图索骥而不知变通,是不行的。

师:“毫无疑义”的意思是一点也没有可以怀疑的地方。表示完全明确肯定。它还可以这样用——

生:时代在发展,科学在进步,未来的手机比现在的更先进,这是毫无疑义的。

师:“聊胜于无”的意思是比没有要好一点。它还可以这样用——

生:他终于找到一个洗碗的工作,虽然薪水不多,但聊胜于无。

【点评】一篇文章,可以学习的词语有很多。一股脑儿全抛给学生,导致的结果是,满目繁花,印象模糊。本课的词语学习,很有特点。一是选得精。教师选择了四个特别重要的成语进行训练。少,自然就精了;精,自然就容易记住了。二是练得实。教师不仅让学生用联系上下文、抓关键字等方法理解成语的意思,还出示词典里面的解释,让学生知道最精准、最确切的意思。培养语言表达的严谨性,是语文教学中很重要的事情之一;最值得肯定的是,教师出示了比较规范的例句,让学生知道这些成语应该怎么使用。从书写到理解再到运用,训练扎实到位,学生受益良多。

二、概括大意

师：这篇文章，围绕“学会看病”，写了母亲和儿子之间的一件事。一般来说，事情都有起因、经过和结果。请大家默读课文，根据你提炼出来的信息写一写文章的大意。

（出示）

起因：儿子病了，母亲____________________________。

经过：儿子走了，母亲____________________________。

结果：儿子回来了，母亲____________________________。

师：许多同学都已经写好了。给你们两分钟时间，同桌之间相互交流一下，看谁写得更简洁，更完整。

师：谁愿意和大家分享一下？

生：起因是儿子病了，母亲让他独自一人去医院看病；经过是儿子走了，母亲非常担心；结果是儿子回来了，母亲终于可以放心了。

师：你讲得很清楚。要是去掉“起因、经过、结果”这三个词语，会更加流畅自然。谁再来交流？

生：儿子感冒发烧了，母亲让他自己去医院看病。儿子出门后，母亲就开始后悔。等到儿子回来的时候，母亲终于得到了一些安慰。

师：“终于”一词用得很准确，表现了母亲复杂的心理。还有想分享的吗？

生：儿子发烧了，母亲想锻炼儿子，就让他自己去医院看病。儿子走后，母亲觉得自己太狠心了。最后儿子回来了，母亲又渐渐获得了勇气。

师：弄清楚了事情的起因、经过、结果，我们就把整件事情讲明白了。看来，让儿子独自去看病，磨炼儿子的同时，也磨炼着母亲啊！

【点评】 常见的概括文章主要内容的方式，是让学生说一说。但是，说与写之间，往往并不能画上等号。写是高质量的思维活动，需要对语言进行一定的加工处理，使之规范化、系统化。对于小学高年级的学生而言，写一写文章的主要内容，是非常有必要的。其一，可以让每个学生深入思考，充分获得锻炼的机会；其二，增强了语言表达的严谨与规范，真正实现“简洁又全面”的要求。

三、梳理变化

师：这篇文章深入人心，许多人读过后，都被深深地打动了。可怜天下父母心哪！母亲的心，是最柔软的，也是最细腻的。儿子独自一人去看病，母亲的心却经历着痛苦的煎熬。课文哪些自然段细腻地刻画了母亲的心理变化？

生：第二十一至二十三自然段。

生：还有最后一个自然段。

师：读书，得用心，把自己放到文章中，设身处地去想，去感受，去体验。只有你静下心来读，深受感动的时候，你才有真正的收获。下面，让我们再次走进母亲的内心世界，去感受母亲那温润的爱。

（出示）

认真读课文，想想母亲的心情如何？你是从哪些词句中感受到的？把有关的词语和句子画一画。

师：把你的阅读感受，在小组内交流一下。

师：同学们交流得很热烈。谁愿意分享一下你的收获？

生："从他出门的那一分钟起，我就开始后悔"，我读出了母亲的后悔。

师：结合课文内容说说，母亲后悔什么？

（出示）

从他出门的那一分钟起，我就开始后悔。我想我一定是世上最狠心的母亲，在孩子有病的时候，不但不帮助他，还给他雪上加霜。我就是想锻炼他，也该领着他一道去，一路上指点指点，让他先有个印象，以后再按图索骥。这样虽说可能留不下记忆的痕迹，但来日方长，又何必在意这病中的分分秒秒呢？

生：母亲后悔自己太狠心了。

生：母亲后悔自己没有教会孩子怎么去看病。

生：母亲后悔自己太心急，让生病的儿子独自去医院。

师：是的。爱得越深，后悔越多。你能通过朗读，把母亲的后悔之情表现出来吗？

（指导学生抓住"不但不、还、就是、也、虽说、又"等词语，读出后悔的情感）

师：还有谁愿意交流？

生：母亲的心情焦急不安，我是从"忐忑不安"中感受到的。

生：我觉得母亲当时很难受，很痛苦，因为课文里写道：虽然我知道看病是件费时间的事，但我的心还是疼痛地收缩成一团。

生："虽然我毫无疑义地判定儿子患的只是普通感冒，如果寻找适宜锻炼看病的病种，这是最好的选择，但我还是深深地谴责自己"这个句子，让我感受到，母亲当时很自责。

师：谁能通过朗读，表现出母亲丰富的心理变化呢？

（出示）

时间艰涩地流动着，像沙漏坠入我忐忑不安的心房。两个小时过去了，儿子还没有回来。虽然我知道看病是件费时间的事，但我的心还是疼痛地收缩成一团。

虽然我毫无疑义地判定儿子患的只是普通感冒，如果寻找适宜锻炼看病的病种，这是最好的选择，但我还是深深地谴责自己。假如事情重来一遍，我再也不让他独自去看病了。这一刻，我只要他在我身边！

师：直到孩子看病回来，母亲那颗悬着的心才落地——

（出示）

我看着他，勇气又渐渐回到心里。我知道应该不断地磨炼他，在这个过程中，也磨炼自己。

师：此时，母亲的心情如何？

生：（陆续地）放心；开心；高兴，欣慰。

师：这就是母亲！虽然口口声声说，要让孩子独立，让孩子独自一人去看病。可是，儿子走了，母亲却是那般后悔、痛苦与自责。同学们，让我们随着作者的描写，再来感受一下母亲的心理变化吧。（音乐起）生病的儿子，拖着柔弱的身体，摇摇晃晃地出去了，母亲就开始后悔——

生："我想我一定是世上最狠心的母亲，在孩子有病的时候，不但不帮助他，还给他雪上加霜。"

师：两个小时过去了，儿子还没有回来，母亲有些焦急，有些难受——

生："虽然我知道看病是件费时间的事，但我的心还是疼痛地收缩成一团。"

师：虽然她知道儿子得的只是普通感冒，但她还是深深地谴责自己——

生："假如事情重来一遍，我再也不让他独自去看病了。这一刻，我只要他在我身边！"

师：直到最后，看到儿子平安无事地回来了，母亲悬着的心终于落地了——

生："我看着他，勇气又渐渐回到心里。我知道应该不断地磨炼他，在这个过程中，也磨炼自己。"

师：透过这一系列心理活动描写，你感受到了什么？

生：我感受到母亲的善良。

生：我感受到了母爱的伟大，“可怜天下父母心”这句话，说得一定没错。

生：母亲的心是最柔软的，她心里牵挂着孩子，时时刻刻为孩子担忧。

生：磨炼儿子的同时，也是在磨炼母亲。

师：文似看山不喜平！人的内心世界，看不见，摸不着，但是最丰富，最细腻，最生动，最饱满。（**指板书**）儿子去看病，母亲也承受着内心的煎熬，她一开始有些后悔，心疼痛地收缩成一团，然后深深地谴责自己，等到儿子回来，勇气又渐渐回到心里。作者正是用这种丰富的心理活动变化，表现出母亲对儿子那份细腻的爱！（**板书：丰富的心理　细腻的母爱**）

【点评】这是一篇长文，却需要一个课时教完，难度较大。教学内容的取舍，关乎课堂教学的效率和价值，也体现着教师对教材的解读和取舍能力。这篇文章，最有价值的教学内容在哪里？很显然，是饱满而细腻的心理活动描写。作者正是通过丰富的心理活动描写，来表现出母爱的细腻与温润。弱水三千，只取一瓢饮。教师大刀阔斧进行削减，紧紧抓住描写心理活动的几个段落展开教学。先让学生自读感悟、勾画批注；接着小组讨论，汇报交流；最后总结提炼，配乐串读。从整体入手，最后再回归整体，配以直观巧妙的板书设计，清晰地展现了母亲复杂细腻的心理变化历程，从而理解了文章表达的情感，做到了语言内容和语言形式的水乳交融。

四、迁移运用

师：儿子感冒发烧了，母亲却让他独自一人去医院看病。母亲时时刻刻为儿子担忧，心情久久不能平静。我们可以想象，儿子的心情，也是极其复杂的。如果你是作者的儿子，独自一人去医院看病，你会想什么呢？请你发挥想象，写一写心理活动。

（出示）

走出家门的那一刻，______________________________。医院里，看到别的父母带着孩子来看病，________________________。看完病，回到家，看到母亲，___________________________________。

师：谁来分享一下自己的作品？

生：走出家门的那一刻，我就难过起来，母亲不爱我了吗？我发烧了，她还让我自己去医院看病。医院里，看到别的父母带着孩子来看病，我难受极了，我觉得自己是世界上最可怜的孩子。在我最难受的时候,她却没有陪在我身边。看完病,回到家,看到母亲,我才反应过来,母亲是在培养我独立生活的能力啊!

师:你是从"对母亲的评价"描写儿子的心理活动,合情合理,有情有味,非常成功!

生:走出家门的那一刻,我的头晕晕乎乎的,能顺利完成这个任务吗?要不,回家去吧?可是,已经出来了,现在回家会被妈妈批评的。医院里,看到别的父母带着孩子来看病,我想要是妈妈也陪着我来,我就会少一些麻烦事,知道先做什么,再做什么,节约不少时间。看完病,回到家,看到母亲,我深深地舒了一口气:自己看病,也不过如此。看来,很多事情都没有我们想象的那么难。

师:你是从"独自看病"的角度,写出了儿子的心理变化。还有别的角度吗?

生:走出家门的那一刻,我有些失落,妈妈以前那么爱我,今天这是怎么了?医院里,看到别的父母带着孩子来看病,我肯定了自己的想法,妈妈的确没有以前那么爱我了。看完病,回到家,看到母亲,我恍然大悟:真正的爱,是培养孩子生活的能力。妈妈,我错怪你了。

师:这是儿子真实的心理体验!这节课,我们认识到一位温润智慧的母亲,也懂得了心理活动描写的重要性。请大家记住:细致入微的心理活动,能让我们的文章一波三折,跌宕起伏,从而深深地吸引读者。

【点评】学习的目的,是为了运用。文章运用第一人称的手法,站在母亲的角度来展开叙述。对于母亲的心理,描写得淋漓尽致。但是,儿子心里在想什么,却只字未提。一般来说,学生都有过去医院看病的生活经历,恰好可以将习得的方法和技巧,巧妙地进行迁移运用。教师设计的心理描写片段,深深地触动了学生的心弦。学生有了表达的冲动,有了倾诉的欲望,生动鲜活的语言如同泉水般汩汩流出。

◎板书设计

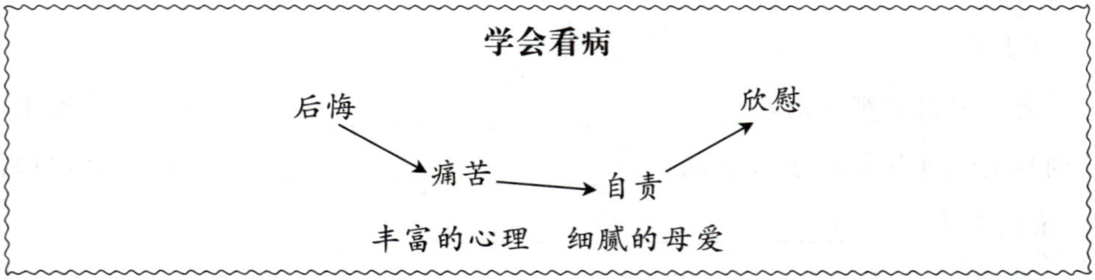

◎总评

阅读教学效率低下,早已是不争的事实。多年来,积弊难返,主要原因还在于教师的“贪心”。执教者过分关注教学设计的完整性，片面追求饱和的课堂容量，而忽视学生的年龄特点，以及语文学习的规律。面面俱到，其实面面不到，教师想要的太“多”，学生得到的反而很“少”。

要想让阅读教学变得高效，教师要学会做“减法”。在纷繁多样的教学内容中，选择最有价值的；在丰富多彩的教学方式中，选择最有效的。集中目标，大胆取舍，去掉那些可有可无的教学环节。也许，我们设计出来的教学，过渡不那么自然，甚至有些跳跃；教学方式不那么新颖，甚至有些刻板。但是，清晰、简洁、集中、扎实的教学设计，却能让学生学得轻松，得到实实在在的益处。

这堂课，师生要做什么？清清楚楚。要做到什么程度？明明白白。教师的清晰，才能带给学生明朗。结合课堂教学，将本堂课做简单梳理：本堂课其实只做了三件事——学习四个成语；概括文章大意；聚焦心理描写。这些看似寻常的教学内容，在扎实有效的训练中，凸显出别样的价值。

其中，“聚焦心理描写”是本堂课的教学重点，教师从整体入手，采用了自读感悟、勾画批注、交流展示、配乐串读、总结提炼等策略，梳理出母亲心理活动的变化轨迹，让学生真切地感受到母爱的温润与细腻，做到了语言内容与形式的水乳交融。在此基础上，巧妙迁移运用，描写儿子的心理活动，让学生充分体验学习的成就感。

◎感悟

精心选择教学内容

很多教师备课的时候，会犯一个常识性的错误——把课文当成教学内容。具体地讲，就是希望通过一篇课文的教学，让学生读懂文章，知道课文究竟写了什么内容。

更有甚者，为了保证文本内容的完整性，无可奈何地选择溜课文——蜻蜓点水般地，从第一段溜到最后一段。辛苦的付出，并没有得到应有的回报——课堂教学平铺直叙，匆匆忙忙走完过场，却没有留下有价值的东西。教师教得辛苦，学生学得茫然。

其实，教学内容与课文内容不是一回事。教材，是教学的凭借。教师要用手中的教材来教语文，而不是教课文。再说得清楚点，我们要用手中的教材，来教学生学习语文知识，练就语文能力。

一堂语文课，究竟要让学生学习哪些知识和能力？教者要保持高度的清醒。以其昏昏，怎能使人昭昭？教师要根据教材、学生、年段特点，研制出科学的、可预测的教学目标来。然后，根据教学目标，对文本内容进行必要的加工与取舍。选择那些和教学目标高度匹配，或者高度相关的内容，去掉那些可有可无甚至毫不相干的内容。选择适宜的教学内容，是非常重要的事情。因为教什么远比怎么教重要！教什么，关乎着方向问题；怎么教，关乎着方法问题。如果方向错了，犯了南辕北辙的错误，付出得越多，后果就越严重。

教学内容的取舍，也是一件令人头疼的事情。一篇文章，可以拿来教的内容，实在太多。好像个个都很精彩，个个都很有价值。怎么办？你还是得大刀阔斧地删掉一部分。舍得，舍得，有舍才有得。舍去小的，你会得到大的；舍掉暂时的，你会得到长远的。

年级越高，课文越长，取舍难度就越大。选择什么样的教学内容，在一定程度上，体现了教师的教材解读和鉴赏能力。记得我执教《钓鱼的启示》一课，就曾在教学内容的取舍上苦苦挣扎，在人文性和工具性之间摇摆不定。最终，还是走了出来。有了那次大赛的历练，我发现自己在教学内容选择方面成熟多了。

就拿《学会看病》这篇课文来说吧，将近1200字，在小学阶段，算是一篇长文了。作为一篇阅读课文，需要在一个课时内学完，难度很大。作为一篇叙事性的文章，了解事情的前因后果，用简洁的话概括大意，是“规定性动作”，谁也无法绕开。我们要考虑的是，除了这些“常规性动作”之外，我们还应该让学生学习些什么。

反复朗读这篇文章，我开始艰难的抉择。从文章语言方面，我发现本文出现了许多常用的、但相对陌生的成语，这是学生应该理解和积累的知识。让学生联系上下文理解成语的意思，并巧妙运用，应该作为一个独立的教学板块。

从表达方面审视，这篇文章是用一个母亲的口吻，讲述孩子成长中的一件小事。可怜天下父母心！母亲生动细腻、跌宕起伏的心情变化，是文本表达上的一大亮点，也是最为重要的教学内容。让学生感受母亲的心情变化过程，体会心理活动描写的好处，并进行写法迁移，就成了本课的教学重点和难点。因此，描写母亲心情变化的几个自然段，就是最重要的教学内容了。

至于其他内容，比如说母亲和儿子的对话，儿子如何“了不起”等，都是可有可无的内容，你可以一笔带过，甚至置之不理。关注的面窄了，关注的点少了，就有利于进行巧妙精致的设计，将教学重点尽可能地放大，让其成为教学亮点，给听课教师和学生留下深刻印象。

古人说，弱水三千，只取一瓢饮。在倡导“一课一得”的今天，教师一定要学会沉潜到文本内部，在纷繁复杂的教学内容中，做出合理的取舍，选择最有价值的教学内容。

由形入神，教出散文的味道

——《自己的花是给别人看的》教学实录与点评

执教:广州市花都区和悦小学　屈太侠

点评:广州市番禺区教育局教研室　汪秀梅

一、检查预习,导入新课

师:同学们,这节课,我们一起学习第25课。请齐读课题——

生:《自己的花是给别人看的》。

师:昨天,你们已经预习过课文,老师检查一下。请拿起笔,听写几个词语。

(出示)

脊梁　莞尔一笑　姹紫嫣红　应接不暇

师:请大家检查一下。“脊”的上面左右各有两点;“梁”是上下结构;“嫣”的右下角不是横;“暇”的左边是“日”字旁,和时间有关。出现错误的同学,请改正过来。

师:(待学生修改后)请大家把这四个词语齐读两遍。(学生读)课文你们也已经读过了。谁来读课文第一自然段?

(出示)

爱美大概也算是人的天性吧。宇宙间美的东西很多,花在其中占重要的地位。爱花的民族也很多,德国在其中占重要的地位。

师:这一段话很简练,只有三句。作者由美谈到花,由花谈到民族,作者究竟想告诉我们什么呢?

生:德国是一个爱花的民族。

(板书:爱花)

【点评】高年级的学生,已经具备了一定的自学能力。生字学习,完全可以放手给学生自学。教师在课堂上,检查听写就可以了。不过,对于一些容易出错的生字,教师还是要重点强调。第一自然段起着统领全文的作用,教师用检查朗读的方式，让学生把目光聚焦于此，有助于学生准确把握文本主旨。

二、整体感知，聚焦“爱花”

师：从哪些地方看出德国人非常爱花呢？我想找三名同学读课文，每人读一个自然段。其余的同学拿起笔，把描写德国人爱花的句子，统统画下来。需要注意的是，有些句子，没有直接告诉我们德国人爱花，但是稍微思考一下，我们就能感受到，它是围绕“爱花”来写的。这样的句子，也应该画下来。

（指名读课文，其余学生勾画）

师：许多同学都找到了“爱花”的句子。同桌之间先交流一下。

（同桌交流后）

师：说一说，你是从哪些句子中感受到德国人爱花的？

爱花的民族也很多，德国在其中占重要的地位。

四五十年以前我在德国留学的时候，曾多次对德国人爱花之真切感到吃惊。

家家户户都在养花。

走过任何一条街，抬头向上看，家家户户的窗子前都是花团锦簇、姹紫嫣红。

许多窗子连接在一起，汇成了一个花的海洋，让我们看的人如入山阴道上，应接不暇。

每一家都是这样，在屋子里的时候，自己的花是让别人看的。

人人为我，我为人人。

我走在街上，抬头一看，又是家家户户的窗口上都开满了鲜花。

我说：“变化是有的，但是美丽并没有改变。”我说“美丽”指的东西很多，其中也包含着美丽的花。

（上面的句子，都能表现德国人爱花。在学生交流的过程中，教师适时追问、点拨）

师：同学们，你们看看，课文第一自然段写了爱花，第二自然段写了吗？第三、四自然段呢？

生：都写了德国人爱花。

师：是呀！四个自然段，每个自然段，都在写德国人非常爱花。在这么多句子当中，有三个句子引起了老师的注意：

（出示）

家家户户都在养花。

走过任何一条街，抬头向上看，家家户户的窗子前都是花团锦簇、姹紫嫣红。

我走在街上，抬头一看，又是家家户户的窗口上都开满了鲜花。

师：男生读第一句，女生读第二句，一齐读第三句。（学生读）你们发现了什么啊？

生：每个句子中都有一个“家家户户”。

师：是呀！本文连标点在内，只有515字，一共才四个自然段。“家家户户”这个词语却反复出现了三遍。反复使用同一个词是写作中的大忌，为什么作者要反复强调“家家户户”呢？

生：德国人都爱花。

生：德国人家家都养花，给作者留下了深刻的印象。

生：德国人是一个独特的民族。

……

师：（板书：家家户户）透过这个频繁出现的词语，我们真切地感受到，德国的确是一个爱花的民族啊。（出示第一段）来，我们一起读——

（出示）

爱美大概也算是人的天性吧。宇宙间美的东西很多，花在其中占重要的地位。爱花的民族也很多，德国在其中占重要的地位。

【点评】顺着作者的思路展开教学，让学生寻找德国人“爱花”的句子，算是对文本内容的整体感知。在此基础上，教师抓住课文中反复出现的“家家户户”一词，让学生感受到德国人爱花之深，爱花之真切。

三、重点品读，感受“奇特”

（一）奇特的民族

师：作者也说了，爱花的民族很多。但是，为什么单单德国人给作者留下如此深刻的印象呢？请大家默读课文，把描写德国人与众不同的句子找出来。

（学生默读课文，勾画批注，教师巡视指导）

师：你从哪里读出了德国人的与众不同？

（出示）

他们的花不像在中国那样，养在屋子里，他们是把花都栽种在临街窗户的外

面。花朵都朝外开，在屋子里只能看到花的脊梁。我曾问过我的女房东：你这样养花是给别人看的吧！她莞尔一笑，说："正是这样！"

师：作者采用了对比的手法。我们来看看，中国人是怎么养花的？

生：把花养在阳台上，养在屋子里给自己欣赏的。

师：德国人呢？

生：他们是把花都栽种在临街窗户的外面。花朵都朝外开，在屋子里只能看到花的脊梁。

师：你能通过朗读，让我们感受到德国人的与众不同吗？

（学生读）

师：我们自己的脊梁在哪？用手摸摸。**（在黑板上画花）**这朵花的脊梁指的是哪部分？

生：**（指黑板）**花的脊梁就是花的枝干。

师：在屋里只能看到的是花的枝干，那花朵呢？

生：都朝外开了。

师：在中国，花是让自己看的；在德国，花是让别人看的。这是两国文化的差异，是生活方式的不同。谁再来读读，读出两国的差异来？

（学生读）

师：这样独特的养花方式，季羡林先生感到非常奇怪。他曾问过女房东——

生：你这样养花是给别人看的吧！

师：她莞尔一笑，说——

生：正是这样！

师："莞尔一笑"是怎样的笑？

生：微笑、轻轻地笑。

师：是呀！那是很亲切、很随和、从内心深处自然而然生发出来的微笑。在他们看来，这样的养花方式，一点都不奇怪。谁来通过朗读，让我们感受到这个民族的可贵之处？

生：他们的花不像在中国那样，养在屋子里，他们是把花都栽种在临街窗户的外面。花朵都朝外开，在屋子里只能看到花的脊梁。我曾问过我的女房东：你这样养花是给别人看的吧！她莞尔一笑，说："正是这样！"

师：一个真正爱花的民族，是不会计较怎么去养花，养花是给谁看的。**（板**

书:奇特　给别人看)所以,季羡林先生情不自禁地发出了这样的感叹——

(出示)

爱美大概也算是人的天性吧。宇宙间美的东西很多,花在其中占重要的地位。爱花的民族也很多,德国在其中占重要的地位。

【点评】德国人究竟奇特在哪里?是他们养花方式,与中国人截然不同。作者采用了对比的手法,写出了德国人的与众不同。其中。"莞尔一笑"是一个很重要的词语,教师紧紧抓住这个词语,让学生理解到,德国人的自然与纯粹——他们觉得,这样养花,是自然而然的事情啊!由此。更加突出了德国人是爱花的民族。

(二)奇丽的景色

师:正是这样奇特的养花方式,形成了德国街头"奇丽"的景色。自己读一读,看看你读懂了什么。

(出示)

走过任何一条街,抬头向上看,家家户户的窗子前都是花团锦簇、姹紫嫣红。许多窗子连接在一起,汇成了一个花的海洋,让我们看的人如入山阴道上,应接不暇。

生:(陆续地)花很多;街道很漂亮;游人都看不过来了。

师:谁能通过朗读,告诉我们那儿的花的确很多?

(学生个别读,强调"任何、家家户户、花团锦簇、花的海洋"等词语)

师:谁能通过朗读,告诉我们那儿的花的确很美?

(学生个别读,强调"姹紫嫣红、应接不暇"等词语)

师:听了你们的朗读,老师也想读一读。(音乐起)请大家闭上眼睛,一边听,一边想象,你仿佛看到了怎样的景色?

(教师朗读后,让学生交流)

生:我仿佛看到了一个百花园,鲜花怒放,红的、黄的、紫的……色彩缤纷,争奇斗艳。

师:哪个词语让你有这样的感觉?

生:姹紫嫣红。"姹紫嫣红"说的是好看的花娇艳绚丽。

师:你懂得抓住关键词展开想象,非常好!

生:我仿佛看到了美丽的花海,一朵挨着一朵,一片连着一片,颜色是那么耀眼,那么华丽。

师:你又是从哪个词语体会到的?

生：花团锦簇。它指的是花非常多，一团又一团，一簇又一簇，连成一片，这就成了花的海洋。

生：我是从“应接不暇”体会出来的，“应接不暇”是眼睛都忙不过来了，说明花非常多。

……

师：想看看德国街头的自然风光吗？

（配乐播放一组德国街头的风景图片）

师：同学们，漂亮吗？如果你是游客，漫步于德国街头，徜徉在美景之中，你会发出怎样的赞叹？

生：（陆续地）太壮观了，太令人震撼了；真是百闻不如一见啊……

师：带着这样的感受，我们一起读读这段话——

（出示）

走过任何一条街，抬头向上看，家家户户的窗子前都是花团锦簇、姹紫嫣红。许多窗子连接在一起，汇成了一个花的海洋，让我们看的人如入山阴道上，应接不暇。

【点评】如何让学生领略到德国街头的奇异景色？教师并没有让学生直接看图片，而是用语文的方式来解决语文的问题。教师的教学，层次感特别强：首先，让学生说说自己的理解，读出自己的感受；接着，教师范读，让学生闭上眼睛想象。最后，播放一组德国街头百花盛开的照片。由理解到想象，学生的情感被一点一点调动起来，读得入情入境。

（三）独特的表达

师：德国人爱花之真切、纯粹，深深地印在作者的脑海里。在作者的眼里、心里，就只有这美丽的画面吗？他还想到了什么？

（出示）

每一家都是这样，在屋子里的时候，自己的花是让别人看的；走在街上的时候，自己又看别人的花。人人为我，我为人人。我觉得这一种境界是颇耐人寻味的。

师：在课文中，我为人人，指的是——

生：在屋子里的时候，自己的花是让别人看的。

师：人人为我，指的是——

生：走在街上的时候，自己又看别人的花。

师："人人为我，我为人人。"真好！简简单单的八个字，让你想到了什么？在生活中，你有类似的经历和体验吗？

生：我想到了"赠人玫瑰，手有余香"。平常，同学有困难，我们去帮助他，而自己也得到了快乐。

生：我想到了互惠互利。每天同学们轮流值日打扫卫生，我为大家提供了一个很好的学习环境，其他同学也为我提供了一个很好的学习环境。

生：我想到了互帮互助。很多病人需要供血，我们献血帮助他们战胜病魔，当我们生病的时候，其他人也会为我们提供援助的。

……

师：奇特的养花方式，奇丽的街头景色，让作者有所感悟。作者从生活中的一个细节，生发出"人人为我，我为人人"的人生感慨和美好愿景，这样的写作手法就叫"以小见大"。（板书：以小见大）

【点评】人人为我，我为人人，不是说德国人的品德有多么高尚，而是作者游历德国之后，触景生情，发出的感叹，是他对美好生活的憧憬和向往。教师让学生回归自我，谈谈对这句话的理解和认识，并自然而然地提炼出"以小见大"的写作方法，很好地把握了文章内涵和表达方式。

四、回归整体，升华情感

（一）练笔

师：同学们，美的风景总是让人无法忘怀！时隔四五十年，作者又回到了德国。有人问起"我"有什么变化没有，"我"说——

生：变化是有的，但是美丽并没有改变。

师：半个世纪啊，德国一定会发生翻天覆地的变化。想象一下：德国会有哪些变化？不变的是什么？

（出示）

今天我又到了德国，发现变化是有的，________________，但是____________________________。

（完成练笔后，汇报交流）

生：今天我又到了德国，变化是有的，楼房变高了，街道变宽了，人们的生活富裕了。没有改变的是德国人那一颗爱花的心，家家户户都养花，在街上依旧可以看到那一片美丽的花海。

……

【点评】变化是有的，但是美丽没有改变。这里面有很多空白点，可以让学生去挖掘：到底什么变了？没有改变的“美丽”又指的是什么？这些问题，可以讲解，可以讨论，当然也可以用来练笔。相比之下，练笔更妥帖，更自然，更有价值。

（二）引读

师：是呀！德国是一个坚守传统的国家。从1935年到1945年，整整十年，正是德国动荡的十年，正经历着第二次世界大战，物资奇缺，吃饭和取暖都无法保障，老百姓的生活陷入了巨大的困境！但他们仍然保持这个风俗，家家户户都在养花——

生：他们的花不像在中国那样，养在屋子里，他们是把花都栽种在临街窗户的外面。花朵都朝外开，在屋子里只能看到花的脊梁。

师：是呀，正是这样，也确实不错——

生：走过任何一条街，抬头向上看，家家户户的窗子前都是花团锦簇、姹紫嫣红。许多窗子连接在一起，汇成了一个花的海洋，让我们看的人如入山阴道上，应接不暇。

师：四五十年后，当作者再次踏上这片热土，看到德国人依然是这样养花的——

生：他们的花不像在中国那样，养在屋子里，他们是把花都栽种在临街窗户的外面。花朵都朝外开，在屋子里只能看到花的脊梁。

师：走在大街上，依然可以看到这样的景色——

生：走过任何一条街，抬头向上看，家家户户的窗子前都是花团锦簇、姹紫嫣红。许多窗子连接在一起，汇成了一个花的海洋，让我们看的人如入山阴道上，应接不暇。

师：我们不难想象，再过几十年，上百年，传统的德国人也不会改变，一起背——

生：他们的花不像在中国那样，养在屋子里，他们是把花都栽种在临街窗户的外面。花朵都朝外开，在屋子里只能看到花的脊梁。

师：我们不难想象，再过几十年，上百年，美丽的德国不会改变，一起背——

生：走过任何一条街，抬头向上看，家家户户的窗子前都是花团锦簇、姹紫嫣红。许多窗子连接在一起，汇成了一个花的海洋，让我们看的人如入山阴道上，应接不暇。

师：一个坚守传统的民族，是令人敬畏的。（板书：传统　多年未变）所以，身临其境的作者，不由得发出了这样的感慨：

（出示）

多么奇丽的景色！多么奇特的民族！

【点评】如何让学生感受到，德国人爱花之真切、纯粹、深刻？教师采用了引读的方式，完美地阐释了时间在变，境遇在变，而德国人爱花的情结却一直未变。

（三）拓展

师：故地重游，作者仿佛做了一个梦，一个花的梦，一个思乡的梦。这梦里会有什么呢？课后，请找季羡林的作品《留德十年》和《重回哥廷根》读读。（出示季羡林照片以及《留德十年》《重回哥廷根》作品封面）

【点评】通过一篇课文，去读懂作者的内心世界，是不可能的。课文的学习，正好为阅读季羡林先生的文章，打开了一扇窗户。

◎板书设计

自己的花是让别人看的

爱花：家家户户

奇特：给别人看——→以小见大

传统：多年未变

◎总评

优质高效的课堂教学，往往建立在对文本内容的正确解读之上。如果把文本的主旨，瞄准在“人人为我，我为人人”的人生境界上，教学就陷入了一个死胡同。如果定位在让学生领略“域外风情”上，我们就会用一种平常的心态，去欣赏德国街头的奇异景色，进而认识这个奇特的民族。

教师在教学的过程中，注意做到了由面到点，最后聚焦到情上，思路清晰，层层递进，最终达成教学目标。

首先，教学让学生聚焦全篇，寻找德国人爱花的句子，对这个民族有一个整体的认识；接着，聚焦局部让学生了解德国街头的奇异景色，以及奇特的民族习惯；最后，回顾整体，进行引读，升华德国人爱花的情感。最终，一个爱花的民族创造的奇异景观，已深深植入学生的心里。

◎**感悟**

准确把握文本内涵

《自己的花是让别人看的》是我国著名语言学家、北京大学教授季羡林先生写的一篇精美隽永的短文。作者开篇点明德国是一个爱花的国度；然后回忆了自己早年在德国留学时亲身感受到德国人爱花之真切；接着描述了德国家家户户窗口都开满鲜花的情景，并抒发了自己的感慨："人人为我，我为人人"的境界颇耐人寻味；最后讲述自己再次来到德国，又看到德国街头奇丽的景色，表达了自己旧地重游的感受，即对德国奇丽风景和与众不同的风俗习惯的感慨。

曾经有几名教师在全国青年教师阅读教学比赛中执教此课，均没有取得理想的效果。对比之后，我发现他们的教学设计大同小异：整体感知课文后，抓住两个句子——"多么奇丽的景色！多么奇特的民族！"进而沿波讨源：你从哪些语句中读出了"奇丽的景色"？从哪里读出了"奇特的民族"？一篇文章，被大刀阔斧地肢解为两组（四个）句子。

第一组：他们的花不像在中国那样，养在屋子里，他们是把花都栽种在临街窗户的外面。花朵都朝外开，在屋子里只能看到花的脊梁。

第二组：走过任何一条街，抬头向上看，家家户户的窗子前都是花团锦簇、姹紫嫣红。许多窗子连接在一起，汇成了一个花的海洋，让我们看的人如入山阴道上，应接不暇。

一节课，除了整体感知，学习生字词外，大半时间，都在不厌其烦地咀嚼这四句话。的确，阅读教学不能面面俱到，不能平均用力，要聚焦重点词句，但是，也不能走极端。毕竟只有四句话，还都是白话文，翻来覆去咀嚼，有多大的价值？挖得再深，把骨头里面的油榨出来，又有多大用处呢？

教学一篇文章，我们首先得搞清楚，它属于什么体裁？不同文体，得采取不同的策略：记叙文要了解故事梗概，说明文要学习说明方法，诗歌要情感朗读和激发想象，散文要和作者进行心灵对话和情感交流……

本文连标点在内，只有 515 字，对于五年级学生来说，算是一篇短文了。可就是这五百多字的文本，时间却跨越了半个世纪（第二段开头就讲了"四五十年以前……"），其中有作者看到的景色，也有抒发的情感。显然，它属于一篇散文。

散文的最大特点是什么？是形散而神聚！“形散”表现内容的丰富性：看到的、听到的、想到的……“神聚”则表现在主题的高度集中。

本文的“神”在哪儿？有人说，在于“奇特、奇丽”；有人说，在于“人人为我，我为人人”；有人说，是作者对德国的热爱和赞美……这些理解，都有一定的道理。阅读是一个个性化的解读方式，不同的读者会有不同的理解。

那么，本文的“形”又是什么呢？是美丽的街头景色？是独特的养花方式？我看都不是。它应该是贯穿文章始终的一条线索。通观全文，我认为，本文的“形”应该落脚到“爱花”二字上。文章开门见山地点出“爱花的民族也很多，德国在其中占重要的地位”。全文正是从这句话出发，徐徐展开一幅“风情万种”的异域风情画卷。德国人的爱花情愫，字里行间，俯拾即是：

爱花的民族也很多，德国在其中占重要的地位。

四五十年以前我在德国留学的时候，曾多次对德国人爱花之真切感到吃惊。

家家户户都在养花。

走过任何一条街，抬头向上看，家家户户的窗子前都是花团锦簇、姹紫嫣红。

许多窗子连接在一起，汇成了一个花的海洋，让我们看的人如入山阴道上，应接不暇。

每一家都是这样，在屋子里的时候，自己的花是让别人看的。

人人为我，我为人人。

我走在街上，抬头一看，又是家家户户的窗口上都开满了鲜花。

我说：“变化是有的，但是美丽并没有改变。”我说“美丽”指的东西很多，其中也包含着美丽的花。

细读，几乎每个段落都在向我们讲述：德国是一个爱花的民族啊！

在这么多的句子中，有一个词语需要特别关注——家家户户。一篇短文中，一个词语反复出现三次，这是很奇怪的语言现象。透过这个频繁出现的词语，我们能真切地感受到：德国人爱花，爱得疯狂，爱得纯粹，爱得蚀骨。家家都在养花，人人都在养花，养花之多，爱花之深，给作者留下了刻骨铭心的印象。花，已经成了德国人生活，甚至是生命中必不可少的组成部分。在我们的印象中，德国人以专业和严谨著称于世。没想到，如此理性的他们，竟拥有如此丰富和浪漫的情怀啊！一个热爱生活，爱花的民族，理所当然地拥有丰富的想象力和惊人的创造力。

在此基础上进一步思考:爱花的民族也很多,作者为何单单对德国人的爱花情结深有感触?联系课文,我们发现,德国人养花方式的“奇特”:

他们的花不像在中国那样,养在屋子里,他们是把花都栽种在临街窗户的外面。花朵都朝外开,在屋子里只能看到花的脊梁。

正是这样独特的养花方式,形成了德国街头“奇丽”的景色:

走过任何一条街,抬头向上看,家家户户的窗子前都是花团锦簇、姹紫嫣红。许多窗子连接在一起,汇成了一个花的海洋,让我们看的人如入山阴道上,应接不暇。

并且,这样的爱花情结,深入骨髓,多年未曾改变:

今天我又到了德国……又是家家户户的窗口上都开满了鲜花。

一个坚守传统的民族,是令人敬畏的!

至于“人人为我,我为人人”的人生境界,只是作者看到街头的美景,情不自禁地生发出来的愿景而已。在德国人看来,这样的养花方式,只是一种生活习惯、生活情趣,出发点与“高尚”无关。这样,房东的“莞尔一笑”才有落脚的地儿——那是一种很亲切、很随和、从内心深处自然而然生发出来的微笑。在德国人看来:我们本来就是这样养花的啊!真正爱花的人,是不会在意养花的方式,也不会计较养花是给谁看的。季老之所以有这样的感慨,是对德国人爱花之真切、之纯粹的由衷赞美。

教学的时候,如果我们直接从“神”入手,就会显得很突兀。没有“形”的铺垫与渲染,也就不可能有“神”的孕育与生长。最理想的做法,是从感性的“形”入手,一点一点到达理性的“神”。

从月球之谜到表达之谜

——《月球之谜》教学实录与点评

执教：广州市花都区和悦小学　屈太侠

点评：广州市海珠区赤岗东小学　金　娜

一、导入

师：（音乐起，出示图片）在浩瀚无垠的宇宙中，有这样一个星球。它有时像个玉盘，有时像个银钩。每当夜幕降临，它就悬挂在高高的夜空，将它的清辉洒向大地。仰望它的人类啊，因此有了丰富的想象，有了浪漫的绮思。于是，就有了许许多多美丽动人的传说，比如说——

生：嫦娥奔月。

师：比如说——

生：玉兔捣药。

师：再比如说——

生：吴刚伐桂。

师：这个美丽的星球，就是——

生：月球。

师：今天，就让我们走进这个美丽而神秘的星球。请大家齐读课题——

生：《月球之谜》。

【点评】教学从铺垫情感基调入手，用音乐、图片、语言渲染“月球之象”，分享月球美丽传说，激发学生入“探索之境”，这样设计的目的在于激发学生学习兴趣，让学生迫不及待地走进文本。

二、初读

师：神秘的月球上，到底有哪些谜团呢？请同学们捧起书，读一读课文。注意做到以下两点。

（出示）

①把生字读正确，把课文读通顺。

②思考：课文写了哪些关于月球的谜？

（学生自由读文，教师巡视指导）

师：大家读得津津有味，看来大家被神秘的月球深深地吸引住了！看看这些词语，你都认识吗？

（出示）

皎洁　悬挂　遐想　奥秘

估计　细菌　水藻　一项

（指名读，开火车读，齐读）

师：课文中，还有两个成语，你明白它们的意思吗？

（出示）

夜幕降临　古往今来

生："夜幕降临"就是指天快黑了。

生："古往今来"就是从古代到现在，经历的时间很漫长。

师：第一个成语中，两个字特别容易写错。"幕"字是上下结构，要上紧下松；"临"字是左右结构，要左收右放。

（范写，临写，同桌互查）

师：我们接着来看。有些词语，是有温度的，是有画面感的。你能通过朗读，读出画面感来吗？

（出示）

高高的夜空　皎洁的月光　美好的遐想

奇异的景象　灿烂的阳光　巨大的努力

师：就这样，一边想它的意思，一边朗读，你就读出词语的味道了。来，我们一起读——

生：高高的夜空、皎洁的月光、美好的遐想、奇异的景象、灿烂的阳光、巨大的努力。

师：课文写了哪些关于月球的谜呢？待会儿我们再来交流。

【点评】由知识到方法，由方法到技能，由技能到习惯，这是生字教学必须跨越的目标阶梯。习惯的养成既没有秘诀也没有捷径，屈老师抓住"夜幕降临""古往今来"来解读它的意思，并抓住其中容易写错的两个字，进行了细致入微的点拨，通过范写、临写、同桌互查的有效手段，使学生养成良好的书写习惯在课堂上得到落实，指导到位，训练扎实。另外，词语的朗读指导，是生字教学的又一个亮点，把词语读出“画面”，在文本语言没有进入学生自己的话语系统时，通过高品位的文本语言的调理和修正，使词语由此有了言说意义上的呈现，读着读着，让学生不由自主感受到“（　　）的（　　）”这样一种语言表达形式的丰富与词语呈现的画面，既让学生感受到语言表达的丰富，又体验到了语言表达的妙用。

三、品读

（一）美好遐想

1. 我们的遐想

师：（出示图片）看看图片上的月亮，它发出的光，给你怎样的感受？

生：（陆续地）很白；很明亮；走在月光里，感觉很浪漫……

师：洁白明亮，很温馨很浪漫的月光，就是——

生：皎洁的月光。

师：看到那一轮明月，挂在高高的天空，你在想什么呢？

生：月亮是从哪儿来的？

生：月亮上有些什么呢？

生：月亮上有漂亮的嫦娥吗？

……

师：这些丰富而浪漫的想象，就是——

生：遐想。

师：把你的理解带进这段话，读一读。

（出示）

夜幕降临，一轮明月悬挂在高高的夜空，那皎洁的月光曾引起人们多少美好的遐想！

师：遐想，是需要时间，需要回味的。轻一点，缓一点，柔一点，我们一起来读——

生：夜幕降临，一轮明月悬挂在高高的夜空，那皎洁的月光曾引起人们多少美好的遐想！

2. 诗人的遐想

师：(音乐起)古代的诗人啊，看到天上的月亮，情不自禁地写下了许多美妙的诗篇。诗仙李白看到月亮，想起了童年的趣事——

生：小时不识月，呼作白玉盘。

师：诗圣杜甫，看到天上的月亮，想起了家乡的亲人——

生：露从今夜白，月是故乡明。

师：在诗人板桥的笔下，有月亮的夜晚，是那般雄浑壮丽——

生：月来满地水，云起一天山。

师：在诗人张祜的笔下，有月亮的夜晚，是那般恬然静美——

生：峡深明月夜，江静碧云天。

师：诗人王维，用月亮来抒写自己的闲情逸致——

生：明月松间照，清泉石上流。

师：诗人苏轼，用月亮来寄托自己的美好祝福——

生：但愿人长久，千里共婵娟。

3. 百姓的遐想

师：古代的老百姓，看到天上的月亮，编出了神奇的故事——

生：嫦娥奔月、白兔捣药、吴刚伐桂。

师：古往今来，所有的人，仰望天上的明月，都情不自禁地思索着这样一些问题——

(出示)

月球是从哪儿来的？上面有些什么东西？它跟地球一样吗？

师：这所有的一切，都是人们对月球的美好——

生：遐想。

(板书：美好遐想)

【点评】品读遐想是难点，必须承认，屈老师对此环节的设计是高度清醒、高度自觉的。此环节的点睛之笔在于紧紧围绕着“遐想”这个关键词层层剥笋，分别以我们的遐想、诗人的遐想、百姓的遐想作为话题，结合三年级学生的学情需要，精读精讲，同时注意适当拓展，完成词语理解之余也注重了学养的夯实与积淀。我们可以强烈地感受到学生已经在读懂的基础上又向前迈进了一大步，这种明显的课堂铮亮和认知拔节才真正实现了语文教学最本质也最艰难的对语言形式的始终眷注。特别欣赏的是这种分析与眷注在屈老师巧妙地点拨与师生对话中倍感轻松和欢快。

(二)奇异景色

师：这些时时刻刻萦绕在人们心头的谜团，随着科技的发展，随着人类登月活动的成功，最终被一一解开。

(出示)

这里的天空黑沉沉的，表面却洒满灿烂的阳光，月球上满是尘土、岩石和环形山，没有水，没有任何生命。月球是一片荒漠。

师：谁来读一读？

生：这里的天空黑沉沉的，表面却洒满灿烂的阳光，月球上满是尘土、岩石和环形山，没有水，没有任何生命。月球是一片荒漠。

师：黑沉沉的天空，表面却洒满灿烂的阳光，多么奇异啊！谁再来读？

生：这里的天空黑沉沉的，表面却洒满灿烂的阳光，月球上满是尘土、岩石和环形山，没有水，没有任何生命。月球是一片荒漠。

师：满是尘土、岩石和环形山，多么奇异的景色啊！谁再来读？

生：这里的天空黑沉沉的，表面却洒满灿烂的阳光，月球上满是尘土、岩石和环形山，没有水，没有任何生命。月球是一片荒漠。

师：你的朗读，把我们带到了那个遥远而又神秘的月亮之上！我们一起来读！

生：这里的天空黑沉沉的，表面却洒满灿烂的阳光，月球上满是尘土、岩石和环形山，没有水，没有任何生命。月球是一片荒漠。

师：(**音乐起**)月球的景色，确实让我们意想不到。老师仿照这段话的样子，描写了一段关于地球的景色，我们对比着读一读。你们读月球的，我来读地球的。

生：这里的天空黑沉沉的。

师：这里的天空亮堂堂的。

生：表面却洒满灿烂的阳光。

师：表面也洒满灿烂的阳光。

生：月球上满是尘土、岩石和环形山。

师：地球上满是山川、河流和动植物。

生：没有水，没有任何生命。

师：有了水，就有了各种生命。

生：月球是一片荒漠。

师：地球是生命的摇篮。

师：读到这里，你有什么发现呢？

生：月球上的景色，和地球上截然不同。

生：月球上有很多东西和地球上是相反的。

师：同学们，月亮上，有美丽的嫦娥吗？月亮上，有捣药的玉兔吗？月亮上，有伐桂的吴刚吗？月球上只有这些奇异的景色（**板书：奇异景色**）——

生：这里的天空黑沉沉的，表面却洒满灿烂的阳光，月球上满是尘土、岩石和环形山，没有水，没有任何生命。月球是一片荒漠。

师：月球的奇异景色和人们的美好遐想之间，形成了鲜明的——

生：对比。

师：用强烈的对比，给我们留下了深刻的印象，这就是作者的高明之处。（**板书：强烈对比**）

【点评】文本关于月球“奇异的景色”表述寥寥几句，看似容易理解，但是怎样让学生理解月球与地球景色的天壤之别，感受到月球的奇异，就是教学的一个重点。屈老师巧妙运用朗读教学，第一次运用多重引读读出奇异，第二次运用对比朗读感受奇异，在多种方式的朗读中引导学生感悟与发现，才使得学生对文本“对比”的写法理解水到渠成。

（三）未解之谜

师：这样的发现，让原本对月球充满幻想的人有些失望！不过，随着研究的逐步深入，人们又产生了新的谜团。请大家默读第三至六自然段，思考、勾画。

（出示）

人类在登上月球进行了探索和实验后，又产生了哪些新的谜？画一画，或者用关键词批注。

（学生默读、勾画）

师：我请一名同学读课文，一名同学说出新的月球之谜。

生：把细菌撒在从月球带回来的尘土上，细菌一下子都死了，难道这些尘土有杀菌的本领吗？

生：难道这些尘土有杀菌的本领吗？

师：这是第一个谜。

生:再看看用植物做试验的结果:把玉米种在月球的尘土里,和在地球土壤里生长没有明显不同。可是,水藻一旦放进月球尘土,就长得特别鲜嫩青绿。

生:水藻放进月球尘土,就长得特别鲜嫩青绿。这是为什么呢?

师:这是你提炼出来的。还可以这样说,难道月球尘土特别适合植物生长吗?

生:一项研究结果说,月球曾经有过火山活动。从月球采回的一块岩石,估计它的年龄已有46亿年了,而在地球上,只能找到40亿年前的石块。难道月球比地球的年龄还大?或者是月球的火山活动比地球还早?这又是一个谜!

生:难道月球比地球的年龄还大?或者是月球的火山活动比地球还早?

师:你一连说了两个。关于月球的谜团,很多很多。可是,作者为什么偏偏选择了这四个?你们好好看看,这四个谜团和什么有关?

生:都和月球表面的景色有关。

生:都和月球的特点有关。

师:月球上满是尘土、岩石和环形山,所以,科学家的研究主要围绕这几点展开,最有价值的谜团,正是在研究的过程中产生的。前面的内容,和后面的内容关系高度统一,甚至一一对应,这样的写法叫作——

生:前后照应。

(板书:前后照应)

师:写文章的时候,一定要精选素材,一定要注意前后之间的关系,这样写出来的文章,才会完整和谐,浑然一体。

【点评】《月球之谜》其文眼全部凝聚在"谜"字上。一个"谜"字,不仅写下了人类对月球之谜的无穷猜想,也激发了学生探究月球奥秘的愿望。锁定这个牵一发而动全身的文眼,屈老师在此处大道至简,围绕"人类在登上月球进行了探索和实验后,又产生了哪些新的谜?"梳理出文本列举的月球之谜。但是屈老师没有就此放手,而是追问"作者为什么偏偏选择了这四个?这四个谜团和什么有关?"引导学生在读懂文本的基础上关注文本的表达形式"前后照应",将写作本位的意识落到实处。

四、拓展

师:同学们想想,关于月球的谜团,难道就这几个吗?

生:还有很多。

师：你是从文章里的哪个标点符号发现的？

生：我是从文章的“……”发现的。

师：对于神秘的月球，你还有哪些遐想呢？请你展开想象的翅膀，写一写。

（出示）

月亮月亮，我问你：为什么________________？难道是____________？

师：（音乐起）小诗人们，我们来一个小小的诗歌分享交流会吧！

生：月亮月亮，我问你：为什么不见嫦娥姐姐的影子？难道是你把她藏起来了？

生：月亮月亮，我问你：为什么你有时候只剩下一个银钩？难道是被玉兔啃的吗？

生：月亮月亮，我问你：为什么你的表面满是尘土、岩石和环形山？难道是火山爆发形成的？

……

师：赏不完的美丽月色，道不尽的未解之谜！古往今来，人类从未停止探索月球的步伐。我希望，在未来的探月之旅中，能有你们的身影。下课。

【点评】“对于神秘的月球，你还有哪些遐想呢？”是屈老师在尾声处精心预设的一个语文活动，它连接阅读和表达，连接理解和想象，是精心整合课程资源后的再创造，也正是“写作本位”读写结合理念课堂教学的精髓所在。

◎板书设计

月球之谜

美好遐想
　　强烈对比
奇异景色
　　前后照应
未解之谜

◎总评

屈老师是广东省的青年才俊，酷爱读书，喜欢写作，对文字极其敏感，善于运用儿童文学审美特点和小学生心理特征的各种教学方法与手段，让学生在读中学写，多次从现场课堂和书面实录中一睹他的教学智慧与从容。《月球之谜》这篇案例足见屈老师的语文素养和教学功力非同一般，也可以从中感受到他对“写作本位”阅读教学主张的守望与秉持。

曾几何时，崔峦老师曾提出“与内容分析式的教学说再见”，但当我们走进语文课堂，去努力实践“与内容分析式的教学说再见”的时候，有不少教师又陷入茫然，不知道语文课不教内容还能教什么。语文课的内容能不能教？怎么教？许多教师对此讳莫如深。其实，语文课还是需要教内容，学生的学习必然要从感性走向理性。但是语文课只顾内容，那是对学生学习起点的无视，试想那样的语文课堂就是在学生已知层面简单滑行，课堂效果可想而知。所以关注并超越内容，才是语文课堂应该有的选择。屈老师在此案例中，对教什么，怎样教，就像一个持手术刀的医生清晰明了地在关键部位切中要害。屈老师的“教学表达”引领学生的“认知表达”于无声处潜入“文本表达”的内容，从关键词语的理解到重点句子的感悟，由浅入深，淋漓尽致，阅读理解就此达成和实现。

作为阅读课，阅读只是手段，关注表达才是最终目的。在《月球之谜》的课例中，屈老师在每一个阅读指导细节的背后，总是有意识地抓住契机，不遗余力地指向表达形式的关注，从月球之谜指向表达之谜。譬如在通过朗读指导，引导学生感悟月球的奇异时，屈老师自然切入到“作者用强烈的对比，给读者留下了深刻的印象，这就是作者的高明之处”；譬如在梳理月球之谜时，“关于月球的谜团，很多很多。可是，作者为什么偏偏选择了这四个？你们好好看看，这四个谜团和什么有关？”这一问，让学生自觉梳理出“前后照应”写法的精妙。

教学的最佳效果不一定在课堂上完全体现，而是如石头投入池塘，在学生平静的心里泛起层层涟漪，且激发自身能量，不断推动其发展。屈老师紧扣月球之谜，指向言语表达，突出语用能力的培养，扎扎实实将阅读理解的着力点安顿在课文的词句上，安顿在言语学习、言语发展上，让我们认识到只有徜徉在言语之途的语文课，才是本真的语文课。我相信以这样读写融合、关注表达的观念去教学，长此以往，必然能实现阅读教学与写作教学的并蒂开花。

◎**感悟**

适时适度地展示自我

曾几何时，“以生为本”“学生是课堂教学的主体”等一系列的理念，把学生的地位提高到无以复加的地步。教师在课堂教学中，逐渐演变为陪衬的角色。许多教育专家呼吁：要把更多的表现机会留给学生，教师要甘于平淡，默默地退居二线，做好学生的铺路石和阶梯。

其实，课堂教学，有学生的精彩，也应该有教师的精彩。于永正老师也倡导：在关键的时候，教师一定要大胆地露一手。教师的能力，往往就体现在专业水平上。一出手，一张口，就能镇得住学生，让学生佩服得五体投地，这也是教师的成功。

每接手一个新班，我与学生见面的时候，总是先在黑板上工工整整地写下我的名字，让他们欣赏一下我的书法。在我书写的过程中，喧闹的教室会逐渐变得安静下来，不时有人发出啧啧的赞叹声。在最初的一分钟里，他们牢牢地记住了我的名字，内心升腾起由衷的佩服；接着，我会根据现场情形，来一场三分钟的脱口秀，在一片欢声笑语中，他们牢牢地记住了我这个人。留给学生良好的第一印象，后续的工作就顺利得多。确实，做教师的，你一定要有一手拿得出来的绝活——出来混，总得会两下子。

你想想，做教师的，除了名师专家，普通教师能有多少上公开课的机会呢？如果不是机缘巧合，又有多少专家和领导，愿意花上一段时间，静静地欣赏你的课？对于青年教师而言，公开课是多么难得的机会啊！最理想的结果，是通过一堂课，短短的四十分钟，让与会的专家、领导、教师都牢牢地记住你，记住你这堂课，也记住你这个人。

听王崧舟老师上课，你会觉得课件音乐很优美，教师的语言很精致；听戴建荣老师的课，你发现师生互动很充分，教师很幽默；听薛法根老师的课，你会发现板块很清晰，教师的理答很睿智……总之，教师在教学过程中，不断地释放着自己的独特魅力，从而吸引学生。

我在教学《月球之谜》的过程中，将“个人素养”的展示作为一项很重要的目标，落实在教学过程当中。在开课阶段，伴随着优美的音乐和图片，我朗诵了一段很唯美的文字，深深地吸引了学生；在板书的过程中，我适当放慢速度，像完成书法作品一般，做到整洁美观，舒展大方；在教学描写月球奇异景色的段落时，我发挥自身的写作特长，写了一段关于地球表面的景色，让学生与课文内容对比着朗读，让“奇异”凸显得淋漓尽致。

每位教师都要清楚地知道：自己的特长和优势是什么，短板又在哪里？将自己的特长，不断地加以强化和练习，使其上升到专业的高度，然后在课堂上扬长避短，将自己的优势无限放大，进而给人留下深刻的印象。这些闪现着个性魅力的东西，或许就是教学亮点，就是你的教学风格所在。在张扬个性，展示自我的同时，就给了学生良好的示范和引领。课堂，不怕教师展示，怕的是不够专业，哗众取宠。正如歌词里所言：行家功夫一出手，就知道你有没有。

当然，我们要反对的是，为了展示而展示，过分张扬教师的个性，掩盖了学生的精彩。最理想的境界，是随着教学过程的推进，自然而然地流露出来的。

美在乡下人家，妙在语言表达

——《乡下人家》第一课时教学实录与点评

执教：广州市花都区和悦小学　屈太侠

点评：广州市教育研究院　王亚芸

一、导入

师：请同学们坐端正，静静地欣赏一组图片。

（出示一组乡村味的中国画）

师：说一说，你看到了什么景物？

生：我看到了大片稻田。

生：我看到了农民伯伯忙着收割庄稼。

生：我看到一头水牛正在耕田。

……

师：这些都是哪儿的景物？

生：（陆续地）乡下；乡村。

师：乡下的风景，令人陶醉。今天，我们学习的课文题目是——

生：《乡下人家》。

【点评】个人比较欣赏这样的导入：淡淡的水墨画，静静地欣赏，清晰简洁，不枝不蔓。一个“静”字，奠定了本课的基调，幽静的乡下人家，安静的语文课堂，孩子们静下心来，细细欣赏蕴含在文字中的恬然静美。

二、初读

师：现在，就让我们跟着作家陈醉云的描写，到乡下人家去看一看。请同学们拿起课本，大声朗读课文，注意做到两点：

（出示）

①读准字音，读通句子。

②想一想：作者写了那些景物？还写了人的哪些活动？

师：看到同学们读得津津有味，我真高兴！看来，大家和我一样，都非常喜爱乡下的美丽景色。我们读四年级了，应该具有一定的自学能力，我们先来看看本课的几个新词语。

（出示）

屋檐　装饰　和谐　捣衣

师：谁来带着大家读一读？读对了，大家跟读两遍；错了，大家帮他纠正。

（学生教读词语）

师：大家把最后一个词语，再读一遍。

生：捣衣。

师：有谁知道，什么是捣衣呢？

生：捣衣，就是用木棒敲打衣服。

师：以前，没有洗衣粉、洗衣皂等清洁用品，衣服很难洗干净，再加上大的衣服搓洗起来不方便，人们就用一根棒槌来敲打衣服。这就叫——

生：捣衣。

师：除了可以捣衣，还可以捣什么？

生：捣蛋、捣乱、捣米、捣蒜、捣药、捣毁……

师：我国有一个伟大的诗人叫李白，他对这个字情有独钟，在诗句中多次用到这个"捣"字。

（出示）

长安一片月，万户捣衣声。（李白）

白兔捣药成，问言与谁餐？（李白）

师：谁来读读第一句？

生：长安一片月，万户捣衣声。

师：家家户户都在捣衣，他们想要干什么啊？

生：等待打仗归来的丈夫吧！

师：说对了一半，确实和打仗有关。不过，事情恰好相反，是大家都准备送家里的青壮年参军了。谁来读第二句？

生：白兔捣药成，问言与谁餐？

师：看来，在那高高的月亮山，孤单的不只是漂亮的嫦娥姐姐，还有一只可爱的玉兔啊！让我们把这两句诗齐读一遍。

生：长安一片月，万户捣衣声。白兔捣药成，问言与谁餐？

师：我们祖国的文字，特别有意思，许多汉字，就是一幅画，就是一个故事。比如说这个字。（出示：觅食）“觅”是个上下结构的字。上面是一个“爪”字头，下面是个“见”。看看这个字的演变过程，说说你的理解。

（出示）

生：我知道了，上面的“爪”字头代表手，中间的“目”代表眼睛。睁大眼睛，伸出双手，去寻找东西。

师：对了！下面的“见”字，后来被简化了，看起来就不那么清楚了。请大家拿起笔，把这个字认真地写两遍。

（写完后评价）

【点评】许多学生觉得学习汉字，是件枯燥乏味的事情。主要问题不在汉字上，而在教师身上。一是教学汉字，字无巨细，面面俱到，缺乏层次感；二是就字论字，机械记忆。屈老师的做法，值得欣赏：一是精心选择，主次分明；二是联系生活，丰富字义；三是引入诗句，增加厚度；四是追溯字源，情趣横生。这样一来，蕴含在汉字中的文化，被挖掘得淋漓尽致。

师：有的词语，是有色彩和画面的。请同学们朗读词组，边读边想象画面，猜测一下，描写的是什么景物？

（出示）

长长的藤　绿绿的叶　别有风趣的装饰

依着时令　顺序开放　朴素中带着华丽

绿的叶　　青的竿　　投下一片绿绿的浓阴

师：第一组短语，让你们想到了什么景物？

生：瓜。

师：第二组呢，你们联想到了——

生：花。

师：第二组让你们联想到了——

生：竹子。

师：除了这些，作者还描写了哪些景物？

生：鸡、鸭。

师：还写了人们的哪些活动呢？

生：吃饭和睡觉的情景。

师：瓜、花和竹子，都是乡下人家种的——

生：植物。

师：鸡和鸭，都是乡下人家养的——

生：动物。

师：吃饭和睡觉，是乡下人家的——

生：生活。

师：作者为什么不写乡下人住的小洋楼，开的小汽车呢？

生：这些不能代表乡下人家的特色。

师：是呀，作者多用心呀！他抓住乡下人家最有特色的景物进行了描写，选择了动物、植物、生活等方方面面，表现了乡下人家独特迷人的风景。我们以后描写景物的时候，也要选择素材，并进行合理的分类。（板书：精心选材）

【点评】准确地讲，这篇文章不单单描写乡下的美景，而是在向我们介绍乡下人轻松自在的生活。文章描写的景致可谓繁多，经过教师的整合，学生很清晰地知道本文描写了三个方面：植物、动物以及生活。在此基础上，教师还引导学生，发现作者在选材方面的独到之处。由此，我们不得不说：要想把语文课上得简单，教师一定要努力把书读“薄”。

三、品读

（一）学习第一自然段

师：在这么多美丽的景物中，我们先来看看乡下人家门前的瓜藤吧。请大家自由读课文第一自然段。读完后，想一想：如果用一个词来概括乡下人家门前的瓜藤，你想到了哪个词语，为什么？

（学生读完后交流）

生：我想到了一个词语“五颜六色”，青红的瓜、绿绿的叶、各色的花，看起来很美丽。

生：我想到的词语是“自然”，乡下人想种什么就种什么，多自然啊！

生：我想到了“可爱”，那些挂在藤上的瓜，看起来多可爱呀！

……

师：我们先来聚焦前两句，读一读。

（出示）

乡下人家，虽然住着小小的房屋，但总爱在屋前搭一瓜架，或种南瓜，或种丝瓜，让那些瓜藤攀上棚架，爬上屋檐。当花儿落了的时候，藤上便结出了青的、红的瓜，它们一个个挂在房前，衬着那长长的藤，绿绿的叶。

师：这两句话，描写了瓜藤生长、变化的过程。作者使用了一系列动词，写得非常有意思。请你把这些动词全部画下来。

生：我画的动词有搭、种、种、爬、落、结、挂、衬。

师：找得真准。你们小声读读这段话，边读边体会，作者这一系列的动词究竟好在哪里。

生：这些动词用得很准确，很生动。

师：带给你什么样的感觉？

生：读着读着，好像面前出现了一幅画。

师：是的，很有画面感。

生：好像这些景物就在眼前，而且在不停地动。

师：说得真好！这就是作者的高明之处，作者正是使用了一组准确的动词，在我们的面前徐徐展开一幅瓜藤攀爬图。谁来读一读，看看能不能读出动感，读出画面感来？

（学生读，教师点评）

师：这样的精致，与城里的人家有什么不同呢？谁来读一读？

（出示）

青、红的瓜，碧绿的藤和叶，构成了一道别有风趣的装饰，比那高楼门前蹲着一对石狮子或是竖着两根大旗杆，可爱多了。

师：（音乐起）我们来看一看，城市居民和乡下人家的不同点吧！城里人住的是高楼大厦，乡下人住的是——

生：小小的房屋。

师：城市的高楼前，也许会蹲着——

生：一对威武的石狮子。

师：乡下的小屋前，也许会趴着——

生：一只可爱的小狗。

师：城市的高楼前，也许会竖着——

生：两根大旗杆。

师：乡下的小屋前，也许会搭着——

生：一排小瓜架。

师：城市的旗杆上，飘扬着一面面——

生：鲜艳的旗。

师：乡下的瓜架上，挂着一个个——

生：青、红的瓜。

师：城里的高楼很雄伟——

生：乡下的小屋很温馨。

师：城里的狮子很威武。

生：乡下的小狗很可爱。

师：城里的旗杆很庄严。

生：乡下的瓜架很活泼。

师：和城市相比，乡下人家有自己的特色，作者用了一个词儿——

生：（陆续地）可爱；别有风趣。

师：作者，正是采用了对比的手法，写出了乡下人家的“别有风趣”。（**板书：强烈对比**）

师：美好的文字，需要我们细细品味，更需要我们尽情想象。同学们，闭上眼睛，听老师朗读，边听边展开想象的翅膀——在你的眼前，仿佛出现了怎样的画面？（**教师有声有色地朗读**）

生：在我的眼前，仿佛出现了矮小的房屋，屋前的瓜架上，爬满了绿绿的藤。

生：我仿佛看到了，藤上挂着一个个可爱的瓜。

生：我仿佛看到瓜藤慢慢地向上爬呀爬。

师：同学们，带着你们的想象，我们一起来读读这段话吧。

（**学生齐读第一自然段**）

【点评】第一自然段的教学，是典型的“以读为本”。在这里，教师的引导是极具艺术性和层次感的。纵观整个指导过程，我们可以梳理出四个层次：第一，自由朗读，整体感知——用一个词语概括读后感受。第二，聚焦动词，读出动感——一系列的动词好在哪里。第三，紧抓特点，读出对比——乡下人家和城市人家有什么不同。第四，调动想象，读出画面——你的眼前仿佛出现了怎样的画面。一段优美的文字，在教师的充分点拨和巧妙引导下，学生读得有滋有味，有情有趣，有声有色。学生不仅读出了内容之美，更读出了形式之美——强烈的对比。

（二）学习“花与竹”的部分

师：欣赏了乡下人家门前的瓜架，我们再去看看门前的花，以及屋后的竹子。请同学们自由读第二自然段。

（出示）

有些人家，还在门前的场地上种几株花，芍药，凤仙，鸡冠花，大丽菊，它们依着时令，顺序开放，朴素中带着几分华丽，显出一派独特的农家风光。

师：（出示图片）我们先来认识一下这些花，高声叫出它们的名字吧。

生：芍药，凤仙，鸡冠花，大丽菊。

师：这些花很漂亮！作者为何说“朴素中带着几分华丽”？

生：“朴素”的意思是，这些花儿很普通，很常见。

生：“华丽”是说，花儿的颜色很鲜艳、很丰富。

师：城里人喜欢这样的花吗？

生：不喜欢，这些花太普通了，颜色太鲜艳了，显得俗气。

师：城里人有城里人的爱好，乡下人有乡下人的爱好。从这些大红大紫的花朵里，你感受到乡下人的什么特点？

生：热情、大方，轻松自在。

师：不过，城市人家也有自己的特点。运用对比的手法，老师也写了一段话，我觉得很有意思。咱们对比着读一读。我读城市人家，你们读乡下人家，记住了吗？

生：记住了。

师：城里人家，会在门前的场地上，建一个私家花园。喷泉、雕塑、精致的盆景、名贵的花草，让你眼花缭乱，应接不暇，洋溢着富贵，彰显着奢华。乡下人家呢？

生：有些人家，还在门前的场地上种几株花，芍药，凤仙，鸡冠花，大丽菊，它们依着时令，顺序开放，朴素中带着几分华丽，显出一派独特的农家风光。

师：还有些人家，在屋后栽几棵古树，粗壮的杆，弯曲的枝，增添了几分古朴与沧桑。

生：还有些人家，在屋后种几十枝竹，绿的叶，青的竿，投下一片绿绿的浓阴。

师：每当夜幕降临的时候，站在阳台上，你会看到大街上车水马龙，灯火辉煌。

生：几场春雨过后，到那里走走，常常会看见许多鲜嫩的笋，成群地从土里探出头来。

师：读了这段话，你对乡下又有了怎样的认识？

生：很幽静，很轻松，很自由，很舒服。

【点评】这一段的教学，是对第一自然段教学的拓展和延伸。如果说上一自然段的教学，工笔细描，是精雕细刻；这一自然段的教学，就是挥笔速写，一带而过。浓与淡，厚与薄、实与虚，强烈的对比，给人以极大的感官冲击。更为巧妙的是，教师在教学中，插入了自己描写的片段，与原文进行对比，再次凸显了“对比”的重要价值。要上好课，不仅要让学生动笔，教师更要勤动笔。

四、总结

师：这节课，我们走进乡下人家，欣赏了在房前屋后种的（**指板书**）——

生：瓜、花、竹。

师：还知道了作者在写作的时候，运用了两种很巧妙的写作方法——

生：精心选材、强烈对比。

师：乡下人家还有哪些独特迷人的风景呢？我们下节课继续学习。

【点评】一堂课学完了，究竟学到了些什么？进行简单的回顾和梳理，是非常有必要的。教师结合板书，进行提点，可以帮助学生形成清晰的知识和技能框架。

◎板书设计

乡下人家

瓜、花、竹	（种）	精心选材
鸡、鸭	（养）	强烈对比
吃、睡	（生活）	

◎总评

屈老师执教的《乡下人家》，既关注了乡下人家独特迷人的风景，又眷注了作者精致巧妙的表达，做到了内容与形式的完美融合，让人眼前一亮。本堂课，最鲜明的特色有如下三点：

一是汉字文化的渗透。教师没有就字认字，就词学词，而是把生字学习与生活实际、经典诗文、字理字源融合起来，丰实饱满，生动有趣。我们不得不发出这样的感慨：教汉字，其实就是在教文化。

二是写作方法的提炼。内容人人可见，形式之于大多数人而言，却是个秘密。教师关注整体，引导学生发现作者"精心选材"的秘密；聚焦局部，引导学生发现"强烈对比"的好处。由此，学生不仅感受到乡下人家的"美"，更领悟到作者表达的"妙"。

三是教师范文的穿插。阅读课上，读得多，写得少；学生写得多，教师写得少。屈老师将自己描写的片段引入课堂，给学生以良好的示范，令课堂教学增添了不少亮色。语文课堂，因写作而精彩。

◎感悟

理清作者的写作思路

每篇文章，都有思路。何谓"思路"？叶圣陶先生有过形象的解释："思路，是个比喻的说法，把一番话、一篇文章比作思想走的一条路。思想从什么地方出发，怎样一步一步地往前走，最后达到这条路的终点。"说得简单点，文章的思路，就是先说什么，接着说什么，最后说什么。一般来说，编写进小学语文教材的文本，思路都比较清晰。

叶圣陶先生在《语文教学二十二韵》中指出："作者思有路，遵路识斯真。"在阅读文章时，要想真正理解课文内容，体会真情实感，领会写作意图，首先要理清作者的写作思路。对此，《全日制义务教育语文课程标准（实验稿）》从第三学段就提出这样的要求：在阅读中揣摩文章的表达顺序，体会作者的思想感情，初步领悟文章基本的表达方法；在通读课文的基础上，理清思路，理解内容，体会和推敲重要词句在语言环境中的意义和作用。

教师在备课的时候，理清作者的写作思路，究竟有什么用呢？首先，可以让教学设计更简洁。站在整体的角度去取舍教学内容，就能比较清楚地意识到，哪些内容应该去掉，哪些内容必须保留。其次，可以让教学活动更为流畅。教学流生学习起来比较容易，教学流程会自然顺畅。

然而，目前的语文教学，整体把握的训练被削弱，层次逻辑的梳理被忽视。无视文章的整体结构，在一些无关紧要的词语上，或文章的细枝末节中咀来嚼去，导致学生只见树木，不见森林。科学取的教学论告诉我们：就学习活动本身而言，整体的价值远远大于局部之和。

我有这样的经验：比赛前，拿到一篇比较陌生的文章，大脑会出现暂时的缺氧或者短路。当我静下心来，反复把课文读上几遍后，写作的思路就慢慢浮出水面，教学设计就有了雏形。这个时候，我会用思维导图的形式，把作者的写作思路完整地梳理一遍。做完以后，我还会考虑：哪些内容是可以取舍与合并的？怎样才能达到高度的简洁与凝练？完成了这一项工作，教学设计就简洁清晰了。

在教学《乡下人家》一课时，我将文章的内容提炼为三部分：植物、动物、生活。以前，听其他教师执教《乡下人家》，将《乡下人家》概括成八幅图片，板书写了满满一大黑板，我就觉得很烦琐。没有抓住整体，在一些细枝末节上下功夫，教学效率就比较低。

一篇文章，有一篇文章的思路；一个段落，也有一个段落的思路。《乡下人家》第一自然段，可以分为两个部分：一是介绍瓜藤的生长过程，二是瓜藤给人的印象。教学时，我先抓住动词，让学生想象、体验语言的“动感”；接着，与城市人家的景色进行对比。顺应思路展开教学，清晰而顺畅，扎实而灵动。

有的教师，为了追求教学设计的独特新颖，故意将写作内容打乱后重组，绕来绕去，教学就像走迷宫一样，师生疲于奔命，吃力不讨好。我们必须把握一个原则——任何创新，都是为师生服务的。我们一定要考虑，怎样的教学设计，有利于教师的教，有利于学生的学。如果重组是为了让学生学得更扎实、更轻松，未尝不可。如果只是为了创新而创新，则完全没有必要。

一般来说，作者的写作思路，是读出来的，也是画出来的。画思维导图，也是不错的选择。当我们像庖丁一样，将牛的骨骼组织摸索得一清二楚的时候，教学就会简单清奇，游刃有余了。

立足语言运用，教出寓言味道

——《扁鹊治病》教学实录与点评

执教：广州市花都区和悦小学　屈太侠

点评：广州市教学研究院　王亚芸

一、检查预习

师：今天，我们学习的寓言故事，和中国古代一位名医有关。题目叫——

生：《扁鹊治病》。

师：课文大家都预习过了，我来检查一下。谁来读读这几个词语？

（出示）

蔡桓公　扁鹊　皮肤　肠胃　骨髓　理睬

师：读得很准确，说明你预习得很充分。其中有两个词语，大家要注意，两个三声的字组成词语，第一个字要发生音变，读成二声。我们一起来读。

生：骨髓、理睬。

师：光会读还远远不够，关键得会写。拿起笔，我们再来听写几个词语。

（出示）

蔡桓公　扁鹊　肠胃　理睬

师："睬"字，右边是个"采"，上面是"爪"字头，右下为"木"，表示用手采摘果子，加上"目"就表示"看"，现在引申为"搭理、理会"。"肠胃"这两个字，都有一个"月"，但是写法不同。"月"做偏旁，要写得瘦高；做字底的时候，要变得矮一点，胖一点，撇变为竖。请大家检查一下，把写错的字纠正过来。

【点评】生字教学，不能一带而过，也不能面面俱到。教什么？教知识的重点、难点。屈老师提醒学生，正确认读"骨髓""理睬"两个词语，并告诉他们为什么，很有必要。这样，学生知其然，也知其所以然，获得的不仅仅是知识，而是规律。书写指导，教师抓住几个容易写错的字，进行了细致入微的点拨，并要求学生随即改正，训练扎实到位。

二、概括大意

师：本篇寓言故事主要写了两个人物，他们分别是——

生：扁鹊和蔡桓公。

师：（**板书：扁鹊、桓公**）课题虽然叫《扁鹊治病》，但是扁鹊并没有开药，更没有把蔡桓公的病治好。其实，这篇文章，以古文的方式选入中学课本，题目就叫《扁鹊见蔡桓公》。我觉得，这个题目更恰当一些。故事中，扁鹊拜见蔡桓公，一共见了几次？

生：四次。

师：准确地说，应该是见了三次。最后一次，远远地躲开了。现在，请同学们打开书，用自己喜欢的方式读课文，边读边思考：扁鹊拜见蔡桓公，发现蔡桓公病情如何，用"____"画出来。扁鹊告诉蔡桓公，蔡桓公的态度怎样，用"～～～"画出来。读完后，想一想，尝试用词语填充这张表格。

（出示）

次数	扁鹊的诊断	蔡桓公的态度
1	病（　　　）	不（　　　）
2	病（　　　）	不（　　　）
3	病（　　　）	不（　　　）
4	病（　　　）	不（　　　）

师：同学们读得很投入，勾画得很认真，我们现在来交流一下。谁来读一读句子，说一说想法？

生：第一次拜见蔡桓公，扁鹊的诊断是皮肤上有点小病，蔡桓公不相信他的话。

师：皮肤上有点小病，我们概括为：病在——

生：皮肤。

师：蔡桓公的态度是——

生：不相信。

师：第二次呢？

生：扁鹊认为是病在皮肉，蔡桓公的态度是不理睬。

师："病在皮肉"不如换成"病入皮肉"，"理"和"睬"的意思一样，建议把"不理睬"换成"不理"或"不睬"更简练。

生：第三次，扁鹊的诊断是病到肠胃，桓公的态度是不高兴。

师："不高兴"，可以换成两个字——

生：（陆续地）不爽；不悦；不快；不乐。

师：我们就用"不悦"吧。

生：最后一次，扁鹊认为桓公的病已经深入骨髓，蔡桓公看到扁鹊躲着他，觉得很奇怪。

师：是呀，我们换成"病入骨髓"，桓公却一点也不知道，这叫——

生：不解。

（此时已完成下列表格）

次数	扁鹊的诊断	蔡桓公的态度
1	病（在皮肤）	不（信）
2	病（到皮肉）	不（睬）
3	病（至肠胃）	不（悦）
4	病（入骨髓）	不（解）

师：谁能看着表格，把课文的大意讲一讲？

生：扁鹊第一次见到蔡桓公，说他皮肤上有点小病，桓公不相信；第二次，扁鹊说他的病已经到皮肉之间了，蔡桓公没有理睬他；第三次，扁鹊说他的病已经到了肠胃里，蔡桓公听了很不高兴；第四次，扁鹊说他的病已经深入骨髓，蔡桓公却没有感觉到。最后，蔡桓公病死了。

师：你看，抓住了主要情节，就把故事讲明白了。同桌之间相互合作，用简练的语言，相互讲一讲这个故事。

（同桌相互讲述故事大意）

师：（隐去字幕）谁能用一两句话，概括得再简练点？

生：扁鹊三番四次提醒蔡桓公要治病，但是桓公不听劝告，小病变成大病。最后，蔡桓公病死了。

师："三番四次"用得很准确。

【点评】概括文章的主要内容，基本要求是简洁、全面。教师让学生朗读课文，提取关键信息，并进行加工锤炼，用相对整齐的词语或者短语进行表述，新颖有趣，且具有一定的难度。我们看到，在教师的点拨下，学生所呈现出来的积极的思维状态。因此，教学活动不能停留在一个层面，应该根据学生特点，设计有梯度的活动，拾级而上，教学就有了深度和理趣。

三、品读故事

（一）说说扁鹊

师：文章里主要写了两个人，分别是谁？

生：蔡桓公和扁鹊。

师：作者写扁鹊的时候，主要描写了人物的语言。用心读一读扁鹊的话，边读边思考：你从扁鹊的话里读懂了什么？扁鹊在说这些话的时候，是什么样的语气？什么样的神态？根据自己的理解，练一练。

（出示）

“大王，据我看来，您皮肤上有点小病。要是不治，恐怕会向体内发展。”

“您的病已经发展到皮肉之间了，要不治还会加深。”

“您的病已经发展到肠胃里，再不治会更加严重。”

师：扁鹊第一次见蔡桓公，怎么说的，谁来读读？

生：大王，据我看来，您皮肤上有点小病。要是不治，恐怕会向体内发展。

师：扁鹊的话里有两层意思：一是蔡桓公的病——

生：是小病；不严重；没有大问题。

师：二是病虽然小，但是应该早些治疗。请用你的朗读告诉我们，蔡桓公的病很轻微。

生：大王，据我看来，您皮肤上有点小病。要是不治，恐怕会向体内发展。

师：谁能通过朗读告诉我们，病虽然很小，但是应该及时治疗？

生：大王，据我看来，您皮肤上有点小病。要是不治，恐怕会向体内发展。

师：读课文，不仅要理解意思，还要把自己感悟到的，通过朗读表现出来。这是一种很重要的能力。第二次呢？

生：您的病已经发展到皮肉之间了，要不治还会加深。

师：是呀，比以前严重了。谁用朗读告诉蔡桓公，他的病严重了，得赶紧治疗？

生：您的病已经发展到皮肉之间了，要不治还会加深。

师：你想想啊！桓公的病加重了，作为医生的扁鹊，有什么感受呢？

生：（陆续地）焦急；着急。

师：请你焦急地读一读。

生：您的病已经发展到皮肉之间了，要不治还会加深。

师：第三次呢？

生：您的病已经发展到肠胃里，再不治会更加严重。

师：此时的扁鹊，可以说是心急如焚啊！他会怎么劝蔡桓公呢？谁再来读读？

生：您的病已经发展到肠胃里，再不治会更加严重。

师：从一次又一次的劝告中，你体会到扁鹊是个怎样的人？

生：（陆续地）很有责任心的人；很执着的人；不达目的不罢休的人。

（二）说说桓公

师：面对扁鹊一次又一次的劝告，桓公又有什么反应呢？请你读读下面三句话，看看你有什么发现？

（出示）

“我的身体很好，什么病也没有。”

蔡桓公听了很不高兴，没有理睬他。

蔡桓公听了非常不高兴。

师：我们先来看第一次，扁鹊说他皮肤上有点小病，他是怎么回答的？

生：我的身体很好，什么病也没有。

师：你从这句简单的话中，读出了什么？

生：桓公根本不相信他。

生：桓公认为扁鹊是个骗子。

师：是呀！桓公一点儿也不相信他。谁再来读一读？

生：我的身体很好，什么病也没有。

师：如果加上动作，不屑一顾的感觉就出来了，我们一起来试试。

生：（抚胸、摆手）我的身体很好，什么病也没有。

师：真是活灵活现啊！第二次，扁鹊说他的病加重了，蔡桓公有什么反应？

生：蔡桓公听了很不高兴，没有理睬他。

师:蔡桓公听了很不高兴。他在想什么呢?

生:我明明说过自己没病,你为什么还要来烦我?

生:他越是说我有病,我就越不相信他的话。

生:一次次来烦我,该不是想骗我一些钱吧?

师:第三次,蔡桓公什么反应呢?

生:蔡桓公听了非常不高兴。

师:非常不高兴,是什么样子的?

生:脸黑得像锅底,眼睛里会喷出火。

生:恨得咬牙切齿,恨不得把扁鹊拉出去斩了。

师:从蔡桓公的反应中,你觉得蔡桓公是一个什么样的人?

生:(陆续地)自以为是的人;很自负的人;很固执的人。

(三)串讲故事

师:我们来配合一下,讲一讲这个故事。女生读扁鹊的话,男生读蔡桓公的反应,我来串联整个故事。

师:(音乐起)有一天,名医扁鹊拜见蔡桓公,善意地提醒他——

生:大王,据我看来,您皮肤上有点小病。要是不治,恐怕会向体内发展。

师:蔡桓公听了,一点都不相信他——

生:我的身体很好,什么病也没有。

师:过了十来天,扁鹊又来拜见蔡桓公,急切地催促他——

生:您的病已经发展到皮肉之间了,要不治还会加深。

师:蔡桓公听了,有点讨厌他——

生:蔡桓公有点不高兴,没有理睬他。扁鹊又退了出来。

师:十来天后,扁鹊越来越担心蔡桓公的身体,郑重地劝告他——

生:您的病已经发展到肠胃里,再不治会更加严重。

师:蔡桓公听了,非常痛恨他——

生:蔡桓公非常不高兴。扁鹊连忙退了出来。

师:就这样,蔡桓公的病越来越严重,小病变成了大病,最终的结果是——

生:蔡桓公病死了。

(四)角色体验

师:我来采访一下蔡桓公。大王啊大王,人家扁鹊是家喻户晓的名医,你怎么就不相信他的话呢？

生：他只是在我身边站了一会儿，就说我有病。我当然不相信他喽！

生：他没有说清楚我为什么得病了，有什么症状，我当然不相信。

生：他这样的骗子，我见得多了，分不清谁是名医，谁是骗子。

师：大王啊大王！据我所知，扁鹊既没有骗您的钱，更没有伤害您，您怎么就越来越生气呢？

生：因为他老是说我有病。（笑）

生：他三番五次来找我，求着我治病，我当然很生气喽。

生：他当着那么多人的面，竟然说我有病，本大王能不生气吗？

师：是呀！人家是大王，这事最好私聊。

生：他不仅说我有病，还威胁我，再不治会怎么样。我当然不高兴喽！

师：是呀！没什么别没钱，有什么别有病！看来，谁也不喜欢别人说他有病。（学生笑）害怕别人知道自己有病，得了病也不去看医生。有一个成语——讳疾忌医（板书：讳疾忌医），讲的就是这个意思。

【点评】教学的成败，取决于对学生年龄和心理特点的准确把握。小学生以形象思维为主，在一定程度上讲，体验重于理解。如何让学生融入文本，体验文本人物的喜怒哀乐呢？教师设计了一系列的体验活动：揣摩语气，读好扁鹊的语言；合理想象，读好蔡桓公的表现；配乐串读，强化整体认识；角色采访，直抵人物内心。教学活动，从文本语言入手，一步步深入到人物的内心世界。特别是教师设计的采访环节，让学生在有意无意中，实现了角色的转换，学生感同身受，直抒胸臆，从而水到渠成地理解了“讳疾忌医”的人性弱点。

四、揭示寓意

师：救死扶伤是医生的天职。面对浑身疼痛、命悬一线的蔡桓公，名医扁鹊为何一走了之？

生：因为桓公的病已经很严重，谁也没办法了。

师：是的，无药可救了。

生：他如果不走，又治不好桓公的病，可能会有生命危险。

生：桓公的病已经深入骨髓，只能等死了。

师：这叫“病入膏肓”。课文有一段话写出了扁鹊不再为桓公医治的原因，我们一起来读一读。

（出示）

“皮肤病用热水敷烫就能够治好；发展到皮肉之间，用扎针的方法可以治好；即使发展到肠胃里，服几剂汤药也还能治好；一旦深入骨髓，只能等死，医生再也无能为力了。现在大王的病已经深入骨髓，所以我不再请求给他医治！”

师：“无能为力”是什么意思？是说扁鹊没有能力吗？

生：不是，是说没有任何办法了。

师：是呀！面对固执的蔡桓公，名医扁鹊也有“无能为力”的时候。（**板书：无能为力**）读了这则寓言，你明白了什么？

生：得了病，要听从医生的建议，早做治疗。

生：做人不能太顽固，要善于听取他人的意见。

生：有了小病，要尽早治疗，不然会变成大病。

师：仅仅治疗疾病，是这样的吗？

生：不是！其他方面也一样。比如，你犯了小错，不及时改正，就会变成大错。

师：变成大错会怎样？

生：成了习惯，改不了了。

生：没有机会改正了。

生：会有很严重的后果。

师：是的。有了小缺点、小错误，要及时改正，否则，后果不堪设想。用一个成语来说，就是“防微杜渐”。（**板书：防微杜渐**）

【点评】对“无能为力”的理解，很有必要。正因为有了连名医都“无能为力”的严重后果，所以“防微杜渐”就显得非常重要。其中，对于寓意的提炼，教师的指导呈现了“由放到收再到放”的聚焦过程。学生的认识都有道理，但是，教师必须引导学生寻找出文本的核心价值——防微杜渐；仅仅让学生知道小病要及时治疗还不够，必须要让他们认识到，这个道理同样适用于生活中的其他事。因此，教师的追问很有必要。

五、拓展延伸

师：蔡桓公身为一国之君，处理过许许多多的大事。最终，却因为一点小病，失去了宝贵的生命。在临终前，他的心情一定不会平静。他会想些什么呢？请你发挥想象，把想到的内容写下来。

（出示）

五六天之后，蔡桓公浑身疼痛，又听说扁鹊几天前就跑到秦国去了，他百感交集：______________________________

师：蔡桓公在想什么呢？他可能会想到，自己聪明一世，糊涂一时；他可能会想到扁鹊苦口婆心，原来都是为他好；他可能想到自己的病，他可能想到事情的前前后后……

（学生写完后交流）

生：五六天之后，蔡桓公浑身疼痛，又听说扁鹊几天前就跑到秦国去了，他百感交集：我作为一国之君，聪明了一辈子，却被一点小病要了性命。看来，还是大家说得对——不听医生言，吃亏在眼前！

师：俗语改得好，真是画龙点睛。

生：五六天之后，蔡桓公浑身疼痛，又听说扁鹊几天前就跑到秦国去了，他百感交集：扁鹊一次次来找我，原来都是为了我的病啊！只可惜，我把别人的好心当成了驴肝肺，伤害了别人，更伤害了自己。我真是后悔得快要断肠了。

师：明白了扁鹊的良苦用心，可是为时已晚了。

生：五六天之后，蔡桓公浑身疼痛，又听说扁鹊几天前就跑到秦国去了，他百感交集：本来是一点小病，热水敷烫就可以治好。没想到，被我一拖再拖，到了今天的地步，真不应该啊！唉，这一切，都是我自作自受，怪不得别人。

师：人之将死，其言也善！但是，人性是极其复杂的。谁都知道得了病要治疗，但是蔡桓公怎么就执迷不悟呢？有时候，我们需要换个角度来看问题。如果是李一大师来拜见蔡桓公，他肯定不会这样做。他也许会说什么呢？

生：他会说大王的好，讨他的欢心，骗他的钱。

师：是的。他也许会说："大王，我看您容光焕发，精神状态不错，身体一定很健康。您的健康，是全国人民的福气。我最近办了个养生班，练练气功，可以延年益寿。大王，您也来试试吧？要不，我给您打个八折？"

（学生大笑）

师：大王听了，受用吗？会接受治疗吗？

生：会。

师：但是，一代名医扁鹊，怎么就不能获得大王的信任呢？这个问题，你们得到生活里去找答案。下课。

【点评】有了前面几个教学环节的持续铺垫，学生对故事的理解趋于深刻，对人物特点的把握较为准确。此时，安排小练笔，目的是加深学生对文本的感悟，对寓意的理解。教师的点拨，开拓了学生的思路，让练笔呈现出生气勃勃的景象。特别是最后一个问题，留给学生无尽的思考空间。让学生带着问题走出课堂，令人回味悠长。

◎板书设计

扁鹊治病

桓公：讳疾忌医

防微杜渐

扁鹊：无能为力

◎感悟

在教学实践中培养“语用”能力

——兼反思《扁鹊治病》

《全日制义务教育语文课程标准（2011年版）》提出了“语言文字运用”的核心理念，符合语文学习的规律。学习语言，是为了在实际生活中用得上、用得好。语言文字运用能力，主要体现在“听说读写”四个方面。课堂教学中，四个方面都应该兼顾，但不是平均用力。

结合小学生的特点和教学实际，我认为小学语文教师应该俯下身子，认真做好以下四件事情：“写字”“朗读”“深思”“表达”。

第一，扎扎实实写字。

事例：

前不久，有位60多岁的老人找到我，要拜我为师，学习书法。他一脸虔诚地说，没有把字写好，是他一辈子的遗憾。我深有感触，说：“咱们可以相互学习。做你的老师，我压力很大。”

写字，成了许多人的一块心病。

在写字教学中，最重要的事情是什么？是章法、结构、笔画、姿势？其实都不是。学习写字的第一步，是让学生学会放松。艺术的学习，一般都是从放松开始的。教师要让学生全身每一个部位都全然放松，用柔软的力量去控制好手中的笔。如果一二年级的学生，动不动就把铅笔压断，这是一件很危险的事情。如果学生没有学会放松，写字对于他来说，就是一个噩梦，这个噩梦会伴随他一辈子。让学生放松后，还能流畅地书写，是每个语文教师都应该下功夫研究的事情。

如果你是一个细心的人，你就会注意到，写字当中有许多问题需要我们去关注：桌椅的高矮、灯光的强弱、作业本的纸张、笔具的粗细等都会影响学生的书写姿势、写字兴趣和书写质量。

在解决了放松和姿势的情况下，你觉得笔画和结构，哪个更重要？在我看来，小学阶段，笔画应该放在首位，让学生扎实、规范地书写每一个笔画，比什么都紧要。别小看笔画，当中可是大有学问。

横平竖直的说法对吗？撇当中，存在竖弯撇吗？怎么让学生一下就记住捺的书写？横折折撇在"及""建""过"中，发生了怎样的形变……

至于结构，让学生掌握一些核心的技巧就可以了，比如：笔画匀称、主笔突出；上紧下松、左收右放；位置恰当，对比强烈……更细微的结构特征，是书法爱好者、书法家的事情。

本课中，需要书写的生字有十三个，逐一指导书写，肯定不现实。教什么呢？教学生最容易出错的。"睬"字学生容易将中竖贯通，是因为他们不懂字理，教师点拨是必要的；"肠胃"两个字，"月"字所处的位置不同，首笔和形状发生了变化。这些细节，学生容易忽略，教师要加以提醒。

写字教学中，最有效的办法是什么？是手把手地教。班级中，总有那么几个注意力不集中、手部不协调的学生。对于他们，讲解几乎是无效的。教师需要俯下身子，抓住他们的小手，一个笔画一个笔画地教。一边写，一边说出每个笔画的名称和书写技巧。用心教上一个学期，你就会发现学生们明显的进步和提高。书写技巧，是练出来的，也是教出来的。

第二，仔仔细细朗读。

事例：

开学，我让同学们读一篇文章，把自己的错误数一数。结果，错误在五处以下的，不到一半；全对的，有三人。经检查，两人不过关。准确无误的，仅有一人。把课文读正确，是一件很不容易的事情。有些人，能言善辩，朗读文章，却是漏洞百出。

在制定教学目标的时候，教师都会写上“正确、流利、有感情地朗读课文”这一条。但是，在落实教学目标的时候，许多人心里就只剩下“有感情”这一点要求了。从三个词序的排列中，我们不难看出，正确是排在第一位的。情感可以不足，正确不能打折。怎么理解正确？就是在朗读时，做到不掉字，不添字，不错字，不破句，不重复，自然流畅，干净利落。

要达到这五个“不”，谈何容易？学生练习朗读，难免会出现这样那样的错误。能不能及时地发现问题，取决于教师对文本的熟悉程度。上课前，教师最好把课文多读几遍，没有把握的汉字查查字典、词典，把每个字音都搞清楚。还要想一想，哪些词语比较拗口，哪些长句比较困难，以便在课堂上进行有针对性的训练。“把课文背下来再备课”这个观点，我是赞同的。对文本倒背如流，你就有更多的精力来关注学生。

在本课的教学中，有两个特殊的词语——“理睬”和“骨髓”。这两个词语中，两个字都是三声。在朗读的时候，第一个字发生音变，我在教学中进行了强调。读准每个字音，是对学生的要求，更是对教师的要求。

教学中，我们一定要注意初读环节。无论学生在课前预习得多么充分，在课堂上还是要检查。课外读书与课堂上的朗读，不是一回事。短的课文，要让学生逐段朗读，发现问题及时纠正；共性的问题，要全班同学一起练一练。长文，可以抽取难读的段落或者几个句子，让学生读一读。纠正、训练的过程，正是提高学生朗读能力的过程。本课教学中，我安排了许多朗读的环节，让学生读中感悟，读中理解，读出想象，读出画面。

最有效的朗读训练，是教读。教师教一句，学生读一句。这个时候，你会发现，你的声音具有神奇的魔力，就连班级中那些最调皮、最不专心的孩子，也会被你吸引过来。如果班上学生的朗读水平不高，建议你带着学生逐句逐段地朗读。学生读不好的句子，反复教上几遍，直到顺畅为止。令人遗憾的是，课堂上教学生读书的教师，越来越少了。

第三，真真正正思考。

事例：

教学《中彩那天》，我费尽心思引导学生，感悟作者家庭经济的拮据以及父亲的抉择之难，最后落脚到文章的一句话上来：中彩那天父亲打电话的时候，是我家最富有的时刻。我问学生怎么理解这句话。有位学生说:“因为那时候,库伯还没有把奔驰汽车开走!”不知道你怎么看?我尊重学生的理解。虽然,他的价值观还需要引导。

让学生真真正正地思考,必须具备两个条件:一是有足够的时间,让学生深入去想。一堂课,如果设计的问题过多,学生就会疲于奔命,思考就成了浅思考、伪思考。二是有巧妙的问题,能引发学生的认知冲突。如果教师提问后,学生马上就能说出正确的答案,这样的问题,价值就非常有限。语文课,缺失了深度思维,会把学生教傻。

小学语文课,要上得感性一些,简单一些,活泼一些,但是某些地方,依然需要思维的深度。《扁鹊治病》这篇文章,读懂它并不困难,甚至得出一个“防微杜渐”的寓意,也不是很困难的事情。值得我们深思的是:蔡桓公为什么不听扁鹊的劝告?蔡桓公为何越来越生气?这样的问题,就触及人性的本质——人都是爱面子的!“讳疾忌医”,其实是人类的一种通病,是人性的弱点。

人性都有两面,我们评价一个人,既要看到他可悲的一面,还要看到他可爱的一面。蔡桓公真的就一无是处?面对并不了解的扁鹊,保持必要的警惕心,没有必要吗?最后,病入膏肓,浑身疼痛,派人去请扁鹊,一个“请”字说明什么?说明他承认自己错了。再看扁鹊,难道就没有不妥的地方吗?一次又一次地拜见蔡桓公,请求给他治病,难免让人怀疑他动机不纯。而且,他的话很有特点,前半句说病发展到哪儿了,后面还来个尾巴——要不治,会怎么样,明显带有“绑架消费”的意味。再者,蔡桓公病入膏肓之际,他却跑了,而且还跑到秦国去了。咱不说“死马当活马医”,你留点药也行呀!治不好他的病,延长寿命,或者减轻痛苦也未尝不可。当然,我不能在课堂上把自己想的都倒给学生,否则,课没法上了。

我在结课的时候,给他们留了一个问题,让他们自己去思考——扁鹊有高超的医术,有高尚的医德,为什么不能取得蔡桓公的信任?书上没答案,得到生活中去找。

语文教学,需要更加“人性”一些。

第四,规规矩矩表达。

事例:

有位同事把孩子暑假的几篇习作发过来,让我指导。大体上一看,感觉良好:选材新颖,构思独特。细读,许多句子都存在语病。第一篇,我改了二十多处错。我对她说:“你这孩子基本功不扎实。”她听了,没回应我。看来,她并不赞同我的意见。

表达分为两类:口头语言表达和书面语言表达。

先说口头语言表达。课堂教学中,最常见的是交际性语言训练,教师问、学生答,或者学生问、同伴答。这样的回答,内容单一,难度较低。课堂中,也应该有独白性语言训练。学生根据某一主题,按照一定的层次,有条理地讲述一段完整的话。这样的能力,非常重要,却是学生欠缺的。

本课教学中,我设计了一个“复述”课文的教学环节。学生勾画要点,师生合作提炼,复述课文大意。这样的训练,旨在提高学生的概括提炼和口语表达能力。先让一名学生看着表格复述,教师随机指导,是为了给学生以示范;同桌相互复述,让每个人都有训练的机会;最后再隐去字幕,让学生复述,是为了检查训练效果。

再来说说书面语言表达。本课,我设计了一个写话训练——蔡桓公在临终前会想些什么?为什么不是“说些什么”?因为“说”得有具体的对象,对不同的人,说的话会有所不同。“想”就不一样,发挥的空间更大一些。在学生交流的时候,我认真倾听,及时修正他们语言中的错误。

当然,平时写作训练中,最理想的办法,是挑出一两篇文章,带着学生逐字逐句逐标点地推敲。写好每个句子,比多用了几个好词好句更为重要。语文教师要成为语言文字的医生,在读和听的过程中,及时将“语病”揪出来,让学生改正。真正的批改能力,是教师一点一滴教会的。

语文能力,只能在教学实践中培养。“实践”是个动态生成的过程,没有过多的时间留给我们斟酌。我们能做的,无非有两点:一是课前做好充分的准备,让学生做的事情,我们先做一做;二是练就扎实的教学基本功,牢牢地抓住课堂上的每一个细节,落实到位。

独特的视角，鲜明的主题

——《最后一头战象》教学实录与点评

执教：广州市花都区和悦小学　屈太侠
点评：广州市海珠区后乐园街小学　王恩超

一、激情导入，激发兴趣

师：（板书：战）这个字你们都认识，齐读一遍。

生：战。

师：你能用它组个词吗？

生：（陆续地）战争；战车；战马；战斗；战无不胜……

师：打仗时，披挂的铠甲叫——

生：战甲。

师：打仗的地方叫——

生：战场。

师：并肩战斗的朋友叫——

生：战友。

师：作战的大象叫——

生：战象。

师：（板书：战象）关于战象，课文里是这么写的，请大家齐读。

（出示）

士兵骑象杀敌，战象用长鼻劈敌，用象蹄踩敌，一大群战象，排山倒海般地扑向敌人，势不可当。

师：战象，就是作战的大象。1943年，日寇进攻我国西南边陲。象兵同日寇进行了一场惨烈的战斗。我方八十多头战象全部中弹倒地。在搬运战象尸体时，人们发现了一头浑身是血的战象还在喘息，就把它运回寨子，治好伤养了起来。它就是最后一头战象（补全课题），它的名字叫——

生：嘎羧。

师：今天，就让我们学习最后一头战象——嘎羧的感人故事。

【点评】“战”字，是贯穿文本的一条线索。教师从“战”字入手，让学生扩词，提炼出“战甲、战场、战友”三个关键词，为后续的学习进行了铺垫。接着，聚焦到“最后一头战象”上，指向明确，干净利落。

二、检查预习，概括大意

师：课前，我安排你们预习了课文。现在，我来检查一下。谁能把这六个词语读给大家听？

（出示）

并肩战斗　排山倒海　势不可当

英武豪迈　浴血搏杀　激越悲壮

师：准确无误，说明你预习得很充分。但是，读词语的时候，要理解它的意思，读出其中的味道。你们看看，这些词语都是描写什么的？

生：战争。

师：对了！都和战争有关系。那么，该怎么读呢？想一想，我们把这些词语齐读一遍。（学生读，读得慷慨激昂）

师：老师再出示三组句子，你能从这六个词语中选择恰当的词语进行填空吗？

（出示）

嘎羧披挂上象鞍，平添了一股（　　）的气概。

原来嘎羧是要回到当年曾经（　　）的战场。

它死了。它没有到祖宗留下的象冢。它和曾经（　　）的同伴们躺在了一起。

生：嘎羧披挂上象鞍，平添了一股（英武豪迈）的气概。

生：原来嘎羧是要回到当年曾经（浴血搏杀）的战场。

生：它死了。它没有到祖宗留下的象冢。它和曾经（并肩战斗）的同伴们躺在了一起。

师：快速浏览课文，结合上面三组句子，说说嘎羧在临终前，做了哪几件事？

（学生默读思考）

师：嘎羧在临终前，做了哪几件事呢？

生：第一件事情，是重新披挂上自己的象鞍。

师：我们改为“重披战甲”。第二件事情呢？

生：是它又一次回到浴血搏杀的战场。

师：我们改为“再回战场”。第三件事情呢？

生：它自己挖了一个坑，和曾经并肩战斗的伙伴躺在了一起。

师：我们写成“追随战友”。谁能把三件事情连起来说一说？

生：嘎羧在临终前，先披挂上自己的战甲，然后到当年作战的地方去看了看，最后，它挖了一个大坑，把自己和当年牺牲的战象埋葬在了一起。

师：你用上了“先……然后……最后”，把课文主要内容讲得很清楚。

【点评】很明显，教师采取了“抓重点”语句的方法，引导学生概括文章大意。这样的方法原本并无新意，但教师很巧妙地把学习词语、朗读句子、概括大意非常完美地组合在一起，整体感大大加强。我们不得不说：教学设计，的确很重要。

三、品读细节，体会情感

（一）批注交流

师：让我们再次默读课文，注意学习要求。

（出示）

在这些事情当中，哪些细节描写深深地打动了你，请用“____”画出来。把你的阅读感受，简单地批注在旁边。

（学生批注后，小组交流）

（二）细节品读

师：在“重披战甲”这件事情当中，哪些语句深深地打动了你？

（学生汇报后，出示细节一）

没想到，嘎羧见了，一下子安静下来，用鼻子呼呼吹去上面的灰尘，鼻尖久久地在上面摩挲着，眼睛里泪光闪闪，像是见到久别重逢的老朋友。

师：这是嘎羧见到象鞍时的情景。再次见到当年披挂的象鞍，时间已经过去了多少年？

生：二十六年。

师：二十六年后再一次相见，课文中用了一个词，那就是——

生:久别重逢。

师:让我们先把目光聚焦到嘎羧的动作上。“摩挲”这两个字,都有一个“手”字旁,说明它们都和“手”有关系。猜一猜,它是什么意思?

生:**(陆续地)**是抚摸的意思;轻轻地摸;柔柔地摸。

师:让我们把目光聚焦到嘎羧的动作上——呼呼吹去灰尘、久久地抚摸。你从它的动作中,体会到了什么呢?

生:嘎羧很喜爱它的鞍子。

生:嘎羧一直惦记着它的战甲。

生:嘎羧最喜欢的东西,就是它的象鞍了。

师:你能通过朗读,表现出嘎羧对战甲的深厚感情吗?

(学生练习后,指名读)

师:二十六年了,嘎羧还念念不忘!这究竟是一个怎样的象鞍啊?

(出示)

象鞍上留着弹洞,似乎还有斑斑血迹,混合着一股皮革、硝烟、战尘和血液的奇特气味。

师:看到这个伤痕累累、血迹斑斑的象鞍,嘎羧早已泪光闪闪。它会想到谁呢?

生:**(陆续地)**会想到当年的自己;想到自己的战友;它会想起作战时的情景……

师:是啊!这个残破不堪的象鞍,记录着嘎羧年轻时,那段激情燃烧的岁月,那段灿烂辉煌的历史。每一个弹洞,都是一段刻骨铭心的记忆;每一片血迹,都是一个催人泪下的故事。你们说,如此珍贵的东西,它能忘记吗?

生:不能。

师:带着这样的感受,想一想,这段话该怎么读?

(指名读后,齐读)

师:动物和人一样,都具有丰富的情感。嘎羧自己是不会说话的,我们是如何体会到的呢?

生:我们通过嘎羧的动作、神态描写感受到的。

师:是的!作者正是通过对嘎羧动作、神态的细致入微的描写,让我们感受到它丰富的情感世界。

【点评】我们能够真切地感受到，教师的教学思路是非常清晰的。这一重点片段的学习，采用了“以读为本”的教学策略。从读出喜爱之情，到读出自豪与荣耀，再到读懂表达方法，由感性到理性，层层递进，步步提高。在教师的引导下，学生读出了“是什么”，读出了“为什么”，还读出了“怎么写”。

师：在“重回战场”这一部分，哪些描写让你感动？

（学生汇报后，出示细节二）

它站在江滩的卵石上，久久凝望着清波荡漾的江面。然后，它踩着哗哗流淌的江水，走到一块龟形礁石上亲了又亲，许久，又昂起头来，向着天边那轮火红的朝阳，欧——欧——发出震耳欲聋的吼叫。这时，它身体膨胀起来，四条腿皮肤紧绷绷地发亮，一双眼睛炯炯有神，吼声激越悲壮，惊得江里的鱼儿扑喇喇跳出水面。

师：我们来合作读读这段话。它站在江滩的卵石上——

生：久久凝望着清波荡漾的江面。

师：“凝望”是专注平静地看。此时，嘎羧的心情是——

生：平静的。

师：然后，它踩着哗哗流淌的江水，走到一块龟形礁石上亲了又亲——

生：许久，又昂起头来，向着天边那轮火红的朝阳，欧——欧——发出震耳欲聋的吼叫。

师：我们从“震耳欲聋”的吼声中感受到，此时的嘎羧，心情是——

生：激动的。

师：这时，它身体膨胀起来，四条腿皮肤紧绷绷地发亮——

生：一双眼睛炯炯有神，吼声激越悲壮，惊得江里的鱼儿扑喇喇跳出水面。

师：眼睛炯炯有神，吼声激越悲壮，此时嘎羧的心情是——

生：兴奋的。

师：换个词——亢奋。从平静到激动再到亢奋，你能读出这样的层次变化来吗？

（学生练习后，指名读）

师：重回战场的嘎羧，变得如此激动与亢奋。它想起了什么呢？请你展开想象，把你想到的写下来。

（出示）

嘎羧站在江滩的卵石上，久久凝望着清波荡漾的江面。此时，它仿佛看到了二十六年前那惊心动魄的一幕幕：______________________________。

师：（音乐起，教师引导）它仿佛看到，威武雄壮的战象排山倒海般地冲向敌人，势不可当；它仿佛看到，耀武扬威的日本侵略者看到这些庞然大物，丢盔弃甲，仓皇逃窜；它仿佛看到，英勇的抗日将士冒着枪林弹雨，不顾一切冲向敌人；它仿佛看到了原本美丽的打洛江畔，横尸遍野，血流成河，惨不忍睹……

（学生写完后汇报交流）

师：故地重游，触景生情。两天前的嘎羧，显得很衰老，整天卧在树阴下打瞌睡。现在，它却走了整整一天，来到打洛江边——

生：它站在江滩的卵石上，久久凝望着清波荡漾的江面。

师：两天前的嘎羧，还躺在地上拒绝进食，要揪住它的鼻子摇晃好一阵，它才会艰难地睁开眼睛，朝你看一眼。现在，它重新焕发出生机与活力——

生：然后，它踩着哗哗流淌的江水，走到一块龟形礁石上亲了又亲，许久，又昂起头来，向着天边那轮火红的朝阳，欧——欧——发出震耳欲聋的吼叫。

师：两天前，波农丁说："太阳要落山了，火塘要熄灭了，嘎羧要走黄泉路啦。"现在，它仿佛回到了二十六年的样子——

生：这时，它身体膨胀起来，四条腿皮肤紧绷绷地发亮，一双眼睛炯炯有神，吼声激越悲壮，惊得江里的鱼儿扑喇喇跳出水面。

师：同学们，多么鲜明的对比啊！我读的是衰老的战象。

生：我读的是年轻的战象。

师：我读的是无精打采的战象。

生：我读的是精神抖擞的战象。

师：我读的是奄奄一息的战象。

生：我读的是容光焕发的战象。

生：我读的是朝气蓬勃的战象。

师：让我们振作精神，调整气息，读出嘎羧重返战场时的英勇豪迈、悲壮激越吧。

（学生群情激昂，读得声情并茂）

【点评】这段话，是文章的高潮部分，如何让学生读出情趣，读出味道，考验着教师的教学功底。教师先采用了"合作读"的方式，让学生发现嘎羧的情感变化，读出丰富的层次感；接着，进行想象练笔，还原当时悲壮惨烈的战斗场面，体会嘎羧如此亢奋的根本原因；最后，将嘎羧前后的表现，对比着进行朗读。通过教师适当的点拨，学生读得绘声绘色，入情入境，掀起一个又一个高潮。

师：在“追随战友”这一部分，你难以忘记的细节是什么？

（学生汇报后，出示细节三）

土坑约有三米深，嘎羧卧在坑底，侧着脸，鼻子盘在腿弯，一只眼睛睁得老大，凝望着天空。

师：一只眼睛睁得老大，它在想什么呢？

生：它想，战友们，我终于来找你们了。

生：它想到自己当年英武豪迈的样子。

生：它想，战斗终于结束了，以后不要再打仗了。

……

师：嘎羧最令人感动的地方，在这两处对比上（出示两段文字）。读一读，说说你的体会。

大象是一种很有灵性的动物，每群象都有一个象冢，除了横遭不幸暴毙荒野的，它们都能准确地预感到自己的死期，在死神降临的半个月左右，会独自走到遥远而又神秘的象冢里去。

它死了。它没有到祖宗留下的象冢。它和曾经并肩战斗的同伴们躺在了一起。

生：大象，一般都要和自己的亲人们死在一起。但嘎羧，没有忘记自己是一头战象，它舍不得离开自己的战友，就选择和同伴死在了一起。

师：这就是最后一头战象，平日里，他优哉游哉。但是，战争的创伤，它永远无法忘记。临终时，也没有忘记自己崇高的使命。它为战而生，最终选择与战友同眠，令人肃然起敬！

【点评】一千个读者心中有一千个哈姆雷特。临终的嘎羧，睁着眼睛凝望天空。它在想什么呢？学生根据自己的理解，表达了自己的想法。教学，要解放学生的思维，而不要追求统一的标准答案。

四、梳理历程，提炼写法

师：（音乐起）我们再来梳理一下嘎羧最后一段生命历程吧。二十六年了，它没有忘记血迹斑斑的战甲——

生：没想到，嘎羧见了，一下子安静下来，用鼻子呼呼吹去上面的灰尘，鼻尖久久地在上面摩挲着，眼睛里泪光闪闪，像是见到了久别重逢的老朋友。

师：二十六年了，他没有忘记浴血搏杀的战场——

生：它站在江滩的卵石上，久久凝望着清波荡漾的江面。然后，它踩着哗哗流淌的江水，走到一块龟形礁石上亲了又亲，许久，又昂起头来，向着天边那轮火红的朝阳，欷——欷——发出震耳欲聋的吼叫。这时，它身体膨胀起来，四条腿皮肤紧绷绷地发亮，一双眼睛炯炯有神，吼声激越悲壮，惊得江里的鱼儿扑喇喇跳出水面。

师：二十六年了，它没有忘记并肩战斗的战友——

生：它死了。它没有到祖宗留下的象冢。它和曾经并肩战斗的同伴们躺在了一起。

师：你看，动物和人一样，具有丰富的情感，正如本文作者沈石溪先生说的那样。

（出示）

美好的情感并非人类专有，在特定的环境下，许多动物也会表现出可歌可泣的高尚情怀，这种情怀震撼心灵 。

——沈石溪

师：二十六年了，多么漫长的一段时光啊！作者为何只撷取了嘎羧临终前的一小段时光来写？

生：嘎羧临终前的故事，更能感动人。

师：是呀！作者选择了一个很独特的视角——从死亡的角度，记录了嘎羧最感人的一段时光，表现了嘎羧丰富的情感。我们再想想，二十六年，该有多少感人的故事发生啊！作者却为何偏偏选中了临终前的三件小事来写？

生：这三件事都和“战”字有关。

师：是的。作者通过三件和“战”字有关的事情，高度集中地表现出嘎羧崇高的使命感。在我们的心里，嘎羧不再仅仅是一头战象，更像是一位可歌可泣的——

生：英雄。

师：让我们牢牢地记住这最后一头战象，它的名字叫——

生：嘎羧。

【点评】对嘎羧临终前那一段生命历程的梳理，很有必要。其一，让我们对嘎羧有了更加全面、立体的认识；其二，对这节课学习的内容，进行了整体的回顾。上述两点，为提炼文章的写作特色，进行了很好的铺垫。学生只有站在全文的角度去考量，才能感受到作者在写作方面的鲜明特色——独特的视角，鲜明的主题。方法和技巧的提炼，建立在对内容的整体把握和深入理解的基础之上。

◎板书设计

最后一头战象

重披战甲

再回战场

追随战友

◎感悟

向青草更深处漫溯

一堂好课，要想给人留下深刻的印象，必然要有教学亮点。所谓教学亮点，就是出乎意料、超乎寻常的教学细节。

曾经读过一位特级教师的文章——《亮点是设计出来的吗》，内容已经忘得差不多了，但是我记住了核心观点：亮点，是在课堂教学的过程中，自然而然生长出来的，不需要刻意去设计；凡是可以设计出来的，往往不能成为教学的亮点。

我对这样的观点，持反对态度。大部分亮点，还是设计出来的。很多省级、国家级的公开课，亮点纷呈，很明显，集中了许多人的智慧与才能，是一个教研团队共同设计出来的。

一堂课，不可能将所有的教学环节都成为亮点。能成为教学亮点的，也就是其中的一两个教学环节。如何让你的亮点闪现智慧的光芒，给别人留下深刻的印象？

首先，我们要想一想，我们的设计是否落入俗套？教学设计，我们往往会遭遇这样的尴尬：辛辛苦苦设计了一个教学环节，本以为自己是哥伦布，没想到新大陆早在多年前就被别人发现了。你想想，这几十年来，得有多少教师执教过公开课？你选择的文本，不知道有多少人曾经“演绎”过。一不小心，你就会步人后尘。设计是否新颖独特，直接考验着教师的鉴赏力和创造力。为了避免“撞衫”，需要我们在上课前，大量搜集别人的教案、实录，进行比较、提炼，而不是闭门造车。比如，执教《蟋蟀的住宅》时，我就另辟蹊径，出示两张图片，让学生猜两个汉字——“穴”与“宅”，进而用一个问题串联起整节课：作者为什么不说是蟋蟀的“洞穴”，而要说成蟋蟀的“住宅”呢？这个问题搞明白了，学生就发现本文在表达上的最大特色——拟人手法。

其次，我们要想一想，我们的设计是否浅尝辄止？有时候，你发现别人的设计，就是归路所在，就是真理所向，必须沿着这条路前行。这时，我们需要考虑：站在终点，我还能不能再向前迈一步，哪怕是一小步。迈出去了，你就成功地超越了别人，你的教学亮点就呈现出来了。

例如，在教学《最后一头战象》时，我发现许多国赛选手在细节赏析方面，已经做得很细致，很完美了。那我就在整体把握上，多下一点功夫。于是，我将朗读成语、选择成语填空、串联句子概括主要内容，完美地融合在一起；在赏析完细节后，我再次回到整体：二十六年了，多么漫长的一段时间，作者为何只撷取了嘎羧临终前的短短三天？二十六年了，该有多少动人的故事发生，作者为何偏偏选中了这三件事？从而让学生明白了选材的重要性——作者沈石溪从死亡的角度，选择了与“战”字有关的三件事，集中表现了一头战象神圣而庄严的使命。在继承传统的基础上，我有创新和超越。

最后，我们要想一想，自己的教学设计，是否华而不实？所有的教学设计，都是为课堂服务的，都是为师生服务的，都是为实现教学目标服务的。在追求“亮”的同时，要追求“实”，也就是实际的价值和效度。有些设计，能活跃课堂气氛，能引发学生深思，但是，脱离了教学的主题，我们必须忍痛割爱，毫不手软地将其砍掉。

一份好的设计，一定是设计者苦心经营的结果。当教学设计遭遇梗阻的时候，往往也是灵光乍现、亮点生成的时刻。我经常备完课后，静静地闭上眼睛，一遍遍梳理教学流程，一遍遍琢磨教学细节，有好的创意，马上翻身下床，记录下来。所谓灵感，就是“山重水复疑无路，柳暗花明又一村”的惊喜；是“梦里寻他千百度，蓦然回首，那人却在灯火阑珊处”的释然。

让阅读教学充满辩证思考的魅力

——《纪昌学射》教学实录与点评

执教：广州市花都区和悦小学　屈太侠
点评：广州市海珠区后乐园街小学　王恩超

一、学习字词

师：寓言是很有意思的文章，它通过短小精炼的故事，告诉我们一个深刻的道理。今天，我们学习的课文里有两个小故事，所以，课文题目是——

生：《寓言两则》。

师：这节课，我们只学习第一则寓言。第一则寓言是——

生：《纪昌学射》。

师："纪"字是个多音字，做姓的时候，一般读作"jǐ"。我们一起来读——

生：纪昌学射。

师："昌"字是个生字，如何记住它呢？

生：它是由两个"日"组成的，上面小，下面大。

师：错了！这个字，是由两个"曰"组成的。"曰"字的意思就是"说"，两个"曰"，就是不停地"说"。现在，它的意思发生了变化，是"兴旺、兴盛"的意思。我们都希望，伟大的祖国，繁荣——

生：昌盛。

师：（边说边写）本文还有一个要学的字——"妻"字。这个字很有意思，上面的横与竖代表发髻，中间是一只大手，下面是个"女"字。表示男人抓住女人的头发，抢回家做妻子。在古代，妇女是没有地位的，现在社会进步了，男女平等了，但是这个字已经创造出来了，无法更改。请同学们拿起笔来，把这两个词语（出示：纪昌　妻子）抄写一遍。

师：还有两个词语（出示：梭子　虱子）比较陌生，你们也许根本没见过。

师：（出示"梭子"的图片）这个小巧、光滑、像一只小船的玩意，就是——

生：梭子。

师：古时候，都是用织布机来织布。织布的时候，梭子在织布机里不停地来回穿梭，速度很快。所以，有一句俗语是描写时间过得很快：光阴似箭——

生：日月如梭。

师：（出示“虱子”的图片）这个看似可爱的小动物，其实像蚊子一样讨厌。以前，卫生条件差，有人身上会长出这样的小动物，人被咬得无比难受。现在，卫生条件好了，虱子基本绝迹了。

【点评】这则故事语言通俗，内容浅显。大多数字词对于学生而言，比较简单。但是，个别生僻的词语，已经远离了学生的生活实际。教师用图片呈现，再加上清晰简洁的描述，让学生轻松地理解了词语的意思。由此，我们真切地感受到，教师在必要的时候，还得讲，要讲得清楚、透彻、明白。

二、了解大意

师：课文的题目是《纪昌学射》。“射”的意思是——

生：射箭。

师：纪昌向谁学习射箭的本领？

生：飞卫。

师：一般来说，事情都有起因、经过和结果。事情的起因，一般都放在文章的开头，谁来读第一自然段？

生：飞卫是一名射箭能手。有个叫纪昌的人，想学习射箭，就去向飞卫请教。

师：事情的结果，一般都放在文章的结尾。谁来读最后一个自然段？

生：后来，纪昌成了百发百中的射箭能手。

师：事情的经过在哪儿呢？浏览第二、三自然段，看谁先找到。

生：开始练习的时候，飞卫对纪昌说：“你要想学会射箭，首先应该下功夫练眼力。”

师：找得真准！谁来把这三个点连起来，说一说文章的主要内容？你要注意，个别地方需要调整一下。

生：纪昌拜飞卫为师，学习射箭。飞卫告诉他，要学好射箭，先要下功夫练眼力。纪昌练好了眼力后，飞卫才开始叫他开弓放箭。后来，纪昌成了百发百中的射箭能手。

师：抓住了文章中最关键的句子，抓住了事情的起因、经过和结果，我们就很好地把握了文章的主要内容。

【点评】本文是按照事情的发展顺序来写的，抓住了事情的起因、经过、结果，就比较清楚地把握了课文的主要内容。教师让学生去寻找课文中最关键的句子,然后引导他们将这些句子,串联成一段完整的话。其实,教给了学生一种方法——文章的主要内容,有时候可以直接到文章里去找。

三、品读人物

师:文中,飞卫是一名老师。他在教纪昌的时候,是怎么跟说的,请把他的话用“______”画下来;纪昌又是怎么学的,请用“～～～”画出来。想一想,练一练,如何读好这些句子。

(出示)

“你要想学会射箭,首先应该下功夫练眼力。眼睛要牢牢地盯住一个目标,不能眨一眨!”

“虽然你已经取得了不小的成绩,但你的眼力还不够。等到练得能够把极小的东西,看成一件很大东西的时候,你再来见我吧!”

师:读一读纪昌的话,想一想,你觉得应该强调哪些词语,为什么?

生:我觉得“首先”很重要,说明练眼力是学习射箭的重要条件。

生:我觉得应该强调“牢牢地”“眨一眨”这两个词语,说明练眼力的时候,要专心、专注,不能有丝毫放松。

师:带着你们的理解,读一读第一组句子。

生:你要想学会射箭,首先应该下功夫练眼力。眼睛要牢牢地盯住一个目标,不能眨一眨!

师:抓住了关键词,我们就读出语言的味道来了。那么第二组句子呢?

生:我觉得应该强调“虽然……但是……”这个关联词,说明飞卫的要求很高,很严格。

生:我认为“极小”与“很大”这两个词语很重要,说明做到这一点,非常困难!

师:带着你们的理解,读一读第二组句子。

生:虽然你已经取得了不小的成绩,但你的眼力还不够。等到练得能够把极小的东西,看成一件很大东西的时候,你再来见我吧!

师:通过这些语言,你感受到飞卫是一个怎样的老师?

生:(陆续地)严格的老师;很有方法的老师;很认真的老师……

师:是的,严师出高徒啊!我们再来看看,纪昌是怎么做的吧!

(出示)

纪昌回家之后，就开始练习起来。妻子织布的时候，他躺在织布机下面，睁大眼睛，注视着梭子来回穿梭。

纪昌记住了飞卫的话。回到家里，又开始练习起来。他用一根长头发，绑住一只虱子，把它吊在窗口。然后每天站在虱子旁边，聚精会神地盯着它。

师：小声读一读，想一想，你从这些句子当中，体会到了什么？

生：我从“注视”中体会到纪昌很认真，很专注。

生：我从“聚精会神”中体会到，纪昌学习的时候，精力高度集中。

师：你们能通过朗读，表现出纪昌的认真与专注吗？

（学生个性化朗读，教师随机点拨）

师：通过这些动作和神态的描写，你感受到纪昌是个什么样的人？

生：（陆续地）有恒心的人；有毅力的人；坚持不懈的人……

师：飞卫教导有方，再加上自身的刻苦练习，纪昌最终成了——

生：百发百中的射箭能手。

【点评】读寓言，其实也是在读寓言中的人物（事物）。本文中有两个人物——纪昌和飞卫。作者在描写两个人物的时候，着力点是不一样的。描写飞卫，重在言传——应该怎么做，做到什么程度。通过一些细微词语的赏析，学生就能感受到到飞卫的严格与细致。描写纪昌，重在力行——怎么把师傅的话落到实处。通过对细节的品味，让学生感受到纪昌的恒心与毅力。

四、揭示寓意

师：你们仔细读读第二、三自然段，看看它们在段落结构上有什么相同的地方，或者说，这两段都是先写什么，再写什么，最后写什么。

生：都是先写飞卫说了什么，接着写纪昌是怎么练习的，最后写得到了怎样的结果。

生：结构一样，先写飞卫怎么教的，再写纪昌怎么学，最后写学习效果怎么样。

师：到了真正练习开弓射箭的时候，课文只写了一句话。

（出示）

于是，飞卫开始教他怎样开弓，怎样放箭。

师：这一部分，写得实在太简单了。如果按照上面两段的结构，应该怎么来写啊？

生：先写飞卫怎么教他开弓放箭，再写纪昌怎么练习，最后写效果怎么样。

师：拿起笔来，把你想到的写下来。

（出示）

于是，飞卫开始教他怎样开弓，怎样放箭。飞卫说：＿＿＿＿＿＿＿＿＿＿＿＿。

师：谁来和大家分享一下？

生：于是，飞卫开始教他怎样开弓，怎样放箭。飞卫说："射箭的时候，两腿微微分开，形成弓步，左手握住弓，右手用力拉开弦，瞄准目标后，迅速松手，箭就飞出去了。"纪昌回到家后，就开始练习。他发现自己的手微微颤抖。经过不断练习后，终于成功了。

师：你的描写很有画面感！

生：于是，飞卫开始教他怎样开弓，怎样放箭。飞卫说："开弓的时候，一定要把弓拉圆，这样飞出去的箭才有速度。放箭的时候，速度一定要快。"纪昌回到家，一遍遍地练习起来。后来，他不仅学会了射不动的树叶，还学会了射天上飞过的小鸟。

师：不仅能射静止的树叶，还能射飞翔的小鸟，真是个名副其实的射箭能手啊！同学们写得真精彩！可是，我们回头来想一想，你们都能写得这么精彩，作者难道不会写吗？他为什么不把纪昌学习开弓放箭的过程写清楚呢？

生：因为它不是文章的主要内容。

师：课文的题目就是《纪昌学射》，学习射箭应该是主要内容才对啊！

生：练不好眼力，是无法学好射箭的！

生：练眼力是学习射箭的基本功，没有练好基本功，学不好本领。

生：这篇文章，其实就是告诉我们，学好基本功，打好基础，才能取得成功。

（板书：练好基本功，才能成大器）

师：对了！这则寓言，细致入微地描写纪昌练习眼力，轻描淡写地描写开弓射箭，其实就是告诉我们这样的道理。

（出示）

学习一定要下苦功夫，扎扎实实地打好基础。

师：文章的内容，一定是为主题服务的，主要的内容详细些，次要的内容简略写。这样我们就做到了主次分明，重点突出。**（板书：主次分明，重点突出）**

师：你们想一想，光学习射箭这项本领，是这样的吗？

生：我学习钢琴，老师每次都让我进行指法练习。

生：我们学习舞蹈的时候，老师每次都让我们劈叉、下腰。

生：学习美术，老师经常训练我们的线条以及构图能力。

生：学习书法，必须要练好基本笔画。

……

师：学习任何本领都一样，扎扎实实地打好基础，认认真真地练好基本功，才能成大器。下课！

【点评】文本内容，人人可见；而文本形式，对于大多数人而言，却是个秘密。教师让学生通过对比，发现了第二、三自然段在段落结构上的共同点——先写“说”，再写“做”，最后写“结果”。在此基础上，教师让学生聚焦留白点，进行仿写。更为巧妙的是，教师没有就此停步，而是让学生做进一步探索——作者为什么不把“开弓射箭”的内容写详细？这一充满辩证思考的问题，可谓一箭双雕：一是巧妙地揭示出寓意——练好基本功，才能成大器；二是感受到作者的匠心独运——重点突出，主次分明。

◎板书设计

纪昌学射

练好基本功，才能成大器

重点突出，主次分明

◎感悟

增强课堂练笔的实效性

近些年，课堂练笔成了炙手可热的教学环节。特别是在一些教学比赛中，几乎达到了“无课不练”的境地。这是大家对语文教学规律的重新认识和发掘，符合语文学科的特点。

曾几何时，我们的语文课，感悟体验之风盛行。课堂上书声琅琅，小手林立。可是，一个个能说会道的学生，一到动笔，就原形毕露：要么老虎吃天——无处下爪；要么思维混乱，漏洞百出。我们的语文课堂，培养了一大批眼高手低、只会动口不会动手的“君子”。语文教学，要教会学生表达，特别是书面表达。学生的写作表达能力，不要指望一个学期八次习作解决问题。我们需要做的，是将学习任务分解，将写作活动常态化。读写结合就是很有实效的一种做法。

对于课堂上的小练笔，我是持赞成态度的。写作能力，不是说出来的，而是实打实练出来的。我们要想方设法，多给学生创造勤于动笔、乐于分享的机会。小学，是打基础的阶段，就应该从小处做起，用一些针对性强的小练笔，扎扎实实练好学生的习作基本功。

但是，在众多的教学设计中，练笔设计环节，高低优劣往往显而易见。对于课堂练笔，我将自己的感受，用三句话进行概括。

第一句话：练了，比没有练强。眼过千遍，不如手过一遍；嘴说十句，不如手写一句。不管怎样，口语表达，没有书面表达严谨、规范。课堂上，不让学生动笔，热热闹闹的一堂课过后，学生的收获是非常有限的。甚至过一段时间，学生会遗忘得一干二净。让学生动笔写一写，就需要原材料加工、提炼、总结，印象就比较深刻了。

第二句话：练形式，比练内容强。在教学过程中，许多练笔往往是在内容上打转的，最常见的就是：某某某，想对你说……这样的练笔，如果教师不加引导，学生往往会陷入思维僵化、表达模式化的泥沼之中，说一些感恩戴德、言不由衷的话。文本内容，几乎人人可见；表达形式，对于绝大多数人而言，却是个谜。揭示出文本的表达形式不是目的，目的是灵活运用这样的表达形式。就拿《纪昌学射》这篇文章来说，作者在描写纪昌学习基本功的两个段落时，都运用了相同的结构段式：先写飞卫说了什么，再写纪昌怎么做的，最后写达到了怎样的效果。而在描写“开弓射箭”的时候，只用了寥寥数语。我就让学生根据前两个自然段的结构段式，去补白“开弓射箭”这一部分。我们明显感受到，学生掌握了一定的结构图示后，仿写就比较成功。

第三句话：练整体，比练局部强。我们要牢固树立这样一个观念：对整体结构的仿写，价值往往大于对局部的模仿。解读教材、设计教学的时候，我们一定要站在整体和全局的角度，去思考和构建。例如，在教学《给予树》一课时，母亲的心情变化是一个很重要的教学内容，值得我们去品味赏析、迁移运用。如果我们只是让学生仿写一处心情，价值就非常有限了；但是，我们借鉴文本写法，设计一组小练笔，描写某人在经历某件事情时一波三折、跌宕起伏的心情变化，那就非常有意思了。

含金量高的课堂，不仅要让学生读得有味，说得有理，还要写得精彩。选择合适与否的写作内容，往往决定课堂练笔的成败。

寻找科普作品中的文学味

——《蟋蟀的住宅》教学实录与点评

执教：广州市花都区和悦小学　屈太侠

点评：广州市海珠区教育发展中心　谢李文

一、猜字导入

师：（音乐起）同学们，咱们中国的汉字，真有意思。有时候，一个字就是一幅画。你们来猜一猜：这是个什么字？

（出示）

生：是“穴”字。

师：对了！“穴”字，就是这样一步一步演变过来的。“穴”的本义是“洞”，下面的点和捺，就是洞里的石头或土块。

（出示）

甲骨文	金文	小篆	隶书	楷书
				穴

师：加大难度，再猜一个。

（出示）

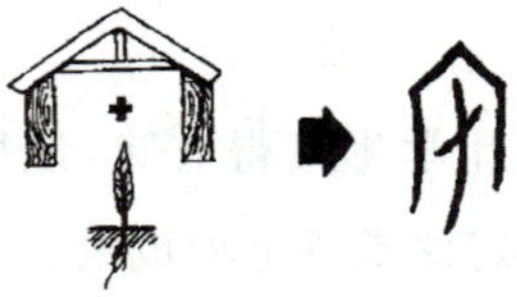

生：好像是个“家”吧？因为有一所房子。

师：有一定的道理。但不是“家”。谁再来猜？

生：是个“宅”字吧？

师：被你猜中了，的确是个“宅”字。我们来看它的演变过程。

（出示）

甲骨文	金文	小篆	隶书	楷书
			宅	宅

师：谁来给“穴”“宅”这两个字各组一个词？

生：洞穴、住宅。

师：一般来说，描写小动物的住处，我们会用——

生：洞穴。

师：描写人的住处，我们会用——

生：住宅。

师：而我们今天学习课文，题目却是——

生：《蟋蟀的住宅》。

师：你有问题吗？

生：作者为什么不说是蟋蟀的洞穴，而要说是蟋蟀的住宅？

师：是呀，这是怎么回事呢？等上完这堂课，你就明白啦！

【点评】游戏是儿童的天性！当一幅幅字谜图画呈现在学生面前时，学习就成了智力挑战游戏。这样的设计，既让汉字变得活泼可爱，又调动了学生学习的积极性。在此基础上，让学生质疑课题，带着疑惑开启学习历程，牢牢抓住了学生的心。

二、整体感知

师：现在，让我们到蟋蟀的住宅去看一看吧！请大家轻轻捧起课本，认真把课文读一遍，注意做到如下两点：

（出示）

①把字音读准确，把句子读通顺。

②作者写了关于蟋蟀住宅的哪些内容？

（学生读书，教师巡视指导）

师：课文很长，但是大家读得很投入，看来，蟋蟀的住宅，的确很有趣，把你们深深地吸引住了！这是课文中的一些词语，谁来教大家读一读？

（出示）

隐蔽　慎重　选择　搜索　弃去

挖掘　堤岸　隧道　粗糙　巢穴

（指名读，开火车读，齐读）

师：在这些生字当中，有一个字很容易写错，这个字就是“蔽”字。请同学们举起右手食指，和老师一起写写这个字。

（范写、临写、点评）

师：现在，我检查一下课文读得怎么样。谁来读读课文第一自然段？

（出示）

居住在草地上的蟋蟀，差不多和蝉一样有名。它的出名不光由于它的歌唱，还由于它的住宅。

师：读得很流利！这是作者法布尔对蟋蟀的评价。咱们一起读——

生：居住……它的住宅。

师：作者写了关于蟋蟀住宅的哪些内容？

生：蟋蟀的住宅是什么样子的。

生：蟋蟀的住宅内部很光滑。

生：洞口有一丛草半掩着。

师：这些都是蟋蟀住宅的特点。（板书：住宅特点）除了住宅特点之外，课文还写了什么呢？

生：蟋蟀是怎么修建住宅的。

师：也就是修建住宅的过程。（板书：修建过程）

【点评】字词教学，要少而精。本文生僻的字、词比较多，教师选择一些容易读错的词语，通过教读、开火车读、齐读等方式，扎实训练，效果良好。要写的字也不少，教师只选择一个“蔽”字，范写后让学生临写，针对性强。整体把握环节，教师设计了一个问题——“作者写了关于蟋蟀住宅的哪些内容”，在学生回答的基础上，将文本内容概括为两个方面：住宅特点和修建过程，清晰、简洁、明快。

三、重点品读

（一）品读第二自然段

1. 理解“随遇而安”

师：蟋蟀的住宅特点有什么呢？我们先到第二自然段看一看。谁来读？

（出示）

别的昆虫大多在临时的隐蔽所藏身。它们的隐蔽所得来不费工夫，弃去毫不可惜。蟋蟀和它们不同，不肯随遇而安。它常常慎重地选择住址，一定要排水优良，并且有温和的阳光。它不利用现成的洞穴，它的舒服的住宅是自己一点一点挖掘的，从大厅一直到卧室。

师：这段话当中，有一个很重要的成语——

生：随遇而安。

师："随遇而安"是什么意思？

生：随便找个地方，就安定下来了。

生：无论什么条件，都能满足。

师：有时候，为了准确理解词语的意思，可以借助词典。我们来看看，词典里是怎么解释的。

（出示）

随：顺从。遇：遭遇。随遇而安：指能顺应环境，在任何境遇中都能满足。

师：规范的解释中，"随"的意思是——

生：顺从。

师："遇"的意思是——

生：遭遇。

师："随遇而安"的意思是——

生：能顺应环境，在任何境遇中都能满足。

师：当然，我们还可以联系上下文。再看看这段话，谁"随遇而安"呢？

生：其他昆虫。

师：你从哪些句子看出，其他昆虫随遇而安？

生：别的昆虫大多在临时的隐蔽所藏身。它们的隐蔽所得来不费工夫，弃去毫不可惜。蟋蟀和它们不同，不肯随遇而安。

师：连个固定的住所都没有，生活可真够随意的。不肯随遇而安的，又是谁呢？

生：蟋蟀。

师：你又从哪些句子看出蟋蟀不肯随遇而安？

生：它常常慎重地选择住址，一定要排水优良，并且有温和的阳光。它不利用现成的洞穴，它的舒服的住宅是自己一点一点挖掘的，从大厅一直到卧室。

【点评】理解“随遇而安”这个成语，教师设计了三个层次：猜测大意，借助词典，结合本文。一个成语，串联起整个语段的学习，为后续朗读做好了铺垫。

2.读出对比

师：蟋蟀与其他昆虫，有什么不同呢？老师把这段话稍稍修改了一下。我们对比着读一读。（音乐起）别的昆虫大多在临时的隐蔽所藏身。

生：蟋蟀和它们不同，不肯随遇而安。

师：有些昆虫，随意地选择住址，可能潮湿阴暗，也可能漆黑一片。

生：它常常慎重地选择住址，一定要排水优良，并且有温和的阳光。

师：别的昆虫，隐蔽所得来不费工夫，弃去毫不可惜。

生：它不利用现成的洞穴，它的舒服的住宅是自己一点一点挖掘的，从大厅一直到卧室。

师：有些昆虫的住宅，是临时的。

生：蟋蟀的住宅，是固定的。

师：有些昆虫，选择住宅很随意。

生：蟋蟀选择住宅，很慎重。

师；别的昆虫的住宅，是大自然本来就有的。

生：蟋蟀的住宅，是自己一点一点挖掘的。

师：其他昆虫的住宅，住着很难受。

生：蟋蟀的住宅，住着很舒服。

师：我们一起来读，读出蟋蟀住宅的与众不同吧！

生：别的昆虫……一直到卧室。

师：幸福的生活，是辛勤的劳动创造出来的。所以，作者法布尔这样评价蟋蟀——

生：居住在草地上的蟋蟀，差不多和蝉一样有名。它的出名不光由于它的歌唱，还由于它的住宅。

【点评】蟋蟀与其他昆虫有何不同？教师将文本内容进行二次加工，用师生对读的方式呈现出来，蟋蟀的勤劳和可爱，便跃然纸上。

3.提炼写法

师：作者本来是写蟋蟀的住宅，为什么要写别的昆虫呢？

生：作者是拿别的昆虫和蟋蟀进行对比。

生：作者这样做，是为了表现蟋蟀的住宅很舒适。

生：作者通过对比，表现出蟋蟀很勤劳。

生：作者拿别的昆虫作比较，为了表现出蟋蟀的住宅很特别。

师：是的！作者正是运用了“作比较”的说明方法，写出了蟋蟀的住宅的与众不同。（板书：作比较）

【点评】有时候，在写什么的基础上，再往前走一小步，就能弄明白“为什么这样写”。对于一篇说明文，学习常用的说明方法是很有必要的。

（二）品读第五、六自然段

1. 勾画

师：蟋蟀的住宅，还有什么特点呢？请大家默读课文第五、六自然段。把相关的句子画下来，用词语做简单的批注。怎么做呢？老师给你们做个示范。

（出示）

在朝着阳光的堤岸上，青草丛中隐藏着一条倾斜的隧道，即使有骤雨，这里也立刻就会干的。（向阳、隐蔽、安全）

（学生勾画、批注）

2. 交流

师：蟋蟀的住宅有什么特点？你是从哪些句子中感受到的？

生：“隧道顺着地势弯弯曲曲，最多不过九寸深，一指宽，这便是蟋蟀的住宅。”这个句子告诉我们，蟋蟀的住宅是弯弯曲曲的。

师：弯弯曲曲的住宅，不容易被其他昆虫发现。

生：“出口的地方总有一丛草半掩着，就像一座门。”说明蟋蟀的住宅很隐蔽，很安全。

师：人们常说，兔子不吃窝边草。没想到，蟋蟀也不吃窝边草啊！

（学生笑）

生：蟋蟀的住宅很光滑。“屋子的内部没什么布置，但是墙壁很光滑。”我是从这个句子中发现的。

师：光滑的墙壁，看着舒服啊！

生：“大体上讲，住所是很简朴的，清洁、干燥、很卫生。”从这里看出，蟋蟀是一种讲究卫生的小动物。

师：讲究卫生的昆虫，作者是那么喜欢它啊！

生：蟋蟀的住宅，是伟大的。

师：嗯？你有了一个特别的发现，说给我们听听。

生：假使我们想到蟋蟀用来挖掘的工具是那样简单，这座住宅真可以算是伟大的工程了。

师：还从哪里看出蟋蟀很了不起啊？

生：从课文第三自然段，“蟋蟀怎么会有建筑住宅的才能呢？它有特别好的工具吗？没有。蟋蟀并不是挖掘技术的专家。它的工具是那样柔弱，所以人们对它的劳动成果感到惊奇。”也可以看出。

师：蟋蟀用它柔弱的身体，修建出伟大的工程。所以，法布尔这样评价蟋蟀的住宅——

生：居住在草地上的蟋蟀，差不多和蝉一样有名。它的出名不光由于它的歌唱，还由于它的住宅。

【点评】蟋蟀的住宅，有什么特点？理解文本内容的问题，难度不大，教师将主动权交给学生：默读、勾画、批注、交流……教师则给予学生肯定、鼓励，在关键的地方点拨、追问，让学生充分享受学习和发现的快乐。

3. 聚焦

师：有些文字，是需要我们用心品味的。比如说这几句话。请你们小声读一读，看看你们品出了什么。可以是内容方面的，也可以是写法方面的。

（出示）

那微斜的门口，经过仔细耙扫，收拾得很平坦。这就是蟋蟀的平台。当四周很安静的时候，蟋蟀就在这平台上弹琴。

生：蟋蟀的门口还有一个平台，是它的舞台。

生：我发现作者运用了拟人的手法。

（板书：拟人）

师：从哪里看出来的呢？

生：我从“耙扫、收拾、弹琴”这些词语中体会到的，蟋蟀就像一个人一样。

师：在作者的眼中，蟋蟀是一个什么样的“人”？

生：很爱卫生的人。

生:有生活洁癖的人。

生:喜欢唱歌的人,是个音乐家。

生:蟋蟀是个热爱生活,有情调的人。

师:课文里,还有很多拟人句,赶快找一找。

生:它不利用现成的洞穴,它的舒服的住宅是自己一点一点挖掘的,从大厅一直到卧室。

师:是呀,只有人才会修建舒适的住宅。

生:蟋蟀怎么会有建筑住宅的才能呢?它有特别好的工具吗?没有。蟋蟀并不是挖掘技术的专家。

生:主人有的是时间,把粗糙的地方修理平整。

生:工作做得很快。蟋蟀钻到土底下干活,如果感到疲劳,它就在未完工的家门口休息一会儿,头朝着外面,触须轻微地摆动。

师:本来,只有人的住所,才称得上家嘛!

生:大体上讲,蟋蟀的住所简朴、清洁、干燥、卫生。

师:这样的句子,比比皆是,几乎贯穿了整篇文章。作者正是采用了拟人的手法,写出了一只活泼可爱、有情有趣的蟋蟀啊!这是作者在写作上的第二大秘密。现在,你知道课文的题目为什么是《蟋蟀的住宅》了吧。

生:作者采用了拟人的手法,把蟋蟀当成人来写。

师:是呀!拟人的手法,从文章的标题就已经开始了,一直到文章结束。我想问大家,这样的描写中,蕴含着作者怎样的情感啊?

生:对蟋蟀的赞美之情。

生:对蟋蟀的喜爱之情。

生:对蟋蟀深深的佩服。

生:在作者的眼里,蟋蟀就是一位伟大的建筑师。

【点评】本文是一篇很特别的说明文。作者法布尔用充满幻想和浪漫的笔触,赋予昆虫以人的情感、人的性灵。对语言本身的眷注,是很有必要的。教师用一重点句作为引子,让学生发现拟人的表现手法,体会这样描写的好处。紧接着,寻找文章中比比皆是的拟人句,让学生感受隐藏在字里行间的情味和趣味。学生恍然大悟:题目《蟋蟀的住宅》,顺应作者的描写手法,饱含着作者对蟋蟀的喜爱和赞美之情。

四、拓展阅读

师：一部伟大作品后面，一定有一位伟大的作者。这篇课文，选自《昆虫记》。他的作者，是法国作家——

生：法布尔。

师：作者法布尔，用了三十年时间，观察昆虫，研究昆虫，写出了一部伟大的作品——《昆虫记》。在这本书里，有许多有趣的动物故事。

（出示）

《天牛吃路》《高明的杀手》《昆虫睡姿辨》《萤火虫备餐》《金步甲的婚俗》……

师：光是这些名字，就够诱人的！昨天晚上，老师备课的时候，一遍又一遍地读《蟋蟀的住宅》。读着读着，我深受触动。原来，我自己就是一只蟋蟀。（学生笑）因为直到现在，我仍然在为一套舒适的住宅，勤勉地奔忙。（学生大笑）在虫子的世界里，你属于哪一只呢？课后，到《昆虫记》里去找答案吧。

【点评】节选的文章，是一个很好的引子，我们完全可以利用它，为学生打开一扇拓展阅读的窗口，推荐《昆虫记》就成了天经地义的事。教师选择一些很有意思的文章题目，吊足了学生阅读的胃口。寻找属于自己的那只虫子，就成了读整本书的最好玩的理由。

◎板书设计

蟋蟀的住宅

内容——住宅特点
内容——修建过程

写法——作比较
写法——拟人

◎感悟

不要做买椟还珠的事情

对于一线教师而言，磨课的经历弥足珍贵。不断试教与反思，不断否定与重构，教师会一点点成长起来。通常情况下，那些活色生香的公开课，都是反复打磨出来的。在大赛中历练过的教师,大都获得了凤凰涅槃式的重生。

阅读大量的“磨课手记”,我惊奇地发现,绝大多数的磨课,都直接指向教学设计本身。也就是说,磨课的过程,几乎等同于修改教案的过程。试教暴露问题,通过修改和完善教学设计,找到教师、学生、文本之间的最佳结合点,逐渐趋于合理,臻于完美。的确,一份精致巧妙的教学设计,是上好课的重要因素之一。但是,除此之外,我们是否还需要考虑别的因素呢?

毋庸置疑,一堂好课,是精心预设和精彩生成的和谐统一。在一定程度上讲,课堂教学是可控的。拟订了教学目标,确定了教学方法,就基本上明确了这节课应该干些什么;从另一个角度来讲,课堂教学又是不可控的,教学中,不可避免地遇到形形色色的问题。无论试教过多少遍,无论考虑得多么周全,都不可能穷尽课堂上的所有意外。一堂课能否成功,涉及的因素有很多,并不单单是教学设计。

首先,文本的选取非常重要。每位教师,都有自己的兴趣、特长、人生经历,都有属于自己独一无二的特质。你的特质,决定了你适合教什么样的文本。别的类型的文本,你可以尝试,但不能成就“精彩”。一名教师,无论素质多么全面,也不可能上好所有类型的课文。就连我们仰慕的名师名家,也不例外。只有你自己觉得它好,才会把这种美好带给学生;只有你自己被感动了,才能去感动学生。选课,应该成为教师“磨课”中的重要一环,应该像选择伴侣一样慎重。如果教师不能清晰地认识自我,选择的文本和自己教学风格不搭,不亚于一场灾难。

其次,学生的因素不容小觑。在大大小小的研讨会上,专家总是说,上不好课,不能怪学生。学生是学习的主体,教师不能让学生去配合自己表演,当学生不能适应自己教学风格的时候,应该及时调整教学策略。事实上,绝大多数教师,并不具备因势利导、随机应变的能力。个人认为,教学不是教师的“独角戏”,确确实实需要学生的“配合”啊!如果学生不配合,再优秀的教师,再精美的设计,都将黯然失色。这一点,在青年教师身上特别明显。

同样的设计,在不同的班级、不同的学校试教,效果是不一样的。南方和北方,东部和西部,大城市与小城市,学生的素质,差异是明显存在的。就连走南闯北的名师们也承认,有些地区和城市的孩子,语文底子薄弱,语文课上得很吃力。全国性的教学大赛,为什么都要选在省会城市,而且要选择“名校”的学生,不就是最好的佐证吗?

要想上好课，必须得研究学生。学生素质如何，教师要心中有数。有过参赛经历的教师都深有体会，平时的试教和正式比赛，学生的精神状态完全不同。我们时常感叹名师的精彩，岂不知其中的精彩，有一半是“舞台”给他们的。台下坐着几千名听课的教师，聚光灯往舞台上一照，学生自然会激动和兴奋起来，灵感就这样被激发出来了。

试教中出现的某些问题，或许到了大的场合，到了关键的时刻，根本就不是个问题。例如，我在教学《画杨桃》一课时，想让学生品读标点符号的奇妙之处。在区里试教了几次，效果也并不理想。但我确信，这个想法是很有价值的。在我的坚持下，这个教学环节被保留了下来。结果，到了比赛的时候，它成了本课最大的亮点。

最后，教师的素质也很重要。同样一份教案，不同的教师去上课，可能是“精彩极了”，也可能是“糟糕透了”。这是再正常不过的事情。一份详尽的《烹饪大全》放在那儿，不是人人看了，都可以做出美味大餐的。上课也是这样，教师的教学基本功和悟性，都是极其重要的因素。在语文课堂上，教师不可避免地要提问、写字、朗读、理答……这些基本功，缺了哪样都不行。教学基本功的问题，必须在年复一年、日复一日的教学工作中不断磨砺。

总之，决定一堂课成败的因素，有很多。试教效果不好，要具体问题具体分析，对症下药：教材内容生僻，要拉近学生与文本之间的距离；学生不够投入，就要想办法调动学生的积极性；教师基本功薄弱，就要苦练基本功。一股脑儿把所有的原因，都归结到一份教学设计上，试图通过修改和调整教学设计来解决所有问题，是很不科学的。许多参赛教师被折腾得生不如死，原因就在这里。有一位获得全国小学语文教师专业素养大赛第一名的教师，曾经跟我说过，要是他参加青年教师阅读大赛，不一定能取得好成绩，因为“公公、婆婆”太多，谁的意见都不能不听，结果课堂教学就成了“大杂烩”，丧失了个人的特色。

俗话说：当局者迷！一门心思扎在设计中，三番五次、大刀阔斧地修改，难免会干出“买椟还珠”的蠢事来。有时候，被我们否定的，也许正是课堂中的精华和亮点。许多参赛者失利后，会情不自禁地感叹：“如果当初我坚持自己的意见，那该多好啊！”但现实是残酷的，没有太多的“如果”，机会不会反复轮到你一个人头上。更可悲的是，有的教师丢掉了“宝珠”，仍不知道是自己的眼光出了问题，抱着“木盒子”苦苦思索：宝珠究竟在哪儿呢？

走进美丽的秋天，感受诗意的表达

——《秋天的雨》第一课时教学实录与点评

执教：广州市花都区和悦小学　屈太侠
点评：广州市海珠区后乐园街小学　王恩超

一、学习字词

师：同学们，我们先来读几句古诗——

（出示）

明月松间照，清泉石上流。

野旷天低树，江清月近人。

停车坐爱枫林晚，霜叶红于二月花。

湖光秋月两相和，潭面无风镜未磨。

一年好景君须记，正是橙黄橘绿时。

师：这几句诗都是描写哪个季节的？

生：秋天。

师：人们常说，一场秋雨一场寒，十场秋雨要穿棉。秋天的雨，带来了气温的变化，也带来了神奇秀丽的景色。这节课，就让我们跟随作者陶金鸿的描写，到秋天的田野去看一看。大家齐读课题——

生：《秋天的雨》。

【点评】导入新课的方式有很多，诵读诗句导入，语文味更浓。特别是这样一篇写景的小散文，琅琅书声，很好地奠定了课堂基调——以读为本。将读贯穿教学始终，是这节课最大的特点。

师：课前，大家已经预习过课文，现在，老师来检查一下。这是课文中的六个词语。谁来读第一行？

（出示）

钥匙　喇叭　衣裳

橘子　柿子　菠萝

师：读完第一行的三个词语，你发现了什么？

生：第二个字都是轻声。

师：是的，第二个字是轻声，要读得轻而短，咱们一起来读。

生：钥匙、喇叭、衣裳。

师：谁来读第二行三个词语？

生：橘子、柿子、菠萝。

师：你又发现了什么？

生：它们都是水果。

师：增加一点难度。谁来读读这个句子？

（出示）

你看，它把黄色给了银杏树，黄黄的叶子像一把把小扇子，扇哪扇哪，扇走了夏天的炎热。

（学生把"一把把"读成了"一把"）

师：请问，银杏树上的叶子是一片，还是许多片？所以，应该是一把还是一把把？请你再读一遍。

生：你看，它把黄色……

师：这个句子里有一个多音字——扇，当它作名词的时候，读——

生：shàn。

师：当它作动词的时候，读——

生：shān。

师：我们来齐读这个句子。**（学生读）**谁来读第二个句子？

（出示）

它把红色给了枫树，红红的枫叶像一枚枚邮票，飘哇飘哇，邮来了秋天的凉爽。

师："爽"有三个意思，在这个句子中，应该选第几个？

（出示）

爽：舒服；痛快，率直；差失，违背。

生：在这里应该选择"舒服"。

师：谁能用"痛快、率直"这个意思，组一个词？

生：爽快、直爽、爽朗。

师：第三个意思，大家可能不知道。失信于人，就是说话不算数，有一个词叫作“爽约”。这个“爽”字，它的写法是先两边，后中间，谁来教老师写一下？

生：横、撇、点……

师：这个字要上紧下松，让它的腿长一点，这样才协调。请同学们拿起笔，把这个字认认真真地写一遍。

（写完后教师点评）

【点评】课前安排了预习，课堂上就得检查落实。教师精选检查内容，丰富检查形式，做到字、词、句的相互融合，灵动而扎实。对于词语的检查，教师采用了“组块”等方式，让学生发现其中的规律；对于句子的检查，教师在朗读的基础上，让学生学习多音字，以及复杂汉字的书写等。

二、整体把握

师：课文我们已经预习过了，但是待会儿，我们要展示给大家听。为了给老师一个惊喜，给自己一个惊喜，现在请你捧起书来，认真把课文再读一遍。注意，老师有一个要求：

（出示）

关注第二、三、四自然段，想一想，作者是从哪个方面来描写秋天的雨的？

师：浏览第二自然段，是从哪个方面来写秋天的雨的？

生：颜色。

师：第三自然段，写的是什么呢？

生：气味。

师：第四自然段呢？

生：告诉大家冬天快要来了。

师：然后，动物和植物都活动起来了，忙着准备过冬。我们来看看文章的开头，谁来把第一自然段读一下？

生：秋天的雨，是一把钥匙。它带着清凉和温柔，轻轻地，趁你没留意，把秋天的大门打开了。

师：秋天的雨是一把钥匙，它把秋天的大门打开了。于是，美丽的景色扑面而来。谁来读最后一个自然段？

生：秋天的雨，带给大地的是一曲丰收的歌，带给小朋友的是一首欢乐的歌。

师：结尾说它是一首丰收的歌，一首欢乐的歌。（**指板书**）作者先写秋天的雨，是一把钥匙，把秋天的大门打开了；接着，从三个方面分别叙述了秋天的美丽景色；最后又进行了总结。这样的文章结构，叫作“总—分—总”式的文章结构。这种写法，很常见。以后，你们写文章的时候，也可以采用这样的写法。

【点评】这篇文章的思路非常清晰，是学生写作的范本。教师先让学生聚焦中间，梳理出课文所描写的三个方面，然后关注开头和结尾，这样“总—分—总”的文章结构，就呼之欲出了。

三、重点品读

（一）欣赏美

师：现在，让我们先到秋天的田野，去看看它的颜色。请同学们自由读课文第二自然段，注意做到：

（出示）

课文第二自然段，分别描写了哪些景物，请用“____”画出来。

师：你找到了哪些景物？

生：银杏树、枫树、田野、果树、菊花仙子。

师：请看图片（逐一出示图片），请大声叫出它们的名字。

生：银杏树、枫树、田野、果树、菊花。

师：秋天的景物给你什么样的印象？

生：非常好看。

生：颜色很鲜艳。

【点评】小学生的思维特点，是由感性到理性，由具体到抽象。面对一篇文章，他们首先关注的，是文本究竟写了什么。教师出示图片，唤醒学生的记忆，激发他们的兴趣，让他们直观地感受到秋天的美。

（二）表达美

1. 比喻

师：在这么多好看的景物当中，作者首先描写的是——

生：银杏树。

师：我们来看看作者是怎么描写银杏树的。谁来读一读？

（出示）

你看，它把黄色给了银杏树，黄黄的叶子像一把把小扇子，扇哪扇哪，扇走了夏天的炎热。

师：很流利。谁还想再读？（学生读）黄黄的叶子，多么明亮啊！谁能读出这种感觉来？

生：你看……

师：听你的朗读，我仿佛看到了一把把精致的小扇子。多么漂亮啊！谁再来读？

生：你看……

师：哎哟，这小扇子还动起来了，扇哪扇哪，咱们一起来读——

生：你看……

师：经你们这么一扇啊，我觉得凉快多了！我们平时也会描写一些景物，你们看看，作者是怎么把银杏树写得这么美的？

生：他用了比喻的修辞手法，把银杏树的叶子比喻成一把把小扇子。

师：仅仅是比喻，就能写得很美吗？我也写了一个比喻句。老师读上面的句子，你们读书上的原句。

（出示）

银杏树的叶子，像一把把黄色的小扇子。

你看，它把黄色给了银杏树，黄黄的叶子像一把把小扇子，扇哪扇哪，扇走了夏天的炎热。

师：评价一下，同样是比喻句，有什么不一样？

生：第一个没有颜色和动作。

师：有颜色啊，“黄色”不就是颜色嘛！

生：上面的句子，没有加动作。

师：是呀，加上了动词，让我们感觉到，银杏树的叶子，在秋风中不停地飘动。原本静止的树叶，有了动感。同学们再想，难道夏天的炎热，真的是被银杏树的叶子扇走的吗？

生：不是。

师：那作者为什么要这样写啊？

生：这样写更生动一点。

师：这样的感觉，是作者看到的吗？

生：是他想到的。

师：他不仅用了比喻，而且在比喻中加入了自己的想象，把比喻句写得很生动，很优美。我们一起再来读读这个句子。

生：你看，它把黄色给了……

师：这样的句子，在课文中还有。谁来读？

（出示）

它把红色给了枫树，红红的枫叶像一枚枚邮票，飘哇飘哇，邮来了秋天的凉爽。

师：你的朗读，让我感受大枫叶那鲜艳的红色。谁再来读？

生：它把红色给了……

师：飘啊飘啊，让我们仿佛看到枫叶在秋风中翩翩起舞。谁还想读？

生：它把红色……

师：邮票一样的枫叶，多么神奇、美妙啊！我们一起来读——

生：它把红色……

师：（出示图片）这是什么？

生：田野。

师：谁来读一下？

（出示）

金黄色是给田野的，看，田野像金色的海洋。

师：艳阳高照，金色的田野是水平如镜的大海。女生读——

生：金黄色……

师：微风徐来，金色的田野是微波粼粼的大海。男生读——

生：金黄色……

师：秋风乍起，金色的田野是波涛汹涌的大海。一起读——

生：金黄色……

【点评】语文课，在关注内容的同时，必须关注到表达形式。这篇课文，用诗意的语言，表现出秋天的美丽。大量比喻句的使用，是本课的一大语言特点。然而，仅仅让学生知道哪些句子是比喻句，把什么比作什么，是远远不够的。本课的比喻句，最奇妙之处是作者在比喻中加入了想象，加入了动词，让画面有了动感。为了突破这一教学难点，教师采用了反复诵读、深入比较、情境渲染的方式，让学生感悟景物之美、表达之妙。

2. 拟人

师：作者在描写景物的时候，除了运用比喻的修辞手法，还运用了什么修辞手法？

生：拟人。

师：谁来找拟人句？

生：橙红色是给果树的，橘子、柿子你挤我碰，争着要人们去摘呢！

师：（出示图片）你挤我碰的意思是什么？

生：水果很多，都挤在一起了。

师：在作者的笔下，这些橘子呀，柿子呀，不再是一个个水果了，而是一个个调皮可爱的——

生：孩子。

师：谁来读一读，读出水果的顽皮、可爱？

生：橙红色……

师：多可爱呀！男生一起读——

生：橙红色……

师：除了水果，写菊花的时候，也用了拟人的手法。谁来读读？

（出示）

菊花仙子得到的颜色就更多了，紫红的、淡黄的、雪白的……美丽的菊花在秋雨里频频点头。

师：如果说，作者笔下的水果是顽皮的男孩，那么菊花在作者的笔下就是美丽的——

生：小女孩、仙子。

师：谁来读出菊花仙子的美丽？

生：菊花仙子……

师：你看这菊花，不仅颜色丰富，还在频频点头呢！女生齐读——

生：菊花仙子……

【点评】拟人句，是把事物当作人来写。我们需要思考的是，本课的拟人句，究竟有何妙处。我们联系上下文，不难发现作者的匠心——把橘子、柿子当成顽皮的男孩，你挤我碰，争着要人们去摘；把菊花当成美丽的女孩，五颜六色，在秋雨里频频点头。一个饱满厚重，一个轻盈活泼，一个顽皮可爱，一个乖巧温婉，形成了鲜明的对比。教师通过引导，让学生发现其中的奥秘，读出了自己的理解和感受。

（三）留住美

师：同学们，在作者的笔下，秋天的色彩是多么丰富；秋天的景物，是多么美丽。我们来合作读一读。

（音乐起，教师读一句，学生读一句）

师：同学们，深呼吸一次，让我们用最优美的童声，读出对秋天的赞美吧！一起读——

生：秋天的雨……

师：如此美妙的文字，我们应该把它留在我们的记忆当中，我给大家一点时间，赶快把它背下来。

（学生练习后，看图片背诵文段）

师：秋天的颜色可真丰富，用课文中的一个成语来说，那就是——

生：五彩缤纷。

师：那么，第一自然段是围绕哪句话来写的呢？

生：秋天的雨，有一盒五彩缤纷的颜料。

师：这样的段落结构，叫作“先总后分”。

【点评】本段的部分语句，内容相关，长短相当，节奏鲜明，读起来有一种对称之美、律动之美。如何让学生感受到这样的语言现象？教师采用了师生对读的方式，在你来我往、一唱一和的诵读中，学生就能充分地感受到，有节奏的语言所散发出来的独特的魅力。在此基础上，提炼出“总—分”式的段落结构，为后续练笔做好了铺垫。

四、拓展运用

师：不仅秋天的雨，有一盒五彩缤纷的颜料；春天的风，也有一盒五彩缤纷的颜料。我们来看，在春风的吹拂下，都有哪些美丽的景物？让我们高声叫出它们的名字。

（投影逐一出示图片）

生：梨花、桃花、迎春花、木棉花、黄鹂、燕子。

师：让我仿照课文的写法，用先总后分的方式，来说几句话。它把什么给了谁呢？又怎么样了呢？同桌之间相互说一说。

（出示）

春天的风，也有一盒五彩缤纷的颜料。你看，它把____________________。

师：谁来尝试一下？

生：春天的风，也有一盒五彩缤纷的颜料。你看，它把白色给了梨花，白白的梨花漫天飞舞着。

师：说了一句，挺好的。

生：它把粉红色给了桃花，粉红的桃花，代表春天来了。

师：也不错！谁来多说几个？

生：它把白色给了梨花，大片的梨花，像天上的云朵；它把粉色给了桃花，从高处看，就像粉红色的地毯；它把黄色给了迎春花，迎春花像一块块金子；它把金色给了乌鸦，把乌鸦染成了黄鹂。

师：你还别说，乌鸦和黄鹂长得很像，你很有创意。

生：它把红色给了木棉花，红红的木棉花，就像烈士的鲜血。

师：真好！木棉花，是广东人民心目中的英雄花。

生：它把黄色给了迎春花，黄黄的迎春花在春风里频频点头。

生：春天的风，也有一盒五彩缤纷的颜料。它把黄色给了迎春花，黄黄的花朵像一只只飞舞的蝴蝶；它把燕子吹回来了，燕子在枝头上唱起歌来。

师：把燕子吹回来了！多么诗意的语言。

生：春天的风，也有一盒五彩缤纷的颜料。白色的梨花，像一张张笑脸；粉色的桃花，像一张张地毯；黄色的迎春花，像迎接贵宾的使者；红色的木棉花，像一片燃烧的焰火。看，黄鹂和燕子从南方赶回来了。黄鹂穿着黄色的礼服，燕子穿着黑白相间的礼服，都赶来参加春天的盛宴。

师："盛宴"这个词，用得好，文绉绉的。但是，她说梨花像笑脸一样，我觉得不太合理，像雪一样更贴切。

师：这堂课，我们走进了美丽的秋天，感受到秋天五彩缤纷的颜色，秋天还有各种好闻的气味，小动物们还有许多有趣的活动，我们下节课继续学习。

【点评】仿写是个老生常谈的话题。一般来讲，表达形式上的仿写，比文本内容上的拓展，更有意义。这一段话，是“先总后分”表达方式的典范。教学完这一段，进行写法的迁移，是顺理成章的事情。教师出示春天的具有代表性的景物，让学生模仿。在教师的激励和点拨下，学生的思维被激活了，语言得到了相应的提升和发展。

◎感悟

语文教学要深入浅出

理想的阅读教学，需要“深入浅出”。

先说“深入”。教师拿到一篇文章，首要的任务，就是细致地解读文本。只有教师被文本打动了，才有可能让学生喜欢上文本；只有教师品味出文本的秘妙，才能让学生感受到作者表达的巧妙。阅读教学，在一定程度上讲，就是教师带着学生，重走自己的阅读之旅。教师对教材理解的深度，会直接影响到课堂教学的高度。如果教师都不清楚，文本的表达究竟妙在哪里，学生也就很难发掘到隐藏在语言文字背后的表达之美。

就拿《秋天的雨》第二自然段来说，关于表达的秘密有很多：

第一，“总—分”式的段落结构。文段一开头就说：秋天的雨，有一盒五彩缤纷的颜料。接下来的句子，选取了秋天几种代表性的景物——银杏树、枫树、田野、果树、菊花，具体地讲述了什么是“五彩缤纷”。

第二，比喻的修辞手法。文段中多次采用比喻的手法：把银杏树叶比喻扇子，把枫叶比喻成邮票，把田野比喻成海洋。前面两个比喻特别有意思，奇妙之处不仅仅在于外形的相似：银杏树叶像小扇子，枫叶像精致的邮票，更妙的是后面的连缀——扇哪扇哪，飘哇飘哇，有了这些动词，静止的画面，就有了动感，我们仿佛看到金黄的银杏树叶、火红的枫叶，在秋风中摇曳、飘落。更为大胆的想象则是：扇走了夏天的炎热，邮来了秋天的凉爽，抓住了扇子和邮票的功用，突出了秋天清凉的特点，可谓一箭双雕，妙不可言。

第三，拟人的修辞手法。文段中，作者用“你挤我碰、争着”来写果子，用“频频点头”来写菊花，赋予这两种事物以人的灵性。然而，这还不是最绝妙的。作者的高明之处在于，将这两个拟人句放在一起，让我们情不自禁地产生一种联想：果子就是顽皮可爱的男孩，菊花就是美丽羞涩的女孩，二者形成了鲜明的对比。

第四，鲜明的语言节奏。文段中的很多句子，在内容上相近，在长短上相似，相互对应，一唱一和。这样的句子，节奏鲜明，朗朗上口。在句子的使用上，呈现出由长变短，再到长的过程，体现出变化之美。

再讲“浅出”。无论教师对文本解读得多么独到，多么深刻，都始终不能忘记我们所面对的学习对象，是心智水平尚不健全的小学生。教师不能将自己阅读中的收获，全部交给学生。教师应该做的，就是用儿童的方式，将特别重要的知识与能力，巧妙地传递给学生。上述四点关于表达的秘密，都是有价值的。但是，教学中不能平均用力，眉毛胡子一把抓。

第一点，“总—分”式的段落结构，是中段语文学习的一项重要内容。但是，抽象的概念，不能生硬地灌输给学生，必须要让学生在熟悉文本内容的基础上，水到渠成地提炼出来。因此，我在教学中，让学生学习完文段的内容之后，巧妙地提炼出来，及时进行迁移运用，收到了良好的效果。

第四点，鲜明的语言节奏，对于三年级的学生而言，难度非常大。我的定位是“感受”，在师生合作读的过程中，去感受和体验，能领悟到多少，不做具体要求。

第二、三点，比喻和拟人的修辞手法，应该是教学中重点、难点之一。如何将景物写美，通常都会运用比喻、拟人等修辞手法。但是，本文中比喻、拟人句，则更为高明——在比喻中加入动词，加入大胆的想象，让比喻句更加绮丽，更加生动；连用两个拟人句，形成鲜明的对比。如何让学生感受到作者的匠心独运和语言的独特魅力？我采用了多种形式的朗读，让学生在读中理解，读中感悟，读中对比，读中深化，最终让学生明白了：秋天的景物美，语言文字本身更美！

讲出特点，展示个性

——《说说我自己》口语交际教学实录与反思

执教：广州市花都区和悦小学　屈太侠

一、明确要求

师：人们常说，在家靠父母，出门靠朋友。许多同学都想认识新朋友，但是，人家不了解你啊，不能确定到底要不要和你做好朋友。你有什么好办法，让人家很快地了解你呢？

生：做个自我介绍。

师：这节课，老师就带着同学们来做这件事情。一起来读课题——

生：《说说我自己》。

师：你自我介绍做得好，下课的时候，就能获得很多很多的友谊，很多同学都喜欢和你做朋友。怎样介绍自己呢？我们先来看看书上是怎么说的。快速默读课本上的要求。

师：默读完了，谁来把红色的这一部分朗读一下？

生：可以说自己的性格、爱好，也可以说说自己的优点和缺点。

师：就是说，主要介绍这几个方面的信息——

生：性格、爱好、优点、缺点。

师：我们再来看后面这一部分，这是关于听和说的要求，谁来读？

生：总之，要抓住自己的特点来说，要说真话。当别人介绍他自己的时候，要注意听，看看对他说的有哪些补充。

师：同学们，老师把这些要求设计了一个表格。

（出示）

内容		评星级
说	抓特点	☆ ☆ ☆ ☆ ☆
	说真话	☆ ☆ ☆ ☆ ☆
听	注意听	☆ ☆ ☆ ☆ ☆
	做补充	☆ ☆ ☆ ☆ ☆

师：说的时候，要注意什么呀？

生：抓特点，说真话。

师：听的时候要怎么样？

生：注意听，做补充。

师：这堂课结束的时候，你们就用这张表，做个自我评价，看看这堂课自己到底表现得怎么样。

【反思】口语交际，是围绕一定的主题开展的口头语言交流活动。不偏题，不跑题，是最基本的要求。教师要学生找出关键词，对学生的交流的内容，进行了引导。另外，口语交际需要依据评价标准，进行评判。教师将评价标准制作成一份表格，形象直观，操作性强。

二、全面介绍

师：同学们，你们做过自我介绍吗？

生：做过。

师：真是太简单了！幼儿园的时候都干过。所以，做这件事情，就是张飞吃豆芽——小菜一碟。来，谁来试一下，做个自我介绍？

生：我，活泼好动。我每天放学后，都是蹦蹦跳跳回的家。我喜欢游泳、弹钢琴、画画、看书。我觉得，我的优点是总是可以逗笑别人，有时候也可以耍点小顽皮。

师：大家把掌声送给她！介绍了很多信息，但是美中不足的，是我都不知道你叫什么名字。

生：我叫刘枝菊，今年8岁。

师：好，谢谢你。谁再来做个自我介绍？

生：大家好，我叫袁毅欣，今年8岁了。我活泼开朗，特别喜欢笑。有些时候，我讲笑话讲得有声有色。我最拿手的笑话是《将军和小兵》。有些时候，我画画也画得很好。我上次还拿了全国小学生绘画一等奖。我好奇心很强，特别喜欢观察。我还把自己养的蚕宝宝，全部都放在手上仔细观察。然后，妈妈就被我吓了一大跳。我的优点是经常能逗人笑，还可以和同学很好地相处，就是做作业很慢，像个蜗牛似的。谢谢大家。

师：你看，介绍得多好。其中有一点我印象很深，她说，她有时候画画很好。这是真话。为什么啊？画画这件事，也是要看心情的。心情好的时候，就画得好；心情不好的时候，就画得——

生：不好。

师：但是也有一些同学，不敢举手，怕自己介绍得不好，怕大家笑话。我给大家一个例子，大家看着例子，自己说给自己听。

（出示）

大家好！我叫____________。我今年________岁了。我是一个________________________的孩子。我最喜欢____________________________________。我的优点是________________________________。我的缺点是_______________________________________。我希望____。

师：同学们练得真投入！谁来试一下？

生：大家好，我叫曾雯琼。我今年8岁了。我是一个活泼开朗的孩子。我最喜欢看书、画画、骑自行车。我的优点是写作业很快，而且正确率又高。我的缺点是上课有些时候喜欢讲话。我希望可以改正上课喜欢讲话的缺点。

师：非常清楚，谢谢！再找一个。

生：大家好，我叫杨礼达。我今年8岁了。我是一个淘气的孩子。我最喜欢看书、滑滑板车。我的优点是接到数学老师的任务，我会立刻完成。我的缺点是有时候会制造一些小麻烦。我希望下学期能获得更多的表扬信。

师：接到数学老师的任务就会立刻完成，接到语文老师的任务就拖拖拉拉？

生：（笑）不是的，语文老师没有给我任务。

师：好，大家把掌声送给他。同学们，你们看，在短短的几十秒，大家就介绍了很多信息——

生：年龄、性格、爱好、优点、缺点、愿望。

师：这么多，你觉得别人记得住吗？

生：应该记不住。

生：不知道。

师：我告诉你，我真的没记住。刚才两三个同学介绍完，我连名字都记不清，太多太多的信息了。你有什么好办法，解决这个问题？

生：我有办法，可以用概括的方法。

师：刚才就是概括的办法。再概括一点，别人就更记不住了。

生：你让别人说慢一点，然后记在纸条上，每天读一两遍不就得了。

师：说慢一点。等你说完了，下课铃声就响了，下课了！

（学生笑）

生：就是一个介绍说好几遍，让别人印象深刻。

师：你的意思是像中央电视台广告一样，播几遍？大家更讨厌！

（学生笑）

生：可以只告诉姓名、年龄，这样更快，应该没有问题。

师：只介绍姓名、年龄，性别要不要介绍？

生：要。

师：有时候不一定要。别人一看，我就是个男的，那就不用介绍了。

（学生笑）

生：老师，可以在性格、爱好或缺点的后面讲个故事，让人家印象深刻。

师：对，你的办法真不错。有一个人，他就是这么介绍的。同学们看看能不能从他的介绍里，学到一点点东西。

【反思】教学中，我们需要准确把握教学起点。学生在幼儿园都已经学会自我介绍了，但是，表达不具备条理性。教师出示一份表格，学生跟着表格来介绍，内容更丰富，更有条理了。接着，教师提出一个问题：怎样介绍才能让别人记住我们？通过交流，学生确实不清楚该怎么做。学生不懂的知识，正是教师需要教的。

三、重点介绍

师：这是个怎样的人呢？老师来读，你们认真听。

（出示）

大家好，我最大的特点，就是健忘。

师：这个人最大的特点是什么？

生：健忘。

师：什么叫健忘？

生：健忘就是忘记。

师：对！就是记性不好。

（出示）

有一次，我的钱包不见了。把裤兜翻出来，没找到；把抽屉倒出来，没找到；把背包抖空了，还是没有。不过，现在科技很发达，没钱照样活，我有手机呢！买菜，微信支付；买水果，微信支付；买其他东西，还是微信支付。

师：你会不会微信支付？

生：不会。

师：最好别学，那东西很浪费钱的。

（学生笑）

（出示）

过了几天，我临时有事，挤上了一辆公交车。上车后才发现，自己身无分文。坐公交不能用微信支付，怎么办呢？我额头上的冷汗，都冒出来了。司机大叔用那双鹰一样的眼睛，直勾勾地盯着我——你小子，还想蹭公交不成？哎呀，吓死宝宝了。情急之下，我再次翻找起来。摸摸裤子的左口袋，没有；摸摸裤子的右口袋，没有；摸摸上衣的左口袋，还是没有。正当我快要绝望的时候，忽然在上衣的右口袋里，摸到了一个硬邦邦的东西。啊，我亲爱的钱包，梦里寻你千百遍，原来你在跟我玩躲猫猫的游戏呢！

师：钱包在哪？

生：在他上衣的右口袋。

（出示）

我不紧不慢地掏出两张一元的纸币，在司机大叔眼前晃了晃。小样，逗你玩呢，咱不差钱儿。接着，我郑重其事地把两元大钞，放进了投币箱里。做完这一切，我长长地舒了口气，不由得心生感慨：钱，不是万能的；没有钱，是万万不行的！

师：同学们，这个人，你们记得住吗？

生：记得住。

师：他有什么特点？

生:健忘。

师:那你们猜猜,这个丢三落四的人是谁?

生:不知道。

生:我也不知道,但我觉得他很像我,我也是个丢三落四的人。

生:是你。

(教师出示自己的照片,学生大笑)

师:我丢三落四的,你愿不愿意和我做朋友?

生:想。

师:我有这么大的缺点,你为什么想跟我做朋友啊?

生:因为我也喜欢丢三落四。

师:你的意思是,以后妈妈批评你的时候,你就说,还有一个比我更厉害的,是吗?**(全班哄笑)**

生:我觉得你颜值爆表。

师:我颜值爆表,我还没有看出来呢。

生:我想和老师做朋友,因为老师很有才华。

生:你长得很帅。

生:我是女孩,不想跟男老师交朋友。

师:没关系的,我不勉强你。

生:想跟老师交朋友,因为老师又有才华又帅。

师:其实,用一个词形容,更合适——

生:幽默、有趣。

师:作家王小波说过一句话,很有意思。

(出示)

一辈子太长,要找个有趣的人在一起。

——王小波

师:小的时候,找一个什么样的人做朋友啊?

生:找你。

生:找一个善良的。

生:找一个有趣一些的。

师:嗯,找一个有趣的伙伴。你觉得,长大了找一个什么样的结婚啊?

生：找个女的结婚。

（其他学生大笑）

师：你真有趣！

生：找一个会耍杂技的结婚。

师：可以。

生：找一个聪明的人结婚。

师：也不错。你们看，我是怎么介绍我自己，给你们留下了深刻印象？

生：你是跟说笑话一样介绍你自己。

师：说笑话一样，很幽默。

生：你只说你健忘的那些事。

师：我说了几件事？

生：一件。

师：我说了几个特点？

生：一个。

师：我给同学们一个自我介绍的妙招，来读一下。

（出示）

妙招一：抓一个特点，讲一件事情，让自己的介绍特色鲜明。

师：抓一个特点，讲一件事情就够了，这样留给别人的印象就比较深刻。

（出示）

性格：活泼、内向、温和、暴躁……

爱好：唱歌、跳舞、画画、弹琴……

优点：热爱劳动、乐于助人……

缺点：贪吃贪玩、粗心大意……

师：你可以在上面的词语中，选择其中一个，来讲你的特点。如果这些都不合适，你可以另外选择一个。但是大家注意，只说几个特点？

生：一个。

师：只讲几件事？

生：一件。

师：看着下面的提示，好好想一想，自己对自己介绍。讲完了，再对你的同桌讲一讲。

（出示）

大家好，我最大的特点是____________。有一次，______________________________________。

师：谁来介绍一下自己？

生：大家好，我是一个丢三落四的人！那天，因为下着大雨，从补习班出来，老师让我拿上了大衣。我也没管太多，就往回走了。结果一到外面，就发现我的大衣很神奇地不翼而飞了。我找了好久好久都没找到。托管老师也找了好久，后来是在老师的询问下，发现它被一个路人捡到了。我妈知道了这件事情，不仅让我好好地感谢了托管老师，还把我狠狠地痛骂了一顿。谢谢大家。

师：掌声送给她。她最大的特点是什么？

生：丢三落四。

师：这个可真够夸张的，大衣掉了，都没发现，我都没到她这一步。但是特色鲜明，我们都记住了她。谁还能继续说？

生：大家好，我最大的特点是热爱劳动。有一次，我和班里四个同学一起值日，我负责打扫第三大组，我很快将第三大组的灰尘扫干净，又把第三大组的地拖干净了。我觉得还不够，还仔仔细细地检查了几遍，一直做到了满意为止。

师：又细心又热爱劳动的孩子，谁都喜欢！

生：大家好，我最大的特点是跳远……

师：跳远怎样？说完整。

生：我最大的特点是跳远很厉害。二年级上册的时候……

师：应该是二年级上学期的时候。

生：二年级上学期的时候，学校举行运动会，我拿了二年级组跳远的冠军！

师：大家把掌声送给他。首先，我很钦佩体育成绩很好的人，因为我的体育成绩拿不出手。但是，我觉得你可以介绍得更加详细一点，比如说，当时是什么样的情景；你是怎样做的，最后才能获得第一名；同学们的反应如何。回去想一想。

生：大家好，我是晏雅雯。我最大的特点是捞鱼很厉害。有一次，我去白云山捞鱼，我把网伸进凉快的水里面，一下子就把一条鱼和一只虾给捞住了。虾和鱼在我的网里跳来跳去，我开心极了。我因为捞得太入迷，一不小心掉进了水里面，变成了一只落汤鸡。

师：掉进水里，变成了一只落汤鸡。这简直是画龙点睛之笔呀！掌声送给她！

【反思】特点太多，别人当然记不住了。要想给别人留下深刻的印象，介绍清楚一个特点，就足够了。如何把自己最大的特点介绍清楚？教师进行了示范，教给学生“先总后分”的结构方式。教师风趣幽默的语言，牢牢地吸引住了学生。学生不知不觉进入了交际状态，愿意主动交流，并且说得有情有趣。

四、创意介绍

师：刚才，大家在自我介绍的时候，都是一种模式，一个样子。这样的介绍听多了，我感觉有点审美疲劳。有没有办法让自己的介绍与众不同呢？

生：可以把你爱做什么，拍成一个视频。

生：在你自己讲的时候，多加一些好词，让你的讲述更生动。

师：表现出自己积累丰富。还有吗？

生：还可以把动作讲清楚。

师：我们来欣赏一段视频，看看这个小朋友是怎样介绍自己的。

（播放视频）

同学们好，我先让你们欣赏几幅画！（出示一组美术作品）这些，都是我画的。我特别喜欢美术，老师说我是美术天才，我都有点不好意思了！

作为美术天才，不仅要会画画，还得会做手工。有一次，早餐吃的是软软的蛋糕。我就在想，每个人碗里的都是四四方方的蛋糕，多没意思啊！怎么办呢？我想了想，想到了一个好办法。我揪下一小块面包，放在手心里一搓，一个圆滚滚的丸子就做好了。就这样，我一口气做了七八个。

没有想到，我的创意被屈老师拍了下来，他专门为我写了一篇文章，题目是《子轩牌面包丸子》。文章发到网上，引来好评无数！有人问：“丸子最后到哪里去了？”告诉你们吧，都到我的肚子里去啦！

差点忘记告诉你们了，我姓张，名子轩，有同学说我是“紫轩”葡萄酒，我都烦死了。听了我的介绍，你喜欢我吗？跟我做朋友吧！

师：这个孩子的介绍和你们自己的介绍有什么不一样？

生：他加了手势语。

生：他把他的作品展示出来了。

生：他还有配乐。

生：他很详细地讲了他的制作过程。

生：老师还把他的事情放到了网上，让很多人点赞。

师：对的，同学们，自我介绍是一件很有趣的事情，每个人都要有自己的办法。我给大家带来了第二个妙招：

（出示）

妙招二：来一个创意，造一处亮点，让自己的介绍与众不同！

调换顺序；才艺展示；肢体语言；面部表情；服装道具……

师：众人拾柴火焰高！大家在四人小组内，用自己的创意来介绍自己，听听其他同学的意见！

师：谁来有创意地介绍自己？

生：大家好，我最喜欢唱歌。以前没事的时候，我就在家里随便唱几首歌。在公园的时候，坐过山车的时候，出去旅游的时候，我都会情不自禁地唱起歌来。我现在就给大家唱一首——《我爱北京天安门》。

（学生唱歌，师生情不自禁打节拍）

师：唱得好不好？

生：好！愿意和他做朋友的举手！**（小手如林）**你看看，一下子有了那么多好朋友，你高兴吗？还有谁想上来展示一下？赶紧，跑步上来！

生：大家好，我是一个面部表情很丰富的人。有时候我觉得脸上痒痒的，就想做一些奇怪的表情。有时爸爸妈妈生我的气的时候，我就给他们做个鬼脸，笑得他们眼泪都流出来了，比如这样……**（做了个夸张的怪模样，全场大笑）**

师：我们要向这个同学学习，才艺展示是次要的，大家还是应当要说出自己的特点。特点要介绍得好，加一点才艺展示，就更棒了。谁再来？

生：我是二年级五班的韩东林，我喜欢阅读，因此，我的口才很好。接下来，我给大家表演一首绕口令。**（学生表演）**谢谢大家！

师：别着急，说说你平时是怎么练的。

生：因为我参加了学校的社团，平时跟着老师一起练，老师读，我就跟着读，这样，我就练出来了。

师：特别好！再请最后一名同学。你来！赶紧，跑步过来！

（学生故意慢吞吞走上来）

生：大家好，我是二年级五班的袁靖茜，我平时最擅长的就是把事情放慢。看过《疯狂动物城》之后，有时候我就故意模仿里面的树懒，爸爸妈妈叫我，我也故意慢呀——慢呀——慢呀。有时候那只树懒，连笑也笑得特别慢(学生很夸张地做了一个故意放慢的笑容，全场哄笑)。谢谢大家！

师：原来，她慢吞吞地走出来是有原因的！（教师故意放慢语速）掌——声——送——给——她！她太厉害了，把我都感——染——了！

【反思】如果说，重点介绍是保底工程，面向全体学生，那么，创意介绍，就是面向优秀学生的教学环节。教学设计，需要照顾到不同层次的学生。另外，自我介绍，是个性化很强的活动，创意非常重要。教学，需要不断激发学生的创新能力。

五、小结方法

师：我们的自我介绍进行得差不多了。让我们看看刚开始上课的时候，我给大家出示的评价表(出示评价表)，说说你在哪个环节表现最棒，给自己几颗星。

生：我在才艺表演的时候，唱了一首歌，我觉得自己表现得很好，可以给自己五颗星！

师：你抓住了自己的特点，爱唱歌的你，我一下就记住了！

生：我刚刚说了自己的特点是跳远很厉害，我说了真话，在这个环节，我给自己打了五颗星。

师：一看你个子这么高，就知道你是个运动健将，我相信你一定说了真话！

生：我也觉得我今天说了真话，可以给自己打五颗星！

师：是呀，人不一定要很优秀，但是一定要很真诚。记住，自我介绍，优秀不是最重要的，什么最重要？

生：真诚。

师：是的。把自己最真实的一面展示给自己的伙伴，别人才愿意做你的朋友。当然，方法也很重要。在自我介绍的时候，我们抓住一个特点讲一件事情，就能给别人留下深刻的印象；如果能加入一个创意，营造一个亮点，那你的介绍就更加与众不同了。下课后，向你最想交往的同学，做个自我介绍，看看他是否愿意做你的朋友。

【反思】开课的时候，公布了评价标准；结课的时候，就应该反馈和小结，让学生明白，自己的优点是什么，有什么不足之处。另外，教师特别强调一点——真诚比优秀更重要！只有真诚，才会打动别人，自我介绍才有实际的意义。

◎感悟

教学是一门有遗憾的艺术

在我执教口语交际课《说说我自己》后，听课教师提出了两个疑惑。针对这两个疑惑，我进行简要回答。

第一个问题：生生评价是否过少？

有教师说，这堂课，主要以教师的评价为主，同伴的评价很少，这样的做法，不太符合口语交际的课型特点。的确，在教师们的心目中，口语交际的对话和评价，应该是丰富多维的：师生之间、生生之间，对话越充分，效果就越好。但是，任何理念，都必须要照顾到实际情况，特别是学生情况和教学内容。如果脱离了这两点，任何先进的理念，都是苍白无力的。

先说学生情况。参与本次上课的，是二年级的学生。二年级的学生，评价能力如何，大家应该比较清楚。在许多公开课上，我看到很多学生，在评价的时候，翻来覆去地说着那几句话：声音洪亮，表情自然，吐字清晰……意义有多大？当然，我不是反对学生们相互评价，只是低年级的学生需要多少同伴评价，是需要考虑的。过多的低质量的评价，会破坏课堂教学的节奏、意韵。在公开课上，我们必须认真考虑学生互评的质与量。

再说说教学内容。在我看来，口语交际可以分为两种最基本类型——独白型口语交际和互动型口语交际。独白型的口语交际，是以个体独白为主，主要训练个人对语言的组织加工能力，需要学生在一定时间内，将自己的所见所闻、所思所感，用一段完整通顺的话流利地表达出来，比如讲自己的见闻、即兴演讲等；而互动型的口语交际，重在互动，强调群体的参与性。大家围绕一个话题，各抒己见，相互评价，碰撞观点，提高认识，比如说进行的辩论会，形成某项决议等等。本课教学内容是“自我介绍”，显然属于第一种，主要强调的是个人语言能力。在这样的课堂中，同伴之间的评价，相对要少一些。

教材中，对于评价的要求是“最后可以评一评，看谁说的最像他本人”。这样的要求，如何落实？我说得像不像自己，别人怎么来评价？如果我说的内容，大家都已经知道是真是假，那就说明教学深度不够。同伴之间为什么需要自我介绍，需要呈现一个立体的、特点鲜明的，甚至是别人以前没有发现的自己。这样更有深度的自我介绍，在班级这个特定的环境中，才有意义和价值。

所以，我针对口语交际的要求，设计了一张关于“说”和“听”的评价表，进行口语交际前告知大家，口语交际后自我反思，看看自己哪个方面做得最好。对于二年级的学生，对于这样的教学内容，自评是否比他评更有价值？

第二个问题：设计难度是否过高？

有教师说："你的教学设计，非常有层次感，但是难度是否太大？何况，三年级下册的教学内容，你用的是二年级的学生。"

在教师们的心里，自我介绍就应该是面面俱到，让学生愿意说，说得越多越好。而在我的教学中，只是把全面介绍作为教学的起点，轻描淡写地过了一遍。在这个基础上，把学生拔高了两个层次。学生必须经历高质量的思维活动，才能完成后续口语交际的训练和展示。这样的做法，很多人觉得拔苗助长了。

难度大不大？不能靠主观臆断，要靠事实说话。

首先，看课堂教学效果。从课堂呈现出来的状态看，学生非常喜欢，他们的创新意识都被激发出来了，思维潜能和语言潜能得到了发展，课堂呈现出争先恐后的景象。学生的很多精彩表现，是我在教学设计时没有预想到的。在学生看来，这堂课难吗？一点都不难！相反，很有趣，很好玩。

其次，要看学生实际。自我介绍，学生做过吗？在一年级，甚至幼儿园都已经做过。对于绝大多数学生来说，做个自我介绍，不是困难的事情。我在一上课，就让学生上来做自我介绍，他们说得头头是道，不就证明，学生已经会了吗？这就是学情，就是本堂课的学习起点。如果我们置学情于不顾，从零起点开始，假设学生什么都不会，是非常可笑的，简直就是浪费宝贵的课堂时间。学生上课前，已经会整体性的自我介绍，但是没有条理性，抓不住重点，表现不出自己的鲜明的特点，这才是我们这堂课应该干的事情。

最后，要看教材内容。教材中说：可以说说自己的性格、爱好；也可以说说自己的优点和缺点，要抓住自己的特点来说，要说真话。在后续的习作要求中，出现了几个题目：《我给自己画张像》《这就是我》《爱哭鼻子的女孩》……不难发现，所有的描述，均指向一个点——最大的特点，而不是面面俱到。事实上，面面俱到，等于面面不到，留给别人的印象不深，谁也记不住。教学重点，是介绍自己的最大特点，而不是整体介绍。

总之，我之所以这样设计，是基于学情，基于教学内容，而不是为了彰显个人的教学能力有多高，个人的教学魅力有多强。当然，教学设计也是一件个性化很强的事情，每个人都有自身的特色，设计的时候，还得考虑到个人的综合素质。适合的，才是最好的。

读懂善意谎言，发现美好心灵

——《别饿坏了那匹马》教学实录与点评

执教：广州市花都区和悦小学　屈太侠
点评：广州市海珠区后乐园街小学　王恩超

一、学习词语

师：今天，我们学习一篇短篇小说，一起读课题——

生：《别饿坏了那匹马》。

师：六年级的学生，已经具备了一定的自学能力。我来检查一下同学们的预习情况。这是课文中的一组词语，找个同学读一读。

（出示）

瘦削　瞥见　张皇　嗫嚅　继而　泰然

师：这是我找的另外一组词语。一起来读读。

（出示）

消瘦　瞧见　慌张　结巴　接着　坦然

师：你发现了什么？

生：这两组词语是近义词。

师：你觉得哪一组词语要好一些？

生：第一组好一些，因为它比较深奥。

师：那倒不一定。词语本身没有好坏之分，要看用在什么地方。让六年级的学生读，用第一组比较好，显得文绉绉的；要是给二三年级的学生看，还是第二组比较好，通俗易懂。课文中，还有一些成语，谁来读一读？

（出示）

刻骨铭心　羞愧不已　忐忑不安　流连忘返　怒目圆睁　一如既往

师：理解词语、成语，最好放回句子中、课文中。我们来读读“刻骨铭心”所在的句子——

生：如果没有他每天早上这宽厚的一笑，我就不会继续白看他的书，也就不会有那刻骨铭心的两个耳光。

师：“刻骨铭心”的意思是什么？

生：记忆深刻，难以忘记。

师：“羞愧不已”所在的句子是——

生：偷看书的时候，羞愧不已的我根本不敢回头去看他那张瘦削的脸。

师：“羞愧不已”的意思是——

生：一直感到很内疚。

师：“忐忑不安”所在的句子是——

生：当我第二天上学经过书摊时，看见他依然宽厚地对我一笑时，我忐忑不安的心才得以平静。

师：“忐忑不安”的意思是——

生：心情不能平静。

师：“流连忘返”所在的句子是——

生：我上小学五年级那年，学校不远处的书摊是我放学后流连忘返的地方。

师：“流连忘返”的意思是——

生：舍不得离开。

师：“怒目圆睁”所在的句子是——

生：我张皇地回过头来，看到了父亲怒目圆睁的脸。

师：“怒目圆睁”的意思是——

生：睁大眼睛，很生气的样子。

师：“一如既往”所在的句子是——

生：有一天，我一如既往地背着马草走向他的书摊。

师：“一如既往”的意思是——

生：和往常一样。

师：这些都是常用的成语，要牢记它们的意思，灵活地运用它们。

【点评】本文出现了大量的陌生词语，教师通过同义词比对告诉学生：词语本身没有好坏之分，但是对于高年级的学生而言，合理地使用陌生的词语，是语言能力的重要表现。对于成语的理解，放在具体的语言环境中进行，既理解了成语的意思，又进行了句子的朗读训练，可谓一箭双雕。

二、概括大意

师：谁来说一说，课文讲了一件什么事？

生：我经常去一个书摊白看书，被父亲扇了两个耳光。父亲提醒我，可以扯马草卖钱，然后用换来的钱去看书。我就这样做了。后来，马草卖不出去，我又失去了看书的机会。残疾青年为了支持我读书，谎称家里有一匹马，收下我的马草。最后，我才发现，他家根本没有养马。

师：讲得比较完整。但是还不够简洁。当一篇文章中的人物比较多，讲述起来比较繁杂的时候，我们应该怎么办？

生：抓主要人物。

师：当故事里的情节比较多的时候，应该怎么办？

生：抓主要情节。

师：是的！把主要人物做的主要事情讲清楚了，就够了。这篇文章的主要人物是谁？

生：残疾青年。

师：他做了什么？

生：他为了让"我"继续读书，就撒谎说自己家的马需要马草，让"我"把草卖给他。其实，这些马草对他来说，一点用都没有。

师：这样讲，又简洁又完整。我们一起来读读，看看老师是怎么概括的。

（出示）

本文主要叙述了酷爱读书的"我"在失去看书机会时，摆书摊的残疾青年谎称家中有马，买下"我"的马草，让"我"继续看书的故事。

【点评】概括文章的主要内容，基本要求是简洁而全面。对于一篇情节较为复杂的短篇小说而言，学生操作起来有一定的难度，需要教师的点拨和引领。教师引导学生总结策略——抓主要人物，抓主要情节，较好地解决了实际问题。

三、品读故事

（一）善意谎言

师："别饿坏了那匹马"既是文章的题目，也是人物的语言。这句话是谁说的？

生：残疾青年。

师：实际上，他家里并没有马。也就是说，他说的是——

生：谎言。

师：他为什么要撒谎呢？

生：是为了让作者心安理得地读书！

师：是的，像这样出于善良目的的谎话，我们叫它——

生：善意的谎言。

（板书：善意谎言）

（二）良苦用心

师：一般来说，纸是包不住火的。谎言，是很容易被戳穿的！而"我"被残疾青年"骗"了好长时间，却一点都不知道。残疾青年究竟是怎么做到的呢？请默读第十三至十八自然段，把描写残疾青年的语言、动作、神态的句子画下来。想一想，你从这些语句中，读懂了什么？

（朗读、勾画后交流）

生：他先是一愣，继而眼睛一亮，笑着对我说："过来，让我看看你的马草。"他认真地看过马草后，冲里屋叫道："碧云，你出来一下！"我从"一愣"中体会到他当时非常意外，从"眼睛一亮"中体会到残疾青年为了不让作者发现，装作很喜欢这些马草的样子！

师：的确，只有看到了自己喜欢的东西，才会眼睛一亮啊！他心里在想什么呢？

生：这个孩子太喜欢读书了，我得想办法帮帮他。

生：我得装得像点，不然被他发现就不好了。

师：是呀！"一愣""一亮"，让我们看到了一颗善解人意的心。

生："碧云，咱家的那匹马正缺马草，收下这孩子的马草。"他盯着姑娘茫然的眼睛，命令道，"听见没有？快把马草提进去！"他之所以要命令，是害怕妹妹说出自己家根本没有马，那就露馅了。

师：是呀！他盯着妹妹的眼睛，想告诉她什么？

生：你要快点把马草提进去，不然就被他发现了。

生：你要明白我的意思，不要把事情的真相说出来。

师：多么睿智、多么善良的残疾青年啊！还有吗？

生：这天傍晚，我离开书摊时，他叮嘱我："以后，马草就卖给我。别饿坏了那匹马,行吗?”他生怕我不来看书。

师:是呀!一个劲地叮嘱,是想让我记住,天天送马草过来,天天来读书。这是很重要的事情,千万不能忘记。

生:以后每天,当我背着马草来到书摊时,他便冲里屋叫道:“碧云,快把马草提进去,别饿坏了那匹马。”冲着里屋叫,是害怕我自己把马草送进去!

师:为了让我心安理得地读书,残疾青年想尽一切办法,小心翼翼地掩盖着事情的真相,真是“用心良苦”。(**板书:良苦用心**)作者正是通过对人物语言、动作、神态的描写,让我们感受到残疾青年对“我”的关心与呵护。

(三)配乐串读

师:正是残疾青年的百般掩饰,才让“我”相信他家有一匹马,才让“我”有了读书时的那份心安理得。让我们把这个故事梳理一遍。(**音乐起**)当时,看到“我”卖不掉马草,无法继续读书时——

生:他先是一愣,继而眼睛一亮,笑着对我说:“过来,让我看看你的马草。”他认真地看过马草后,冲里屋叫道:“碧云,你出来一下!”

师:闻声走出一个姑娘,可能是他的妹妹吧——

生:“碧云,咱家的那匹马正缺马草,收下这孩子的马草。”他盯着姑娘茫然的眼睛,命令道,“听见没有?快把马草提进去!”

师:多好的机会,“我”巴不得有这样的好事——

生:这天傍晚,我离开书摊时,他叮嘱我:“以后,马草就卖给我。别饿坏了那匹马,行吗?”

师:后来,这样的事情天天都在发生——

生:以后每天,当我背着马草来到书摊时,他便冲里屋叫道:“碧云,快把马草提进去,别饿坏了那匹马。”

师:当我有一天走进他家的后院,看到一堆枯蔫焦黄的马草,终于明白,他家根本就没有什么马,根本不需要什么马草!那一刻——

生:我扭头冲了出来,直想哭。

师:“我”为什么直想哭?

生:“我”被深深地感动了,为了让“我”读书,他费尽了心思。

生:“我”做梦也不会想到,他一直在欺骗“我”。

生:他家那么穷,还千方百计帮助“我”。

师：是的！有人说过，当你觉得生活特别轻松的时候，你可能不知道，有人正默默为你承担着一部分压力。

(四)补充阅读

师：每一个善意谎言的背后，都有一颗温暖的心。这样的例子，在我们学过的课文中，还有不少。在《金色的鱼钩》中，老班长编织了善意的谎言——

（出示）

有一次，我禁不住问他："老班长，你怎么不吃鱼啊？"

他摸了摸嘴，好像回味似的说："吃过了。我一起锅就吃，比你们还先吃呢。"

我不信，等他收拾完碗筷走了，就悄悄地跟着他。走近前一看，啊！我不由得呆住了。他坐在那里捧着搪瓷碗，嚼着几根草根和我们吃剩的鱼骨头，嚼了一会儿，就皱紧眉头硬咽下去。我觉得好像有万根钢针扎着喉管，失声喊起来："老班长，你怎么……"

——节选自《金色的鱼钩》

师：在《唯一的听众》中，老妇人编织着美丽的谎言——

我抱歉地冲老人笑了笑，准备溜走。老人叫住我，说："是我打搅了你吗，小伙子？不过，我每天早晨都在这儿坐一会儿。"一束阳光透过叶缝照在她的满头银丝上，"我想你一定拉得非常好，可惜我的耳朵聋了。如果不介意我在场的话，请继续吧。"

……

以后，每天清晨，我都到小树林去练琴，面对我唯一的听众，一位耳聋的老人。她一直很平静地望着我。我停下来时，她总不忘说上一句："真不错。我的心已经感受到了。谢谢你，小伙子。"我心里洋溢着一种从未有过的感觉。

——节选自《唯一的听众》

师：这些故事中的人物，有什么共同点？

生：这些人都有一颗善良的心，都在设身处地替别人着想。

生：他们为了帮助别人，编织善意的谎言。

师：我们都懂得，别人有困难的时候，去帮助他们；然而，你是否明白，帮助别人，其实也是一门艺术——

（出示）

编织善意的谎言，保护受助者的自尊，让他们觉得，你给予他的帮助是理所当然的，这是一种艺术，更是一种境界。

【点评】一千多字的短篇小说，在小学阶段，称得上是一篇长文。如何提高教学效率，实现长文短教，是教师面临的一大难题。教师大刀阔斧地进行删减，让学生将目光聚焦到第十三至十八自然段，通过人物的语言、动作、神态，去触摸人物的良苦用心。接着，教师补充类似故事片段，让学生发现共性——每一个善意的谎言背后，都有一颗温暖的心。在此基础上，进一步提升学生的认识：助人，也是一门艺术。

四、迁移运用

师：走出课本，来到现实生活中。很多令人感动的瞬间，都和善意的谎言有关。我给大家讲一个“广漂”的故事——

（出示）

2008年，他辞掉老家的工作，来到羊城，当了一名“广漂”。那年冬天的南方雪灾，阻断了许多人回乡的路。

除夕，他感到前所未有的孤独。不足10平方米的出租屋，潮湿阴暗。更糟糕的是，他感冒发烧了。把自己掖在被窝里，还瑟瑟发抖。听着窗外风的呼啸，他觉得更冷了。

接到母亲的电话，眼泪滚落在脸颊。他强忍着泪水，满心欢喜地告诉母亲：“妈，你放心，我的身体很好！广州这边天气很暖和，有朋友陪着我，你不要担心……”

挂掉电话，他哭得像个孩子似的。

师：故事里的主人公，为什么要撒谎呢？

生：他想让自己的母亲放心。

生：他想让妈妈能过一个好年。

师：你们知道故事的主人公是谁吗？（学生迟疑）就是站在你们面前的老师。整整十年过去了，我依然为当年的自己感到骄傲。因为在那个冬天，我没有将更多的寒冷，带给我的母亲。你们想一想，想一想你们身边爱你、疼你的人，他们有没有编织过善意的谎言？

生：放学回家，看到妈妈正在做饭。我想，妈妈上了一天班，太辛苦了，想帮妈妈做点家务。妈妈却说：“孩子，妈妈不累！你安心写作业就好了。”

生：有一回吃饭，妈妈点了一盘虾。妈妈剥完一只，就送到我的嘴边。我说：

“妈妈，你也吃几个吧！”妈妈说：“孩子，妈妈不喜欢吃虾。”

生：爸爸想给奶奶买一部新的智能手机，奶奶坚决不要。她说：“我老了，啥都不会，买那么高级的手机，也不会用，太浪费了。”其实，奶奶是为了给家里省点钱。

……

师：罗丹说过，世界上从不缺少美，而是缺少发现美的眼睛。但愿你们每个人，都能读懂生活中那些善意的谎言，发现心灵的纯真，感受生活的美好！

【点评】能触动人心的教学，根植于文本，又不拘泥于文本。教师带领学生走出文本，回归现实生活，寻找生活中那些善意的谎言，其实是为了滋养学生发现爱的能力。特别值得一提的是，教师加入了亲身经历的片段，感动着自己，也感动着学生。好的教学，一定倾注着教师自身的经历与情感。只有自己被感动的时候，也许才会感动学生。

◎总评

目前，一提到阅读教学，大家首先想到的，是“关注语言形式”，是“指向写作”。其实，内容和形式是水乳交融的，不存在单纯的教文本内容，也不存在单纯的教语言形式。过分注重语言形式，会破坏课堂的意蕴和美感，会让语文教学乏善可陈。

退一步讲，教内容，是不是也在教写作？个人以为，是的，而且是最为重要的“教写作”。任何事物，最重要的价值是内容本身，并非外在形式。文章，也不例外。如果连写什么都不知道，一个劲讨论怎么写，又有多大意义和价值？虽然《别饿坏了那匹马》这篇小说在表达上有诸如细节、悬念、张力的特点，但是，我们最关注的，还是故事本身打动人心的力量。

这篇文章，我们应该教什么？我想，是读懂善意谎言背后的良苦用心，是发现生活中那些善意的谎言，是让学生学会选择适合的写作素材。培养学生寻找和发现写作素材的能力，最重要的途径有两条：一是日常生活，二是阅读（课内与课外）。阅读课上不教选材，什么时候去教呢？如果学生学习了这篇文章，他们的心思变得细腻、温润起来，懂得发现美、珍惜爱，未尝不是语文教学的重要价值。

◎感悟

举三反一

我们常说：授之以鱼不如授之以渔！教给学生某些具体的知识点，还不如教给他们学习的方法和技巧。这里的方法，包括学科中的一些规律性知识。

什么是规律性知识？应该是带有普遍意义和价值的知识，也就是说，放在很多事物的身上，放在很多种情况下，都可以适用的知识。为了证明它的普遍意义，我们要列举出一些例子。一般情况下，一个例子不够，两个也不够，至少三个，就基本成立了。这就是我们常说的“举三反一”。当然，这里的“三”不是确切的数字，而是“许多”的意思。

举三反一的思维方式，在理科学习中经常会遇到。比如，为了证明一个公式的成立，往往需要多个例子；通过多个例子的比较，也可以提炼出一条规律。

在语文教学中，我们也可以使用这样的思维模式。多个模式相同的词语、短语、句子、段落、内容等，放在一起的时候，我们就能总结出一些规律性的东西。在学生的学习过程中，最有价值的就是这些规律了。

有时候，我们需要在一篇文章中，找出一些相似的例子来；如果课文里没有那么多，而我们又非常需要，就在其他文章里找；如果还没有合适的，还可以自己创造。

在教学《别饿坏了那匹马》时，我觉得“善意的谎言”不是这一篇文章的特质，而是一类文章的共性。因为能够流传下来的文学作品，“真、善、美”一定是永恒的话题。“善意的谎言”是人性的善良和大美。我想通过这篇文章的教学，提升学生对这一类文章的敏感度。也就是说，他们以后在学习类似文章的时候，就能条件反射般地想到，这是人性的光辉。

在读懂青年人的动作、神态、语言，明白了他的良苦用心后，我补充了《金色的鱼钩》和《唯一的听众》中的两个片段，让学生明白，善意的谎言在生活中到处都有。特别是补充了自己的切身经历，深深地打动了学生。学生回归自我，谈及自己的生活体验的时候，这个规律性的知识就有了落脚点。

从文章的内容入手，我们可以运用群文阅读的方式，把类似的文章放在一起来学习，提炼出一条规律；也可以从表达形式入手，把有共同点的内容集中在一起，发现表达上的特点。这就是“例—规”法。当然，也可以用“规—例”法，从一条规律出发，找出两三个类似的例子来。

在阅读教学中，教师经常会在词语、句子的教学中，使用举三反一的教学策略；但是在教学段落、篇章、内容的时候，往往会就事论事。其实，句群、修辞、段落结构教学、篇章结构教学，特别需要“举三反一”。相同的例子放在一起，学生一目了然，突出了教学重点，也突破了教学难点。

教学过程中，让学生简单地感受一下，体验一下，印象很淡的是很容易就被忘记的。教师一定要想办法把知识教透！如何才能教透？一次教一个例子，肯定教不透。如果一类一类地教，至少教上三个，就比较明白透彻了。

一切景语皆情语

——《渔歌子》教学实录与反思

执教:广州市花都区和悦小学　屈太侠

一、检查预习

师:今天,我们学习一首词。题目是——

生:《渔歌子》。

师:会背诵吗?

生:会。

师:谁来展示一下?

(个别背诵,然后一起背诵)

师:会默写吗?

生:(有些犹豫)会。

师:我们来试一下。请拿出作业纸,试着将这首词补充完整。

(出示)

西塞山前白(　　)飞,桃花流水(　　)鱼肥。

青(　　),绿(　　)衣,斜风细雨不须归。

师:写完了吗?我们来对照一下,如果有错字,就马上改正过来。

(学生对照屏幕,修改错误)

师:这些字虽然都比较复杂,但也有一定的规律。你发现了吗?

生:这些字都是形声字。

师:是的。你知道"箬笠"和"蓑衣"的意思吗?

生:箬笠是用竹子编织成的帽子,蓑衣是用草编织成的雨衣。

师:理解这首词的意思吗?(大部分学生摇头)没有关系,我们来进行一个小小的挑战。老师将这首词进行了改编,请大家填充一下。

（出示）

西塞山前，白鹭________，

桃花流水，鳜鱼________。

青青箬笠，绿绿蓑衣，

斜风细雨，________而不归。

师：第一句，应该怎么填充？

生：西塞山前，白鹭高飞。

生：西塞山前，白鹭翻飞。

师：第二句，怎么填？

生：桃花流水，鳜鱼肥美。

师：接下来呢？

生：青青箬笠，绿绿蓑衣，斜风细雨，乐而不归。

师：现在能说说这首词的意思了吗？

生：在西塞山的前面，有一群白鹭展翅高飞。桃花开了，溪水中的鳜鱼十分肥美。渔翁戴着箬笠，披着蓑衣，下雨了也不愿意回去。

师：说得很完整。同桌之间，相互讲一讲。

【反思】这是一首比较通俗的词。学生课前通过预习，基本上会读会背，初步明白它的意思。教师通过检查，就能了解学生的学习情况，为后续教学提供参考。

二、读懂情境

（一）景物优美

师：《渔歌子》是词牌名，人人都可以写。许多诗人都写过《渔歌子》，加起来，少说也有几十首；光是诗人张志和，一个人就写了五首《渔歌子》。但是，人们一提到《渔歌子》，就会自然而然地想起这一首。我们来研究一下，这首词究竟好在哪里呢？请完成练习纸上的第二小题。

（出示）

《渔歌子》这首词好在哪里呢？请你写出自己的理由。

师：说说你的发现。这首词好在哪里？

生：这首词写的景物很优美。

生：这首词写的景物很多。

师：因为景物多，所以显得很美。具体说说，都写了哪些景物？

生：西塞山、白鹭、桃花、流水、箬笠、蓑衣、斜风、细雨。

师：确实很多。短短一首词，27个字，19个字都是具体的景物的名字。（**板书：景物繁多**）谁能用朗读告诉我们，这首词中的景物很多？

（**出示**）

西塞山前白鹭飞，桃花流水鳜鱼肥。

青箬笠，绿蓑衣，斜风细雨不须归。

（学生朗读，重读强调景物的名字）

师：除了景物多，这首词还有什么特点呢？

生：这些景物都非常美。它们的颜色很丰富。

师：说说，都有哪些颜色呢？

生：西塞山是绿的，白鹭是白色的，桃花是粉红的，鳜鱼是褐色的，箬笠是青色的，蓑衣是绿色的。

师：是呀！颜色真多，用一个词语来形容，那就是——

生：（**陆续地**）五颜六色；五彩缤纷；色彩缤纷。

师：（**板书：颜色丰富**）谁能用朗读告诉我们，这些景物的颜色很丰富，很美丽？

（**出示**）

西塞山前白鹭飞，桃花流水鳜鱼肥。

青箬笠，绿蓑衣，斜风细雨不须归。

师：这些景物还有什么特点呢？（**学生迟疑**）我提醒一下。如果说，西塞山是静的，那么飞翔的白鹭，是——

生：动的。

生：桃花是安静的，鳜鱼是游来游去的。

生：渔翁是安静的，斜风细雨是动的。

师：动中有静，静中有动，这样的写法，叫作——

生：动静结合。

师：（**板书：动静结合**）不容易呀！你看，作者在选择景物的时候，可是经过认真选择的，咱们一起来读——

生：西塞山前白鹭飞，桃花流水鳜鱼肥。青箬笠，绿蓑衣，斜风细雨不须归。

【反思】这一部分，是在学习词的形式之美。这首词好在哪里，大部分学生是不明白的。教师让学生在自主探究的基础上，引导他们领悟作者的独特用心：景物繁多、颜色丰富、动静结合。教学的价值，在于学生和他们原来的基础相比，有所提升。

（二）意境深远

师：这首词，不仅仅是写景。它在描绘一幅多姿多彩的江南春景图的同时，还讲了一个小故事，你发现了吗？

生：渔翁正在钓鱼，这时候，下起了小雨，渔翁不想回家，而是继续钓鱼。

师：哪个词语写出了渔翁不想回家？

生：不须归。

师：（板书：不须归）照理说，起风了，落雨了，钓鱼的人啊，应该回家了。可是，这位渔夫为什么认为没有必要回家呢？

生：因为这里的景物非常优美。

师：确实，美景让人流连忘返。

生：因为这里的鳜鱼很肥美。

师：美食让人垂涎三尺。

生：风雨很小，还戴着箬笠，穿着蓑衣，淋不湿衣服。

师：也许，雨中垂钓，别有一番情趣呢！可是，你想啊，每个季节，都有不同的特点。你想想，对于一个喜欢钓鱼的人而言，夏天，天气有点热，归还是不归？

生：不归。

师：秋天，天气有点凉，归还是不归？

生：不归。

师：冬天，天气有点冷，归还是不归？

生：不归。

师：看来，对于一个喜欢钓鱼的人来说，有没有斜风细雨，作者都是不愿意回去的。那么，他的心里到底在想什么呢？（学生疑惑）让我们来了解一下作者张志和的经历吧！

（出示）

张志和：唐代诗人。年少时，便聪慧过人，得到皇帝赏识。屡次建功立业，官

至三品。后来，遭人排挤被贬，加上家庭变故，父亲、母亲、妻子相继去世，而立之年的张志和，弃官弃家，浪迹江湖垂钓为乐。

师：了解了张志和的经历，你会发现，这里的不须归，不仅仅是不想回家，还可以理解为不想再回到以前的生活状态。张志和呀，漂泊的日子，注定清苦。其实你可以回到皇帝身边，有享不完的荣华富贵——

生：但是没有人身自由。

师：张志和呀，漂泊的日子，注定平淡。你可以回去担任地方官员，成就一番大事业。

生：要做的事情太多了。

师：张志和呀，漂泊的日子，注定孤单。你可以回到自己的家乡，与家人共享天伦之乐。

生：想起去世的亲人，会更加伤心。

师：曾经沧海难为水，除却巫山不是云！对于一个经历过大起大落，感受过大喜大悲的人而言，寄情山水，才是他最好的选择。这首词，最吸引人的地方，不在于景物繁多，不在于颜色丰富，更不在于动静结合，而在于它独特的意境。**（擦去“景物繁多”“颜色丰富”“动静结合”；板书：意境深远）**

【反思】诗词是作者内心世界的真实表达。学生可以读懂诗歌表面的意思，却读不懂作者的内心独白。教师通过补充张志和的生平介绍，让学生明白了这首词在意境方面的特点，才是最有意义和价值的。

(三)情境诵读

师：**（音乐起）**当年，官场上受到排挤，加上亲人相继离世，身心俱疲的张志和，辞掉官职，离开家乡，来到一处山清水秀的地方。他终日游山玩水，垂钓为乐。有一天，他突然发现，哟！春天来了。举目四望，到处都是生机勃勃的景象。西塞山醒了，披上了嫩绿的新装；白鹭鸟醒了，展开了轻盈的翅膀。于是他惊喜万分，不禁吟诵道——

生：西塞山前白鹭飞。

师：桃花醒了，泼泼洒洒地开满枝头；小溪醒了，叮叮咚咚地流向远方；鳜鱼也醒了，欢欢喜喜地摇着尾巴……诗人不禁赞叹道——

生：桃花流水鳜鱼肥。

师：下雨了，雨很小，是沾衣欲湿的杏花雨；起风了，风也不大，是吹面不寒的杨柳风。呵呵，无妨，无妨，我还是钓我的鱼吧！

生：青箬笠，绿蓑衣，斜风细雨不须归！

师：其实，有没有斜风细雨，不是问题！春有百花秋有月，夏有凉风冬有雪，若无闲事挂心头，便是人间好时节。当一个人了无牵挂、无欲无求的时候，也许就是人生中最美好的时光！我们一起来读——

生：西塞山前白鹭飞，桃花流水鳜鱼肥。青箬笠，绿蓑衣，斜风细雨不须归。

师：归与不归，也并不重要！在张志和看来，他已经和大自然融为一体了。似乎，他就是山上的一棵树，天空的一只鸟，树上的一朵花，水中的一条鱼。他的心在哪儿，家就在哪儿。此情此景，物我两忘，又何须要回家呢？

生：西塞山前白鹭飞，桃花流水鳜鱼肥。青箬笠，绿蓑衣，斜风细雨不须归。

师：这是何等的逍遥自在呀！（板书：乐逍遥）

【反思】诗词之美，美在形式，美在内容，更美在意境。教师配上音乐、图片，加上自己的解说，把学生带入了美丽的景物之中，让学生感受到作者内心的逍遥自在。

三、拓展延伸

师：在中国古代，很多诗人都喜欢把许多景物组合在一起，表现出独特的意境。在元代，就有一位很出名的作家，创作了这样一首小令。

（出示）

枯藤老树昏鸦，小桥流水人家，古道西风瘦马。夕阳西下，断肠人在天涯。

——马致远《天净沙·秋思》

师：自己反复读一读，想一想，这两个作品，有什么相同点和不同点？

（学生朗读，小组合作交流）

生：都写了许多景物。

师：有什么不一样的地方呢？

生：《渔歌子》很明快，《天净沙·秋思》有一些悲凉。

师：你的直觉非常准确。

生：景物的颜色不同，一个色彩缤纷，另外一个非常单调。

生：一个是肥鱼，一个是瘦马，形成了鲜明的对比。

生：一个是白鹭，另一个是乌鸦。

师：一黑一白，对比鲜明。

生：一个是生机勃勃的，另外一个是死气沉沉的。

师：两个人的心境是截然不同的。马致远出生的元朝，少数民族掌握政权，汉人受到排挤。虽然马致远很有才华，但是他一直没有得到重用。他的人生就像这悲凉的秋天一样。而张志和无欲无求，自得其乐，就像生机勃勃的春天一样自由自在。一切文学作品，都是作者内心世界的真实写照。借用近代学者王国维的一句话来说，那就是——

（出示）

一切景语皆情语。

师：所以，读懂一首词，你就读懂了一个人。下课！

【反思】一首词，一首元曲，一个绚丽，一个单调；一个悲凉，一个明快。放在一起进行比较，学生就会发现，所有素材的选择，都是为主题服务的，文学作品都是作者内心世界的真实写照。

◎板书设计

渔 歌 子

意境深远 —— 不须归 / 乐逍遥

◎感悟

找准学生的起点

多年来，语文课常被人诟病：耗时多，收效微。造成这种结果的原因很多，其中一个重要原因，就是无视学情。

说到这里，很多教师觉得很冤。每次备课，都会在教学设计中，明明白白地增加一个栏目：学情分析。一般的套路是：几年级的学生，心理和生理发展如何，学习这篇文章，会遇到哪些困难等。这些属于学情分析吗？似乎是。但这些内容，都是写在教案上，给别人看的。大多数情况下，写教案是一套，教学又是一套，两张皮。

许多教师上课，下意识里就有两种假设：第一，学生的课前预习成果为零，所有的知识点，必须完整地过一遍，才算完整，才会放心；第二，学生的学习能力为零，所有的技能，必须教师从头教过一遍才罢休。这样做，造成的结果就是，课上得很满，学生学得很累，教师教得很辛苦。最要命的是，大部分时间，都在重复已经学会的知识与技能，学习热情就被稀释掉了。

我们必须明白，学生来到课堂的时候，一定不是一张白纸。再差的学生，再差的班级，都是如此。教师应该正视学生的学习起点，让其在现有基础上，有一些提升。而不是无论学生已经学会了多少，一切从零开始，白白浪费学生的学习时间。

在教学《渔歌子》这首词的时候，我就在考虑：作为四年级的学生，在课前预习过这首词，他们能学习到什么程度？我认为，这是一首平白如话的词，学生能朗读，会背诵，能初步明白词的大意，是最起码的要求。所以，在上课伊始，我就直接检查学生的预习成果：会背诵吗？会默写吗？明白它的大意吗？通过检查，我发现，大多数学生是可以顺利完成以上三点要求的。也就是说，这堂课的教学，不应该把上述内容，作为教学的重点。学生会背诵、会默写、初步懂得意思，就是学习起点。在此基础上，我能做点什么呢？

首先，我要让学生明白这首词在表达方面的独特之处。作为一首流传甚广的词作，必有它表情达意方面的特色。这首词，短短 27 个字，19 个字都是具体景物的名字，实属罕见。在选择景物的时候，作者挑选了那些能够代表春天特点的富有生机的景物，营造出悠然闲适的情境。所选的景物，色彩丰富，动静结合，显示出作者独特的匠心。对诗词的鉴赏能力，可以逐步培养。

其次，我要让学生领悟到蕴含在这首词中的深远的意境。每一首词作的背后，都站着一个活生生的人，都有一个独一无二的灵魂。张志和的《渔歌子》表面上是写景，实际上蕴含着道家“出世”的豁达与释然。那种“曾经沧海难为水，除却巫山不是云”的超脱，正是张志和人生经历的真实写照。不做到“知人论世”，我们就很难品咂出这首词最醇美的味道。

古往今来，文章都有相似的地方。所有的文学作品，都是作者内心世界的真实写照。有什么样的心境，就有什么样的情境，就会选择什么样的景物。

找准学习起点，就能准确把握重点和难点，把时间和精力花费到应该花费的地方。只有这样，才能让学生在原有基础上得到提升，才能吸引学生的注意力。

读懂内容，读出智慧

——《灰雀》教学实录与点评

执教：广州市花都区和悦小学　屈太侠
点评：广州市海珠区后乐园街小学　王恩超

一、检查预习

师：同学们，今天咱们学习一篇新课文，题目是《灰雀》。我们一起读课题——

生：《灰雀》。

师：伸出手来，和老师一起写“雀”字。上面一个“小”字头，不带钩；下面一个“隹”，意思是短尾巴的鸟。两部分合起来，就是很小的鸟。课文是怎么介绍灰雀的呢？我们一起读——

（出示）

公园里有一棵高大的白桦树，树上有三只灰雀：两只胸脯是粉红的，一只胸脯是深红的。它们在树枝间来回跳动，婉转地歌唱，非常惹人喜爱。

师：课前，大家预习过课文，我现在检查一下。请拿起笔来，完成练习纸上第一道练习题。

（出示）

看拼音写词语。

jiāo wài　　huò zhě　　kě xī　　chéng shí
（　　）　（　　）　（　　）　（　　）

师：写完了，把笔放下。（**出示答案**）老师只讲一个字——或。它的本意，是一个人，手里拿着一把戈，守卫自己的祖国（**一边讲解，一边板书**）。现在，它的意思发生了变化，表示多种可能性和其他选择。检查一下有没有错别字，如果有，马上改回来。

（**学生改正自己的错误**）

师：我们来看看这一组词句。

（出示）

养病　有一年冬天，列宁在郊外养病。

婉转　它们在树枝间来回跳动，婉转地歌唱，非常惹人喜爱。

师：请同学们读第一个词语——

生：养病。

师：再读它所在的句子——

生：有一年冬天，列宁在郊外养病。

师：什么是养病？是像养动物一样，越养越大吗？

生：不是，是把病养好，把身体养好。

师：再读第二个词语——

生：婉转。

师：课文中，带有“婉转”的句子是——

生：它们在树枝间来回跳动，婉转地歌唱，非常惹人喜爱。

师：“婉转”是什么意思？

生：声音很优美，很好听。

师：灰雀长得可爱，叫声又动听，谁不喜欢呢？

【点评】新课导入，直接结合字理，学习“雀”字，扎实又简洁。结合课文语段，让学生了解灰雀“惹人喜爱”的特点，为后续教学做好铺垫。在学生预习的基础上，直接拼写词语，重点讲解易错字，教得少而精，留给学生的印象会比较深刻。对于词语的理解，教师将其放在具体的语言环境中进行，降低了难度，也有助于学生理解课文内容。

二、读懂内容

师：回忆一下，课文先写什么？接着写什么？最后写什么？

生：课文先写列宁看到公园里有三只灰雀，非常喜欢它们；接着写灰雀不见了，列宁问小男孩；最后写，灰雀又回来了，列宁问灰雀到哪里去了。

（教师根据学生回答，板书：喜爱、寻找、问候）

师：看着黑板上的三个关键词，同桌之间相互说说课文的大意。

【点评】一般来说，教学应遵循人类认识事物的基本规律：整体—局部—整体。也就是说，学生对文章内容的整体把握，是非常重要的教学环节。教师根据学生的回答，提炼出三个关键词，让学生把关键词串联起来，说一说文章的主要内容，就能做到既简洁又完整。

师：读了这篇文章，老师有一个问题没有搞清楚：课文里写道，有一天，列宁突然发现灰雀不见了。那么，灰雀到底是自己飞走的，还是被小男孩捉走的呢？

（出示）

灰雀到底是自己飞走的，还是被小男孩捉走的呢？请在课文中找出相关的句子，并说说自己的理由。

我认为灰雀是____________________，我找到的句子是____________________。我是这样想的：____________________。

（学生自主探究后交流）

生：我认为灰雀是小男孩抓走的，我找到的句子是“这时，列宁看见一个小男孩”。我是这样想的：当时，公园里除了列宁，就只有小男孩了。列宁没有抓灰雀，小男孩的可能性就比较大了。

师：你运用了排除法，思路很清晰。

生：我也认为是小男孩抓走的，我找到的句子是“男孩说：‘没……我没看见。’”。我的想法是：他说话的时候，结结巴巴，就说明了他在撒谎。

师：做了坏事，心里发虚，说话会结结巴巴的。我同意你的观点。

生：灰雀是小男孩捉走的。句子是“那个男孩本来想告诉列宁灰雀没有死，但又不敢讲”。他怎么知道灰雀没有死，说明灰雀在他家里养着。

师：不敢讲，其实也说明了这一点。

生：男孩看看列宁，说：“会飞回来，一定会飞回来的。它还活着。”他怎么知道还活着，他怎么确定会飞回来。说明，灰雀在他的控制之中。

生：“一定会飞回来！”男孩肯定地说。这么肯定，说明就是他干的。

师：你的想法很有道理。

生：那个男孩站在白桦树下，低着头。他为什么低头？知道自己错了呗。

生：列宁没有再问那个男孩，因为他已经知道，男孩是诚实的。什么是诚实？知道自己错了，能及时改正，就叫诚实。因此，灰雀是被小男孩子捉走的。

师：大家都是爱思考的好孩子，我把你们找出来的句子，汇总在一起。咱们一起来读——

生：这时，列宁看见一个小男孩。

师：小男孩的嫌疑最大。读——

生：男孩说："没……我没看见。"

师：说话吞吞吐吐，十有八九是他干的。读——

生：那个男孩本来想告诉列宁灰雀没有死，但又不敢讲。

师：犯了错，怕别人批评，当然不敢讲喽。读——

生：男孩看看列宁，说："会飞回来，一定会飞回来的。它还活着。"

师：那么肯定，灰雀一定在他手里。读——

生："一定会飞回来！"男孩肯定地说。

师：说这话，除非是他自己把灰雀放掉。读——

生：那个男孩站在白桦树下，低着头。

师：果然是他干的。读——

生：列宁也没再问那个男孩，因为他已经知道，男孩是诚实的。

师：知错能改，就是好孩子，当然没有必要再去问他了。课文虽然没有直接写，灰雀是被男孩捉走的，但是这么多的信息，都告诉我们事情的真相是——

生：灰雀是被男孩捉走的。

师：以后读文章，不要着急下结论。要根据文章的内容，找到关键信息，做出分析判断，这样我们就能读懂课文内容了。（板书：内容）

【点评】作为部编版语文教材，本单元的训练重点是：读懂文章内容。这篇文章学生能不能读懂，关键在于明白灰雀到底去哪儿了。大部分同学读过课文后，会得到一个初步的判断。但是，过程比结果更重要。让学生亲历思维的过程，并用准确的语言表达出来，非常有必要，但是具有一定的难度。教师放手给学生，让其自主探究，然后根据教师给出的语言支架汇报交流，最后进行汇总，得出确切的结论。这样，学生对课文内容的理解，就更加准确，更加深刻了。

三、读懂内心

师：人在说话的时候，往往都会伴随内心的想法。比如这一句话——

（出示）

男孩说："没……我没看见。"

师：当时列宁问小男孩的时候，男孩结结巴巴、吞吞吐吐地说了这样一句话。当时，他的心里在想什么呢？

生：这么快就被他发现了，这下可糟了。

生：坏了，他好像怀疑是我干的，怎么办呢？

生：唉，真倒霉，早知道他会发现，我就不捉灰雀了。

生：我不能告诉他，是我干的，不然他会找我麻烦的。

……

师：当时，列宁看到这样的情形，他也说了两次话。我们一起读——

（出示）

列宁说："一定是飞走了或者是冻死了。天气严寒，它怕冷。"

列宁自言自语地说："多好的灰雀呀，可惜再也飞不回来了。"

师：列宁在说这些话的时候，他其实已经知道灰雀是被小男孩捉走的，也感受到小男孩的紧张与害怕。他心里会想什么呢？请大家拿起笔来写一写。

（出示）

当时，列宁知道灰雀被小男孩捉走了，小男孩有些紧张害怕。他想，________。

（练笔后交流）

师：谁来分享一下自己的成果？

生：列宁想，我得想个办法，让他自己把灰雀放回来。

生：列宁想，他已经害怕了，我就不要再给他压力了，让他自己改正错误吧！

生：他那么胆小，我就不要揭穿事实的真相了，给他点面子。

生：我要试一下，他到底是不是一个诚实的孩子。

生：我相信，他一定能认识到自己的错误，并及时改正的。

……

师：读懂了人物的内心世界，我们就进一步读懂人物特点。（板书：内心）本文写了两个人，一个是天真可爱、知错就改的小男孩；一个是善解人意、关心少年儿童的列宁。那么，他们说话时，是什么样的神态，什么样的语气呢？（板书：语气）请同桌之间，分角色读一读他们的对话。

（出示）

朗读第三至十自然段，结合两人的特点，以及他们内心的想法，想一想：怎样才能读出恰当的语气？

（自由练习后，同桌合作，分角色朗读对话）

【点评】读懂人物的内心，对于三年级的学生而言，难度比较大。教师进行了必要的铺垫：让学生在理解课文内容的基础上，先来猜测小男孩心里的想法。让学生掌握了基本的方法以后，再让他们写一写列宁当时的心理活动，就容易多了。需要注意的是，两人的对话有很多句，并不是每一句话都有必要去猜测一下人物的心理活动。教师进行了精选，只选择了特别重要的几句话，让学生说一说，写一写，具有极强的针对性，大大提高了教学效率。当学生猜测了人物的心理，把握了人物特点后，就能读出恰当的语气了。

四、读出智慧

师：看着大家读得那么有意思，老师也想尝试一下。谁愿意和老师把这个故事演一演？

（一名乖巧的小女生上台）

师：孩子，你看见过一只深红色胸脯的灰雀吗？

生：没……我没看见。

师：那你为什么说话吞吞吐吐的？老实交代，是不是你干的？

（台上的小女生一脸茫然）

师：快说，到底是不是你干的？

生：（吞吞吐吐）是……的。

（其他学生大笑）

师：你这个孩子，怎么做这样的事情？赶快把它放回来。

生：（不好意思地）好的。

师：谢谢你！谁还想和老师表演？

（又一名男生走上讲台）

师：孩子，你看见过一只深红色胸脯的灰雀吗？

生：没……我没看见。

师：那你说话怎么吞吞吐吐的？

生：我天生结巴呀！

（其他学生笑）

师：这个树林里只有我们两个人，我没有捉，肯定就是你喽！

生：你有证据吗？凭什么说是我抓走的？

师：再不承认，我就把你爸爸妈妈叫过来。

生：随便！反正不是我干的。

（其他学生笑）

师：谢谢！同学们，我工作二十多年了。孩子犯错后，我一般都会把他们叫过来，想办法让他们承认错误，然后严厉地批评他们一顿。你们说说，我的教育方式和列宁相比，哪个更好，你们更喜欢哪一种？

生：我喜欢列宁的教育方式，人家没生气，没发火，就把问题解决了。

师：确实，冲动是魔鬼，生气也是魔鬼。

生：列宁的办法好，让孩子自己去承认错误，而不是逼着孩子去承认。

生：列宁的办法好，他保护了孩子的自尊心。

师：有些孩子的心，是水晶做的，要小心翼翼地保护才对。

生：不要强迫孩子，不然有时候孩子不承认错误，大人也没有办法。

师：确实，错误的教育方式，是有毒的。看来，列宁不仅是一位伟大的革命领袖，还是一位和蔼可亲的——

生：老师。

师：这节课，我们学习了一个故事，认识了两个人。（指板书）也明白了，读书的时候，一定要读懂文章的主要意思，读懂人物的内心世界，最终读出恰当的语气和情感。最后，给大家推荐一句名言——

（出示）

经验丰富的人读书用两只眼睛，一只眼睛看到纸面上的话，另一只眼睛看到纸的背面。

——歌德

【点评】课堂上，师生合作表演，可谓妙趣横生。一方面，锻炼了学生随机应变的能力，另一方面，也呈现了另一种截然不同的教育方式。方法好不好，对比一下就知道了。学生通过对比，就能感受到列宁教育方式的高妙，从而突破了教学难点。

◎板书设计

灰　雀

喜爱	内容
寻找	内心
问候	语气

◎感悟

留给学生自主学习的空间

课堂上的学生，都希望自己能拥有比较大的自主权，拥有比较宽广的学习空间。在课堂上的某一段特定的时间里，就是属于他们自己的，他们完全可以根据自己的实际情况，去安排自己的学习活动。

有些公开课，环环相扣，容不得半点失误和差池。为了按时完成教学任务，教师只好带着学生，一个环节一个环节往下走。就如同一个导游，一天要玩多少个景点，提前做好了行程安排，哪个时间到哪个景点，分秒必争。结果，旅游就成了完成任务，索然无味。

有些课堂，设计得太满，时间精确到几分几秒，不敢有半点闪失。可是，学生是个性化的人，难免会发生一些意外情况。为了把风险降到最低，教师就只好牢牢地把学生攥在自己的手里，一切都要在可控的范围之内。

怎么控制学生呢？一是设计的问题要浅。深了，学生答不上来，会出现冷场，“掉粉”严重。二是设计的问题要多。一个问题解决了，如果没有第二个问题接上，学生会走神，“掉粉”也很严重。教师只好接二连三地问，学生只好疲于奔命地答。于是乎，教阅读就成了溜课文，语文课就成了满堂问。

学生喜欢吗？一点也不喜欢。所有的问题，都是教师设计好的，没有一点自由，更没有挑战性。这就好比两个人生活在一起，对方给你安排了许许多多的并不具有含金量和挑战性的事情让你来做，目的就是不要出现冷场。多无聊！

一节语文课，有没有学生自主学习的时间，自主学习的空间有多大，应该作为一条很重要的教学标准。课标倡导自主、合作、探究的学习方式。为什么要把自主放在首位？说到底，学习是学生自己的事，自己的事情，要学会自己做。

回到课堂教学。扩大学生的学习空间，首先要压缩教师的活动空间。也就是说，课堂上，不是看教师讲得有多么精彩，而是要看学生学得有多么充分。

以前评课的时候，我会看这个教师是否漂亮或者帅气，他的普通话是否标准，书写是否漂亮，反应是否灵敏……我错误地认为，教师具备了这些素质和修养，就一定可以出色地完成教学任务。如果课上得不好，十有八九是学生的问题。再说了，教师过硬的基本功，本身对学生就是一种熏陶和感染，是非常宝贵的教学资源。

现在，我的认识发生了根本性的变化。如果课堂教学效果不理想，一定是教师出了问题。学生来到课堂，是来学习的，他们不是来配合教师完成一项展示活动的。教师来到课堂上，也不是展示教学才华的，而是为学生服务，协助学生完成学习活动的。

教师应该增强服务意识，努力把自己藏起来，把学生推到前台去，把更多的精彩留给学生。如果把课堂看作一张照片，我希望大部分的特写镜头给学生，而不是给教师。

回到教学设计。在设计课堂教学的时候，一定要有一两个宏观的、开放性的问题，让所有的学生都积极参与进来。每个学生都要有事情可做，或勾画，或批注，或研究，或讨论……

具有开放性的问题，一定和作者的思路、文章的脉络有关系，需要我们沉下心来，慢慢梳理，细细寻找。找对了，可以达到"提领而顿，百毛皆顺"的效果。

《去年的树》，可以设计这样的问题：小鸟发现它的好朋友树不见了，分别到过哪些地方？问过谁？它询问时心情有什么变化？

《那片绿绿的爬山虎》可以设计这样的问题：在作者与叶圣陶的交往过程中，哪些细节是当年的作者根本没有想到的？

《月光曲》可以设计这样的问题：你认为诱发贝多芬《月光曲》创作灵感的因素有哪些？在课文中画出来。说说你的感受。

《为中华之崛起而读书》可以设计这样的问题：课文中哪些句子，具体描写了当时的中国贫穷落后，处处受到帝国主义欺凌？

《搭石》可以设计这样的问题：美，无处不在。美的风景，可以看；美的心灵，只能去感受。你能找出课文中看得到的美和看不到的美吗？

……

学习《灰雀》这篇文章，我留出了一个大大的空间：灰雀到底是自己飞走的，还是被小男孩捉走的呢？请在课文中找出相关的句子，并说说自己的理由。学生在长达十几分钟的时间里，都在自己学习：勾画、批注、交流。而我呢，就可以细细地看，静静地听，在必要的时候点拨一下，提升一下。教师放松的时候，也许就是学生最忙碌的时候。

只要你愿意下功夫去研读教材，大部分课文，都可以设计出一两个开放性的问题。有了这样的问题，我们就可以在课堂上腾出一段时间，让学生去读、去想、去画、去写、去说，教师只需要寻找合适的时机，予以点拨，予以引导，予以提升。

相信学生，学会放手，学会解放自己。你放得有多开，学生参与的积极性就有多高；舞台铺设得有多大，学生的表现就有多精彩。

逐一描写与重点刻画

——《狼牙山五壮士》教学实录与点评

执教：广州市花都区和悦小学　屈太侠

点评：广州市天河区教育局教研室　刘江明

一、检查预习

师：今天，我们来学习一篇写人记事的文章——《狼牙山五壮士》。请大家齐读课题——

生：《狼牙山五壮士》。

师：先来检查一下同学们的预习情况。请拿起笔，完成作业纸第一题。

（出示）

把下列四字词语补充完整。

居高（　　）下　　横七（　　）八　　（　　）钉截铁

壮烈（　　）迈　　气（　　）山河　　全神（　　）注

师：（出示答案）请大家对照一下，把错别字改正过来。其中有一个字特别容易出错，我们一起来写一遍。

（教师教“贯”的笔顺）

师：课文是按照怎样的顺序来写的呢？请打开书，浏览课文，完成第二道练习题。

（出示）

接受任务——→（　　）——→（　　）——→（　　）——→英勇跳崖

（教师根据学生回答，提炼小标题，完成填空）

【点评】检查预习主要分为两个板块：字词学习和文章结构梳理。在字词学习部分，教师选择了一组四字词语进行填空，检查学生书写的同时，积累了词语。在众多的生字当中，教师只教了一个“贯”字，教得非常细致。文章结构梳理，相对于五年级的学生来说，较为容易。教师在学生回答的基础上，提炼为小标题，从整体上把握了文章的主要内容。

二、逐一描写

师：（出示插图）图上画了几个人？

生：五个。

师：还记得他们的名字吗？我们一起来说——

生：马宝玉、葛振林、宋学义、胡德林、胡福才。

师：课文的题目是——

生：《狼牙山五壮士》。

师：既然题目是《狼牙山五壮士》，作者是否要把每一个人都写一写？

生：是的。

师：课文哪个自然段对五位壮士进行了逐一描写？

生：第二自然段。

师：这段话，一共写了五个人物。每个人的特点，各不相同。自己读一读，想一想，如何通过朗读，表现出每个人的特点来？

（出示）

自由朗读第二自然段，想一想，每个人有什么不一样？想办法读出每个人的特点来。

师：谁来读描写马宝玉的句子？

生：班长马宝玉沉着地指挥战斗，让敌人走近了，才下命令狠狠地打。

师：你抓住“沉着地”读出了马宝玉的冷静和镇定。

生：副班长葛振林打一枪就大吼一声，好像细小的枪口喷不完他的满腔怒火。

师：“大吼一声”读得很有气势，仿佛让我们看到了当时的情境。

生：战士宋学义扔手榴弹总要把胳膊抡一个圈，好使出浑身的力气。

师：把“胳膊抡一个圈”读出了画面感。

生：胡德林和胡福才这两个小战士把脸绷得紧紧的，全神贯注地瞄准敌人射击。

师：你强调了“绷得紧紧的”“全神贯注”，表现出小战士的专心专注。我们不难发现，作者在描写五位壮士的时候，有时候描写神态，有时候描写动作。每个人的特点，都不一样。但是他们的情感是一样的。我们来读读这些短语——

生：狠狠地打，满腔怒火，浑身的力气，绷得紧紧的。

师：这些短语中，都包含了同一种情感——

生：对日本侵略者的痛恨。

师：让我们带着对侵略者的憎恨来读读这段话——

（出示）

班长马宝玉沉着地指挥战斗，让敌人走近了，才下命令狠狠地打。副班长葛振林打一枪就大吼一声，好像细小的枪口喷不完他的满腔怒火。战士宋学义扔手榴弹总要把胳膊抡一个圈，好使出浑身的力气。胡德林和胡福才这两个小战士把脸绷得紧紧的，全神贯注地瞄准敌人射击。

师：以前我们写人，往往只写一个两个，这篇文章却写了五位壮士。作者是怎么写的呢？我们一起来读——

（出示）

在描写五壮士时，作者抓住每一位战士的动作神态，有序进行描写，我们把这样的描写称为“逐一描写”。

（板书：逐一描写）

【点评】作者笔下的五壮士，个性鲜明，每个人都有自己不同的特点。教师在引导学生关注每个人的特点，并用合适的方式表现出来。在学生自主学习的基础上，给予个性化的点评与引导，让学生体验到朗读的成就感。接着，教师让学生关注情感方面的共同点，读出对侵略者的仇恨。在此基础上，顺势带出“逐一描写”的方法，巧妙地实现了由内容到形式的转化。

三、重点刻画

（一）自主学习

师：我们再来看这幅画。谁是画面中的主要人物？你的依据是什么？

生：马宝玉是主要人物，他位于画面的中心。

生：马宝玉是主要人物，他在画面的最前面。

师：画家作画的时候，就把主要人物放在画面最重要的位置上。那么，作者写作的时候，是否也注意到了这一点呢？

生：是的。作者把马宝玉当作主要人物来写的。

师：我们来看看，作者是怎么重点写马宝玉的。

（出示）

请浏览课文，把描写马宝玉的句子，全部画下来，读一读，选择一两句写写自己的感受。

（学生自学后交流）

师：谁来分享一下？

生：班长马宝玉沉着地指挥战斗，让敌人走近了，才下命令狠狠地打。我体会到，他是一位非常沉稳的指挥官。

师：是呀！这样做，是为了不浪费一枪一弹。

生：为了不让敌人发现群众和连队主力，班长马宝玉斩钉截铁地说了一声："走！"带头向棋盘陀走去。他宁可牺牲自己，也要把敌人引上绝路。

生：他刚要拧开盖子，马宝玉抢前一步，夺过手榴弹插在腰间，他猛地举起一块磨盘大的石头，大声喊道："同志们！用石头砸！"说明马宝玉很机智，会随机应变。

师：最后一颗手榴弹，多真贵呀，要用在最关键的时候。

生：又一群敌人扑上来了。马宝玉嗖的一声拔出手榴弹，拧开盖子，用尽全身气力扔向敌人。随着一声巨响，手榴弹在敌群中开了花。我读出了马宝玉对敌人的无比仇恨。

生：说罢，他把那支从敌人手里夺来的枪砸碎了，然后走到悬崖边上，像每次发起冲锋一样，第一个纵身跳下深谷。我觉得马宝玉非常勇敢，他知道跳下悬崖，会粉身碎骨，但他一点都不害怕。

【点评】课堂上，教师要懂得"让学"——让学生自己学。教师要设计开放性的问题，留出足够的时间和空间，让学生自己和文本进行对话。因为归根到底，学习是学生自己的事情。教师让学生自己批注，自己谈体会，只在必要的时候点一点，拨一拨，不断地肯定，不断地激励，让学生更加积极主动投入到学习之中。

（二）点拨提升

师：这么多的描写，都非常感人。其中两处，留给老师的印象最深。我们来看第一处——

（出示）

为了不让敌人发现群众和连队主力，班长马宝玉斩钉截铁地说了一声：

“走!”带头向棋盘陀走去。

师:当时,五壮士有哪两种选择?

生:一是赶上连队和转移的群众;二是把敌人引上绝路。

师:把敌人引上绝路,意味着什么?

生:自己也会走上绝路。

师:是的!走上绝路,就要随时准备牺牲。做出这样的选择,马宝玉犹豫过吗?你从哪儿看出来的?

生:没有犹豫。“斩钉截铁”是指说话干脆利落,毫不犹豫。

师:我们一起来斩钉截铁地读——

生:为了不让敌人发现群众和连队主力,班长马宝玉斩钉截铁地说了一声:“走!”带头向棋盘陀走去。

师:在生死抉择的关头,毫不犹豫地做出选择,把生的希望让给别人,把死的威胁留给自己。爱憎分明,视死如归,这样的人,我们称之为——

生:壮士。

师:让我们带着对壮士的敬畏,再来读这句话——

生:为了不让敌人发现群众和连队主力,班长马宝玉斩钉截铁地说了一声:“走!”带头向棋盘陀走去。

师:平时,老师教我们写文章的时候,总是要求我们把人物的语言写具体。老师觉得马宝玉的语言太简单了,才一个字——走。老师修改了一下:

(出示)

为了不让敌人发现群众和连队主力,班长马宝玉斩钉截铁地说了一声:“走!”带头向棋盘陀走去。

为了不让敌人发现群众和连队主力,班长马宝玉斩钉截铁地说:“同志们,我们的掩护任务完成了,但是如果我们去追赶连队,就有可能被敌人追上来,连队和群众都会有生命危险。走!我们把敌人引上山去。”带头向棋盘陀走去。

生:我觉得作者写得好,斩钉截铁不可能说那么多话。

生:当时的情况很危急,不可能有时间说那么多话。

生:写得太多,婆婆妈妈的,不符合壮士的性格特点。

师:是的!语言要不要写得丰富饱满,关键得看写的是什么人,什么时候。写壮士的话,要简洁凝练,惜墨如金。我们再来看第二处描写——

（出示）

说罢，他把那支从敌人手里夺来的枪砸碎了，然后走到悬崖边上，像每次发起冲锋一样，第一个纵身跳下深谷。

师：到了弹尽粮绝的时候，他们还有生存的机会吗？

生：有，可以投降做俘虏。

师：是的。只要放下武器，举起双手，就能保住自己的性命。但是，马宝玉是怎么做的？

生：纵身跳下深谷。

师：宁为玉碎，不为瓦全！宁愿跳下悬崖，也不屈膝投降，这样的人，我们称之为——

生：壮士。

师：刚才说过，写壮士，语言要简洁凝练。老师也把这句话改了一下。

（出示）

说罢，他把那支从敌人手里夺来的枪砸碎了，然后走到悬崖边上，像每次发起冲锋一样，第一个纵身跳下深谷。

说罢，他跳下了深谷。

师：大家看，我这样写好吗？

生：不好！动作写得不细致，就不感人了。

生：最精彩的地方，要慢慢展开来写，才会给人留下深刻的印象。

生：表现人物的特点，要把动作分解开来写，这样人物形象就鲜明了。

师：是的！描写壮士，豪言壮语一定要简洁有力，英雄壮举一定要细致入微，这样才能把人物写得生动，写得鲜活。

（三）配乐引读

师：（音乐起）在这场战斗中，班长马宝玉表现出一个出色的指挥官应有的能力：为了不浪费一枪一弹——

生：班长马宝玉沉着地指挥战斗，让敌人走近了，才下命令狠狠地打。

师：为了不让敌人发现群众和连队主力——

生：班长马宝玉斩钉截铁地说了一声："走！"带头向棋盘陀走去。

师：当胡福才刚要拧开最后一颗手榴弹的盖子时——

生：马宝玉抢前一步，夺过手榴弹插在腰间，他猛地举起一块磨盘大的石头，大声喊道："同志们！用石头砸！"

师：当又一群敌人扑上来时——

生：马宝玉嗖的一声拔出手榴弹，拧开盖子，用尽全身气力扔向敌人。随着一声巨响，手榴弹在敌群中开了花。

师：当顺利完成任务时——

生：他把那支从敌人手里夺来的枪砸碎了，然后走到悬崖边上，像每次发起冲锋一样，第一个纵身跳下深谷。

师：班长马宝玉用自己的实际行动，感染着队友们。于是当他带头走向棋盘陀的时候——

生：战士们热血沸腾，紧跟在班长后面。

师：当他跳下山谷的时候——

生：战士们也昂首挺胸，相继从悬崖往下跳。

师：狼牙山上响起了他们壮烈豪迈的口号声——

生："打倒日本帝国主义！""中国共产党万岁！"

师：作者在描写马宝玉的时候，采用了另外一种写作方法。

（出示）

在一个群体中，反复对一个主要人物进行细致描写，这样的写法叫作"重点刻画"。

（板书：重点刻画）

【点评】学生完成自主学习后，教师就应该发挥引领作用，带着学生更深层次地体会文本的要义和主旨。什么样的战士，可以称为壮士？作者是如何表现出壮士特点的？这些问题，对于学生而言具有一定的难点。教师紧紧抓住两次"选择"，让学生思考：当时，五位战士会有哪些选择的机会？为什么会做出这样的选择？从而让学生明白，为了正义的事业，为了大众的利益，毫不犹豫选择牺牲自己的人，才是真正的壮士。如何表现壮士的特点，教师抓住人物的语言和动作，进行对比，让学生明白，描写豪言壮语需要简洁有力，描写英雄壮举需要细致入微。教师不仅让学生知道作者是怎么写的，还搞清楚为什么要这样写，把知识教"活"了。

四、迁移运用

师：生活中，我们也会写一些团体活动，比如《接力赛》《辩论会》等，你准备怎么运用逐一描写和重点刻画的写法？

生：可以把每个人的表现写一写，然后重点写好其中一人的表现。

生：可以确定一个主要人物，在活动前、活动时、活动后，对他进行描写。

师：这样，我们写出来的文章，就有层次、有重点了。（指板书）这堂课，我们认识了——

生：狼牙山五壮士。

师：学习了两种写作方法——

生：逐一描写和重点刻画。

师：还明白了描写人物语言、动作的时候，要根据人物的特点，以及当时的情况进行处理。该细致的，尽量要细致；该简洁的，一定要简洁。

【点评】本节课，是让学生感受英雄人物的形象，学习作者在这篇文章中独特的写人记事的方法。如果想让学生牢固掌握，可以在第二课时让学生完成一次练笔，达到学以致用的目的。

◎板书设计

狼牙山五壮士

写作方法
- 重点刻画
- 逐一描写

◎感悟

给公开课减肥瘦身

周末，去商场买东西。想好了，就买一双皮鞋，买完就走。到了商场，琳琅满目的商品，让人眼花缭乱。挑着挑着，就忘记时间了。半个小就能搞定的事情，一个下午搭进去了。更要命的是，除了皮鞋，多买了一大堆乱七八糟的东西。

人，其实是贪婪的。喜欢买打折的东西，是为了花同样多的钱，买更多的东西；吃自助餐的时候，谁都会把减肥这件事抛到九霄云外；要是免费的东西，那就恨不得成捆成堆地往回搬。

可是，占有那么多东西，真的就有用吗？有人买了一大堆衣服，有的连商标都懒得剪；有人买了一箱子的化妆品，有的一次也没有用过；有人因为暴饮暴食，住进了医院。

东西不嫌多！多了，似乎就有优越感，就有安全感。但是，东西多了，也给我们带来了无尽的困扰，让我们陷入“乱花渐欲迷人眼”的尴尬境地。

备课也一样，我们不能以占有知识为目的。对教师个人而言，了解的知识越多则越好。这样，选择的空间就会比较大。但是，并不是要把我们搜集和整理出来的知识，一股脑儿全抛给学生。就如同你的衣橱里有很多件衣服，出门的时候，没有必要把它们全部都穿在身上。

一堂课，只有短短的四十分钟。四十分钟能做多少事情，能掌握多少知识，是有定量的。多了，你就忙不过来。有教师上课，总担心时间不够用，说明容量太大，安排太满。四十分钟时间，想干五十分钟的活儿，不累才怪。

另一方面，我们面对的是年龄尚小、心智发育尚不成熟的小学生，他们的接受能力和消化能力，也是有限度的。塞得太满，填得太实，极有可能消化不良。

有教师说，语文教学要“一课一得”呀。可是，备课的时候，备着备着，就不由自主地烦琐了。到后来，发现四不像了，什么都在抓，什么都没有抓着。就像买东西，本来只想买一双鞋子的，后来却买回来一大堆东西。

说到底，还是贪婪在作祟。备课的时候，什么都想要，什么都不想丢，到后来身上的负担越来越重，最后把自己压垮了。比如，教学《老人与海鸥》，你总是想穷尽所有的知识：老人是谁？孩子们见过海鸥吗？要不要介绍一下作者？课文里有多少个词语，学生不明白意思？有多少个句子需要理解一下？……到后来，你发现，你眼中的学生就是零基础，所有的知识都要从头来一遍。

有些知识，以前学习过了，就不用管了；有些知识，今天没有学习，或许明天就会再次见面；甚至，有的知识，永远不学也没有关系。我们没有必要纠结：有没有把课文讲完，有没有把所有的知识点讲深讲透。

前几天看《晓松奇谈》，聊到中餐和日料的区别：中餐是用火来做的。客人来了，摆上满满一大桌子菜，大家围坐在一起共餐，显得热闹、有面子。日本料理是用水来做的。做得很少、很精致，一般都是分餐，而且，一盘一盘地上，让客人品尝到食材本真的味道，以及舌尖上的层次感。

所以，我们中国人做的，那叫饭；而日本人做的，那叫料理。

这让我想起两种截然不同的课：有的课，内容丰富，花样繁多，容量大，节奏快，看似热热闹闹，五色迷离，实际上思维混乱，眉毛胡子一把抓，没有层次感，难以给人留下深刻的印象；有的课，清清爽爽，干干净净，大肆渲染和巧妙留白相得益彰，越品越有味道。

怎样备出简洁、清晰的语文课呢？我想，可以从如下几个方面入手：

首先，教学目标要清晰、简洁。一般来说，一个课时的教学目标，不要超过三条。（我希望都是相对单一的目标，而不是一条大目标里，又分解出两条，甚至更多的小目标）如果每一条教学目标，算作一个教学环节，前面加上一个导入，后面加上一个总结，已经五个环节，够多了。

教学目标，最好都可以进行测量，至少可以观察得到。一般是描述学生行为结果，而不是学习过程。有了清晰、简洁的教学目标指引，可以有效减少一些不必要的枝枝蔓蔓。教学《狼牙山五壮士》，我的教学目标就很清晰：第一，积累本课的四字词语；第二，学习“逐一描写”与“重点刻画”相结合的写作方法。

其次，要保证教学流程与教学目标高度吻合。在一定程度上讲，目标就是教学过程。需要达到什么样的教学目标，就应该设计什么样的教学流程。跟着教学目标，按图索骥，目标明确，直奔重点，教学效率就会大大提高。

我们要坚决抵制挂羊头卖狗肉的行为。不要出现和教学目标无关的教学环节。更不要节外生枝，在课堂教学中随意增加一些可有可无的教学环节。有的教师，教学设计不错，可执行力不够，上着上着，就被学生带着走了。

最后，要优化教师的语言。一般来说，以生为本的课堂，要求把时间还给学生，把精彩让给学生。教师要甘于平淡，默默退居幕后，努力把学生推到舞台的中央去。

教师作为活动的策划者和组织者，无论是导入语、过渡语，还是总结语，都要反复锤炼。我们要尽量避免冗长的、繁复的、太过抒情的语言，尽量做到简洁、精准。

后 记

和一位青年教师聊天，我感慨颇多。

她说自己已经工作十年了，最近参加教学比赛。历时一年，耗费了大量的时间精力，最终只获得了省二等奖。她觉得自己很惭愧，对不起领导，对不起学校。学校为她花了一大笔钱，而她辜负了大家的期望，没有拿到一等奖。

更让她难受的是，她觉得自始至终，她都是一个傀儡，没有自己的主见和想法。从区里，到市里，再到省里，她从来没有“做过主”。教学目标的拟定，教学流程的设计，教学课件的制作，甚至教师要说的每一句话，都是别人替她安排好的。她只要把这些东西牢记在心里，执行到位就好了。

按理说，市里派出这么强大的备课团队来协助她，为她提供这么周到的服务，她应该感到高兴才对！问题出在哪儿呢？出在结果上。大家花费了这么多心血，就是为了让她获得一等奖。现在的结果，让她觉得愧疚。大家为她付出得越多，她就越觉得愧疚。这样的心理，在开始参加比赛的时候，就已经存在，而且随着比赛临近，心理负担越来越重。

其实，能参加省里的教学比赛，本身就是一种成功。一个地级市，语文教师成千上万，能从中脱颖而出，已经很了不起了。很多教师都是从学片、镇里、区里、市里一步步赛过来的，没有过人之处，很难做到过五关、斩六将。也就是说，只要到了市里、省里，不管得到什么样的名次，都值得肯定，都应该感到欣慰才对。但是，现行的教学比赛，已经演化为区域教学水平之争。教师代表的已经不是个人，而是一个团队，一个区域了。一课定胜负，成者为王，败者为寇，似乎谁都输不起。

再者，这样的机会，不是人人都有，也不是想有就有。一名教师，一生能有多少次参加省赛的机会？如果不是教研员特别关照，估计也就一次。那么多优秀教师都排着队等着呢？教研员有什么理由，把这么宝贵的机会，反复留给你一个人？

三座大山压在选手的身上，压力可想而知。有的参赛选手，还没等到比赛开始，心理就崩溃了。带着沉重的心理负担走上讲台，要么一鸣惊人，要么全线崩塌。参加大赛的教师，不仅要有过硬的身体，还要有强大的心理。

这位青年教师，参加了省赛，心中却充满了悲凉。最大的痛苦，不在于成败，而在于委屈——从头到尾，自己没有做过主。这是值得我们深思的问题。

法国思想家布莱兹·帕斯卡尔在散文集《思想录》中写道：人只不过是一根芦苇，是自然界最脆弱的东西。但是，是一棵会思考的芦苇。一个没有思想的人，是可怜的；一个有思想而不能维护坚持的人，是可悲的。

每个人的内心深处，都有一种强烈的愿望——希望自己能够做主。当自己的想法和主张无法实现的时候，内心的焦灼和痛苦，是难以想象的。冰心说过：成功的花儿，人们只惊羡它现时的明艳；然而，它当初的芽儿，浸透了奋斗的泪泉，洒遍了牺牲的血雨。公开课上，我们往往只看到教师春风满面，看不到他们曾经经历的痛苦与煎熬。

参加教学比赛，一般都有会一个团队来帮助你。这个庞大的队伍里，有你的领导，有教研员，有经验丰富的骨干教师。每个人都会根据自己的理解来发表自己的意见。他们的意见，似乎都很有道理。该听谁的，是个问题。

这个时候，你需要以谦虚的态度，诚恳地听取每一个人的意见。他们这样说，或者那样说，都有自己的道理。你要想清楚他们的理由，而不是盲目接受他们的意见。他们的意见，是用来参考的。如果你静下心来，仔细比对，你会发现，这些意见，大都带有鲜明的“个人特色”——从自我的角度出发，却很少关注到执教者本身的感受和实际情况。你需要用心甄别，慎重选择。

谁最了解你？还是你自己，而不是别人。你是什么样的人？是什么样的教学风格？什么样的教学方法你得心应手？一定要想得清清楚楚。“拿来主义”告诉我们，需要秉承扬弃的态度：自己认为有用的，接受；无用的，抛弃。千万不要拿别人做挡箭牌：教学设计，是别人的，上砸了，别人会为我撑腰。在成王败寇的形势下，如果你成功了，别人会为你高兴；失败了，别人不会为你分担痛苦。很少有领导会在你失败后，主动站出来说：“这次课没有上好，主要是我的责任。”

我想，如果这位青年教师在参加比赛的时候，能守住自己的底线，把自己的理解和想法运用到自己的课堂当中，也许会是另外一种结果。即便是失败了，她也不会留下太大的遗憾，承受太多的委屈。

上公开课，有时候也需要一定的冒险精神。关键时刻，还是要有放手一搏的勇气。对于一些新颖独特的想法，该坚持的，还是要坚持。马云说，梦想一定要有，万一实现了呢？在别人看来，完全不可能的事情，通过你的努力，在课堂上实现了，你就成功了。退一步讲，就算你失败了，那也很坦然，虽败犹荣，心服口服。受伤的地方生长思想，你会在失败中积累经验，获得更大的成长。

支撑一堂公开课的，是背后的理念和思想。我们没有理由，让自己的大脑变成别人思想的跑马场。因为能对结果负责的，只有我们自己。